生命的最後一刻

如何能走得安然

作者——瑪格麗特・萊斯（Margaret Rice）
譯者——朱耘、陸蕙貽

A Good Death

A compassionate and practical guide to prepare for the end of life

無論是陪伴親人直到離去，
減低他們說不出口的痛苦，
抑或在自己的生命逝去之時，
如何能心平氣和地面對，
這本書將幫助每個人實現內心期盼的善終。

獻給我的母親珍妮特・瑪麗・萊斯（Jeanette Marie Rice），

她的疑問啟發了本書的誕生

作者序

幾年前，我在母親臨終時坐在她的床邊。我和我的兄弟姐妹都受過良好教育，但我發現我們一家人對即將面臨的這件事一無所知。

我們有很多疑問。

我們能否預測某個人可能快過世（連提出這種問題都不知是否適當）？是否會有什麼辨認得出的過程，一系列跡象、或有特定順序的徵兆？究竟會發生什麼狀況？

我們如何跟醫護人員合作？我們如何處理將會出現的非醫療問題？使用嗎啡是否會稍微加速死亡，或者這只是個迷思？輔助死亡的概念如何跟個人的親身經歷相調和？

這些問題有的也許看似微不足道，但對於臨終者和他們的家人朋友，以及他們如何因應自己的恐懼，卻會造成重大影響。知道一點訊息，就可能幫助很大。但在我母親臨終時，這類疑問感覺上對忙碌的專家太簡單，對諮商師太關乎生理，對忙於設法處理母親當下狀況的醫生和護理師又太廣泛。我多麼希望，當初在她生命就快到那個特殊階段、那個終點將至的時刻，我有多一點點好奇探究的心。

我們跟現在很多人一樣，在快到五十或年過五十歲時，第一次面對至親的死亡，雖然後來我也遇到一些人在年紀更長時，才遇到親近的人過世。

作者序

你現在正在閱讀的，是一本平和、實用的臨終指南。

我們身處的文化傳統，常被形容是「否定死亡」；讚頌青春，忽略老邁。但我們不一定得如此。我們不妨朝另一個方向邁步，去了解我們將會面對什麼，這樣便能幫助周遭的其他人盡可能善終。反過來說，我們獲得的知識和擁有的經驗，也將在我們的那一刻來臨時幫助自己。

很久以前，我們跟死亡的接觸更直接。我們的曾祖母那輩年紀還小時，會親眼看見和聽到有人過世，從旁觀察家中發生的大事和舉辦的儀式，並常一再經歷這類體驗，讓她們在不知不覺中學習。

她們在成長過程中逐漸明瞭，有天自己所愛的人會過世，她們會為他們悲痛，為他們哀悼，然後埋葬他們——他們都是自己的家人或親戚。

然而，在喪葬禮儀交由他人處理的年代來臨前，她們是在成長過程中如此近距離了解死亡的最後一個世代。

如今我們很幸運，這種情況以幾百種不同的方式改變了。嬰兒的死亡率大幅下降、傳染病致死的情況減少，而且至少在生活較富裕的西方國家，人民的壽命也延長許多。因此現在預期很多人會活到八十歲以上，是很合理的，而活到百歲的人瑞也越來越多。不過死亡當然永遠會發生。有些人會因癌症、意外或各種慢性病而提早過世。

因此我們應該立刻做兩件事，即替我們可能活到一百歲做準備，以及為我們若活不到這麼長做準備，因為我們無法確知自己最後會屬於哪一種。

這代表我們應該從否定死亡的存在，轉變成用比目前我們大多數人更務實的方式，來承認自己有天會死亡。我們不用病態的著迷於死亡，但我們有必要知道如何面對它。

我的母親臨終時問，「為什麼？」這瞬間促使我投入採訪與思索，設法了解更多。於是我在母親過世後，開始傾聽和蒐集一般人遭遇至親至愛過世的經歷。我是新聞記者，也是祖母。我喜歡在為難題尋求解答而做調查的同時，跟人們——包括小孩——一起喝杯茶，暢快閒聊。

我著手這項任務的不久後，我的弟弟朱利安因突發的機車意外喪生，促使我更進一步探究悲傷，以及我們如何應對這個名為死亡的可怕事物。在我苦於先後失去兩位至親的傷痛之際，採訪工作撫慰了我，讓我繼續前進。

我所聽到的經歷至為感人，但也充滿今日人們需要些什麼的線索。經過進一步研究，我領悟到主題正逐漸浮現。我跟專家談過並閱讀許多資料後，再去蕪存菁。不過我留意到，其中最有用的一些資料，來自於為自己的族群提供簡單支援的那些人。這告訴我們重要的一點——我們能夠自信的將我們從專家和外來者那裡學到的東西，加以調適和改變，以符合自己及親人的需求。在你使用這本指南時，不妨記得這點。

我們可以重新取得歷代先人所擁有的理解和知識；他們正是因此而能夠相互幫助，讓至親至愛得以善終，至少當死亡不是在突發和激烈的情況下發生，例如意外事故。甚至就算遇到那類狀況，我們也能學會更有效率的因應。

死亡很可怕。我們絕不該習以為常。我們應該持續尋找治療癌症的方法，和抵禦其他疾病。我們應該持續要求用路人更注意安全，並持續質疑為何容許戰爭的發生。我們應該繼續鍥而不捨的找尋引領人們過充實生活的方法，這樣他們就不會產生自殺的念頭。我們不應該美化死亡，我個人肯定不想這樣。

我將自己的想法與經歷，篩選整理成十一個實用的步驟，相當於本書的十一個章節。你可以依照這些步驟來做，然後以它們為基礎，讓臨終到過世的歷程較為平和。

十一幅古木刻版畫組成的善終指引

那是倫敦一個異常炎熱的夏天。我遠離家鄉，然而倫敦皇家植物園（Kew Garden）的草坪卻帶著一抹澳洲棕[1]，倒像是置身在被熱浪侵襲的墨爾本，而非英格蘭。接著，一場雪梨式的暴風雨大作，讓我在熟悉的滂沱大雨劇烈聲響中睡去。

我到倫敦是為了參加一場婚禮，但我容許自己去找別的消遣。我很想去看看《垂死的藝術（ars moriendi）》木刻版畫——這部關於善終藝術的作品吸引了我的注意，於是我跑去大英博物館觀賞。

《垂死的藝術》由十一幅木刻版畫組成，十四世紀在歐洲開始廣為流傳，人們會將版畫描繪的畫面編織在布料上。當時的人大都不識字，無法讀寫，於是這些圖畫，而非文字，具有表達意義的作用。

到了十五世紀，經過一段宗教動盪和瘟疫肆虐的時期，《垂死的藝術》變得極為流行。從愛爾蘭到波斯灣地區，瘟疫使得田地荒廢，讓一些城鎮百分之六十的人口喪生。神父尤其容易死亡，因為他們必須主持臨終和葬禮儀式，而隨著瘟疫蔓延，很多神父病死，有些則太怕到臨終者床前，便逃離教區。

西方的基督教文化在這段時期之前，神父會引導臨終者，督促他們承認自己的罪，而悔罪被視為獲准進入天堂的基本要素。但受到瘟疫的影響，神父不會到場。既是非常時期，就得採取非常行動。受到以前用木刻版畫教導人們的概念啟發，教會便採用了《垂死的藝術》。這些畫可以在人們之間流傳，毋須神父到場，不僅能夠快速準確的傳布訊息，也能保護神父和傳達這些訊息的普通人的安全。

我最初是在雪梨大學的護理圖書館，讀到有關《垂死的藝術》的資料。我花很多時間待在這裡閱讀，想了解我媽媽的臨終過程是否有可能用不同的、甚至更好的方式處理。此時，我身在大英博物館，在圖書管理員的帶領下爬上樓梯，穿過「米開朗基羅的漫畫（Michelangelo cartoon）」[2]後方的那扇門，我就被眼前這些版畫作品的幾個特點震撼。它們短而清晰，沒有一個字。每幅木刻版畫生動表達的訊息，有如Instagram的照片。（舊的一切又成了新的！）

其中的五幅木版畫描繪著它們的中世紀製作者視為跟死亡相關聯的罪：失去信仰、絕望、急躁、自大與貪婪。另外五幅版畫描繪了克服這些罪所需的力量與啟發：重申信仰、希望、耐心、謙卑與無私。第十一幅版畫則描繪臨終罪人運用這些獲得了勝利。

一方面，這些版畫和它們代表的中世紀世界觀，不切合我們這個時代，但另一方面，我認為其中有些內涵值得應用在現代。

我突然想起，在中世紀，拿著《垂死的藝術》的人是臨終者，而非照顧他們的人。臨終者會拿著每幅畫，仔細端詳它。他們是為了自己這麼做，是為了掌控自身的臨終過程。

在我看來，我們在得到如印刷文字般強大而影響深遠的事物同時，或許也失去了如《垂死的藝術》般單純又有用的工具——臨終之際幫助我們的明智小提示。不過我們可以把它們找回來。

是製作一套新版畫的時候了——這一套新步驟，不是出於怕觸怒嚴厲又有罪必罰的上帝，才戰戰兢兢去做，而是為了讓我們能依照自己的意思，結合我們今日所能取得的資源和人力，較安然的離世。

以下是現代的一套步驟：

第一，學習如何陪伴臨終者，而非畏懼他們與他們的死亡。

第二，學習臨終時非關肉體的部分，包括將人類生命轉化至超然境界的心靈歷程（不一定跟宗教有關）。

第三，學習如何消除疼痛，因為它可能妨礙善終。

第四，知道死亡的樣貌，方有能力面對我們至親的離世，而不會因未知而恐懼。

第五，學習親人離世後須處理的「身後事」——什麼是必要的、什麼不是——如此我們才能讓那個人有尊嚴的離去。

第六，我們發展出許多技巧，尤其在社交方面，以在非預期的死亡發生時有所幫助。

第七，學習如何道別。我們拋開浮語虛詞，說出真誠的告別——於是我們捨棄和重新運用，有時是重返舊俗，有時是離棄它。

第八，當悲傷來襲，我們須找出新的應對之道——為了其他人，也為了我們自己。

第九，我們事前規劃，將個人所學應用於實際的步驟，以幫助自己和他人。

第十，在需要前先想像我們希望在什麼地方過世，這樣才能設法讓它實現。

第十一，學習開口談論自己希望如何離世，因為透過言說，不僅能向他人表明我們所願，也能消除自己與他人的恐懼。

---

1 譯註：Aussie brown，指棕咖啡色。

2 譯註：大英博物館對米開朗基羅的素描作品《主顯節（Epifania）》的別稱。

目錄 CONTENTS

Part 02
當輪到你時

Part 01

陪在臨終者身旁

Chapter01

陪伴臨終者

Companioning the dying

學習如何陪伴臨終者，而非畏懼他們與他們的死亡。

英文的陪伴（companioning）是一個老式用語。它讓我聯想到某個人靜靜陪在另一人身旁提供慰藉。它出自拉丁文的「麵包」一字；在古法文，意思是「一起掰開麵包」。過去曾有段時期，英文的陪護（companion）一詞，常用來指負責在較富裕、通常較年邁者身邊陪伴的人；這個人往往是女性，不是透過家族關係、就是受雇來做這項服侍工作。有明確的證據顯示，大多數人在臨終時若有人陪在身旁，會感到安心，恐懼也能平復。而我們現在所說的陪伴者，可能會是家人，但也不見得一定是；他們的任務是陪在臨終者身旁，握著他的手，直到他過世，無論這是比喻還是實際上。這個待在臨終者身旁的角色，長久以來都被忽略，不過現在該是予以重視的時候了。

為彼此指點前路

從我的母親被診斷罹患癌症、到她過世的六個多月間，我有許多時間思考和擔憂接下來會面對什麼。

那時我在當地報社當記者，即便提議要做的報導主題愈來愈奇特，但我的編輯大衛始終支持，也很有耐心的傾聽。我毫不避諱的跟他說，我不知我們該如何好好送她這一程。

「我很怕我們沒辦法為媽媽振作起來。」我一邊思索著說。

我原以為他會不以為然，就像我以前對遭遇父或母過世毫無概念時會有的態度。

「說來奇怪，但到時候你就會知道該做什麼。不知怎麼的，你就會想辦法解決。」他說。

他的看法顯然出於深刻的理解。

「我媽幾年前去世了；當時她六十二歲，在阿得雷德（Adelaide）[1]的她家前院栽種幼苗時暈倒。醫生告訴我們，很可能在倒下來時，頭撞到地，當下就走了。一切發生得很快，是一位鄰居發現的。」

她的過世後來歸因於突發的急性二尖瓣斷裂。

大衛提起他跟他的兩個兄弟趕到母親家時有多震驚，恍若在夢中。我腦中清楚浮現一個畫面——三個三十出頭、無憂無慮的年輕人，這時候卻不知所措，難以接受他們活力充沛、朝氣蓬勃的母親竟然過世。

「我們幾個兄弟彼此個性都不同，但一樣年輕，一樣只顧自己。可是直覺反應馬上出現。我們三個一起到她家，各擔起不同工作。我們似乎自然而然地投入不同任務，挑了符合各自性格的事去做。待在那裡的整段時間，我們沒有一刻不和。整間屋子亂七八糟，一團混亂，但為了把事辦妥，我們全進到屋裡，把它打掃得乾乾淨淨，沒多說一個字。」

隨著我媽媽逐漸接近生命終點，如今住在新南威爾斯省農莊的童年好友凱瑟琳，開始固定打電話給我。

她的父親一年前過世。凱瑟琳有九個兄弟姊妹，都還在。

「那時我們全都來到爸爸身邊。很奇怪的，我們就是會去設法面對。」

她的話呼應了大衛的說法。

不久後，我跟我的朋友蘇珊·W一道吃中飯聊聊近況。我們年輕時曾一起接受記者訓練，在各自經歷截然不同的人生課題後，又都回來投入同一行。我們都有健康狀況不佳的年邁母親，和一位仍在世但身體虛弱的父親。我們發現我們倆都正面對相同狀況。

我們都承認，從沒人跟我們談過人生篇章中的這一部分——沒人公開跟我們分享過父母去世的經歷（不光是「遭遇到」，而是「如何因應」）。

那頓午餐後才過三個月，我接到蘇珊的電話，說她的母親雪莉過世了。我十分震驚，畢竟我媽媽才是身患絕症的那個人。

辦完雪莉的喪禮後，蘇珊常與我談心，尤其在我媽媽臨終之際。蘇珊還未把悲傷收起，藏進心底並繼續生活。我們倆剛好同病相憐。

她寄給我一個網站連結，是佛教對於臨終階段的指引。為了提醒我，她告訴我一個痛心的真相：「當時我沒有真的領悟到我媽媽就快走了，也可能是我不願承認，所以等到她過世，我感覺就像她就突然悄悄離去了。」

蘇珊也告訴我雪莉臨終過程的細節；人們往往不會談論這些。

大約也在那幾天，我跟另一位朋友希拉碰面，共進午餐。

「醫生在我母親臨終時開了嗎啡，但我們不懂嗎啡代表的意思。」她提醒道。

「那代表結束的開始。」希拉說。「如果我們當初知道，可能反應就會稍有不同，也許會稍多點關注。」

我的另一位朋友維吉妮亞是獨生女，和蘇珊一樣必須獨自在母親的床畔守夜。

維吉妮亞和我從小就是天主教徒。她用一個宗教譬喻，來讓我理解我們一家將快面對的守夜所帶來的心理衝擊：「這會是你們和你們母親的客西馬尼園[2]。」

她又說，「我媽快過世時，我坐在她旁邊。從沒人告訴過我這時候會遇到什麼狀況。到一個階段，她會沒辦法吞嚥，因此她的嘴唇和口腔會變得很乾燥，所以要請護理師教你怎麼潤濕媽媽的嘴，讓它保持濕潤。從沒人告訴我這些。」

維吉妮亞從傷痛獲得的知識充滿遺憾。和蘇珊一樣，為自己沒去做的事懊惱，也為她沒能做到的事難過。

她們的痛苦如此類似，令我不禁納悶，單獨一人做臨終守夜時，這個重擔是否有另一種額外負擔。不過維吉妮亞的確證實了這點：「有些時候我是獨自一人，不過我的孩子會一個個加入。他們很棒，可是那不是他們的媽媽，她是我一個人的媽媽。所以本質上我是孤獨一人。」

當朋友們跟我分享關於父母臨終的痛苦經驗，讓我得以由此去設想到時候將面對什麼狀況。每一個向我敞開心扉吐露個人經驗的朋友，彷彿都帶領我進入一個自我克制、通常相當沉默的祕密社團。

我感覺自己有如站在一片闃暗的山腳下，而一個個小小的燈籠正開始亮起來，為我照亮前路。

因此當你置身相同處境，值得好好思考一件事：基於我們的文化傳統，大多數人很不願意談到死亡，所以除非開口問，否則他們很少會分享自己的經驗。這表示周遭能夠透過分享個人經驗來支持你的人，可能比你所知的還要多。

如果你正陪伴某個至親走向生命終點，別怕告訴別人，至少別怕說出至親快要過世的這個事實。雖然許多人的回應只是表達善意或關心，但總會有些人願意更進一步，跟你分享他們的經驗。

這會是一個起點，能讓你開啟一段很有幫助又成效很好的對話。

以家屬為主

陪伴能讓死亡較平順，原因有好幾個，不只是因為陪伴者在乎並親眼見證，而且能夠作為臨終者的代言人。雖然有些人是受雇來擔任臨終者的陪護，不過就一般原則來說，還是家屬最適合擔此重任。

對於家人的許多定義與說明中，這一個似乎最貼切：「近乎最了解和最在意病人、並跟他感情最深的那些人。當中可能包括由血親組成、因婚姻或收養關係組成，或是出於自我選擇之親屬和朋友所組成。」這是澳洲醫療護理安全品質委員會（Australian Commission on Safety and Quality in Health Care）在《二〇一五年全國共識聲明》中的定義。

正因如此，這些重要的人能讓死亡較安然。

「因為我也兼任助產士，所以基本上生與死我都見過。」居家照護暨安寧療護護理師蘇・普樂（Sue Pullar）解釋。

「我不會把死亡當成負面的事。如果我能協助一個人善終，我會覺得那跟把一個嬰兒帶到世上來一樣有意義，所以我不會害怕接觸死亡。」

我能理解她的意思，雖然在此之前我從未想到這點。然而在我媽臨終時陪在她身邊，讓我學到許多。

我跟蘇一樣，被生與死的殊途同歸所震撼。比方說，儘管程度上微不足道，但它們都各有一個似是而非的表現——徵兆彷若即將分娩的布雷希氏宮縮（Braxton Hicks contractions）[3]，以及臨終時出現的陳施氏呼吸（Cheyne-Stokesbreathing）[4]這種不規則呼吸。

還有生與死都需要等待，家人會聚集，而且生產和死亡的過程都可能有長有短。另外，即便醫療制度都在其中扮演重要角色，但這兩個人生必經儀式的存在，都遠早於理論和研究的出現，而且每個人的出生與死亡都可能跟別人極為不同，每個人都是獨一無二的。

「那麼，什麼叫非善終？」

「你一眼就看得出來。」蘇指出。「那是很不舒服又拖很久的漫長過程，對病人、對家屬都痛苦。我的意思是，死亡當然令人痛苦，但他或她遭受的煎熬和疼痛，更造成了額外的折磨。」

有很多非善終的情況發生嗎？有時這很難客觀判斷，但遺憾的是，它太常發生了。

那麼，什麼叫善終？

蘇承認，從來沒人入土後又死而復生，回來告訴我們。不過她說有指標顯示善終是可以辦到的。

「像死亡這樣艱難的事，若能用關懷、技巧和體諒來處理，這樣對相關的每個人，甚至是對臨終者，都可以是正面的歷程。從護理師的角度來看，一切都關乎於安適。還有，在某種程度上，也關乎於兼顧家屬與病人兩方面的需求；讓臨終者感到舒服，也讓陪在他身邊的人們感到舒服。我認為所有的臨終過程都有可能處理得很好。」她說。

蘇是不是跟死神走得太近了點？當我隨後把她的主張告訴其他朋友，他們都抱持懷疑態度。

「死亡哪有可能好？那肯定只是專業者的觀點。」瑪麗蓮說。

感覺上瑪麗蓮彷彿在替平凡大眾發言，也就是不屬於「死亡聯誼會」的人。

不過除了跟蘇一樣的專業者之外，還有一些人也對臨終過程有正面的描述，而他們並沒有醫療或護理專業的背景。另一些人強調，重點不在於讓痛苦與折磨結束的「死亡」本身，而在於「臨終」和盡可能的善終。

幾年前，安瑪莉的丈夫喬斯死於肝癌；她在他過世前一直陪在他身邊。藉由坎培拉一所臨終照護之家及他們的居家安寧療護服務的支援，經常有安寧療護團隊的成員訪視，提供建議與支持，讓她和子女們得以在家照料喬斯。

喬斯從確診到過世只有三個月，而死亡那刻彷彿一瞬間到來。安瑪莉很快便失去丈夫。

「每回安寧療護服務人員說我可能需要什麼東西時，我總是回答，『噢，我們還用不上。』我們第二天果然就用到了。他們給了我一張嗎啡的處方箋，因為直接帶嗎啡到我家太危險。一拿到嗎啡，我就把它藏在一個櫃子的高處，而且他們保證無論日夜、任何時刻，都能很快趕到我家替喬斯打，我這才放下心來，因為我最擔心的就是喬斯會痛。最後，我們只在他過世前四十八小時才需要用嗎啡。打了嗎啡後，他就沒再醒過來。

「我們的四個孩子在他去世前一週回家陪他。每個孩子都幫忙照顧他，也用他們各自的方式出力規劃告別式。這點讓那幾天對我們來說意義非凡，也有助我們克服接下來的悲傷。我很感激那些了不起的護理師，讓喬斯能夠在自己心愛的家裡和家人的圍繞下過世。」

「他過世得平靜安詳；這是我絕不願錯過的經驗。我很欣慰我們有機會參與其中。」她說道。

那麼其他專業人士的想法如何？後來我前往雪梨市中心的聖心醫療服務臨終照護之家（Sacred Heart Health Services hospice）。當時的護理長、如今在達爾文市任職於安寧療護單位的亞當・惠特比（Adam Whitby），一面坐在他忙碌的辦公室跟我說話，一面忙著調度人員排班和協調照護工作。他描述了他所認為的善終。

「就我的看法，善終是一個人在沒有疼痛、也對自己的一生無悔無恨的狀態下過世。」亞當說。

「大致來說，他們感到安適，保有某種尊嚴。不幸的是，不一定總是如此。」他說。他認為這大部分是因為對「安寧療護」這項專業的了解依然不足。

（我在本書中將談到兩個相當不同、但聽起來可能一樣的專業——「安寧療護」用於確診後的一長段時期，有時長達數年；「臨終照護」則用於最後時日，即死亡非常迫近之時。）

現代的安寧療護運動源自英國，由塞西莉・桑德斯女爵（Dame Cicely Saunders）率先倡導。身為護理師、社工與醫生的她觀察到，在現代醫院，疾病可被治癒，但人的本身卻被忽略。

如果一切都按計劃走、病人順利出院並重回他們原本的生活，就幾乎沒什麼問題。但當醫院「失敗」，沒能戰勝疾病，結果病人死亡，問題就來了。

塞西莉女爵遊說並主張，保留一些特定類型的醫院治療與護理，以專門著重於因應臨終者的需求與痛苦，事實上，就是恢復舊時的做法[5]。於是現代的安寧緩和醫療運動推廣到全世界，用以實現一個已存在數世紀的傳統，那就是為臨終者提供舒適與慰藉。從此這個照護類型便持續改進和擴大。

我前往皇家艾佛雷德王子醫院（Royal Prince Alfred Hospital）拜訪雪梨大學護理學院（University of SydneyNursing School）的癌症護理科主任凱特・懷特（Kate White）教授。就如亞當一樣，她也很熱切的闡明安寧療護的現況，以及它能夠提供的一切。

此時我開始注意到，在安寧療護單位工作的人，在態度和同情心的表現上都有一種模式。凱特就跟在這個領域工作的其他人一樣，言行舉止非常輕柔和緩，而且讓人覺得她隨時樂於傾聽，又不至於有壓力。此外，他們每個人也帶有一種矛盾的愉悅和朝氣。如今我相信這是因為他們跟生命的循環有深刻的連結。

凱特對善終的回答比亞當還稍抽象些。

「那就是當你一走進某間病房，裡面有個人正處於臨終之際或剛過世，而他周遭有種平靜和溫暖的感覺，令人覺得舒服。」她說。「但若感到冰冷、孤寂、了無生氣，那你大概會想他不是善終了。」

她贊同蘇與亞當的評論，也就是藉由照護臨終者的人之助，善終是可以做到的。她也解釋能如何做。

「我認為，首要的是詢問病人想要什麼。他們希望如何離世、在那一刻最重要的是什麼、他們希望誰陪在身邊、還是說不要任何人在他們身旁？大部分人會希望有人陪伴，但你不可以自己假定。我認為你必須開口問才會知道。」她說。

「身體各種症狀的緩解顯然是最重要的，但還有更多要做。因為若臨終者遭受身體疼痛或其他一些生理症狀折磨，會讓他們無法專心去做對他們很重要的事，也就是跟家人有某個程度的相處。

「因此對我來說該做的，是確認我們將一些特定事項安排妥當。就身為醫療專業者和護理師的觀點，我認為有很大一部分是關乎於最廣義的尊嚴。

「所以很明顯這包括身體方面的尊嚴，而且要有人一直以非常適當的方式顧及這點，讓他保有隱私，還有家屬的隱私。不過也包括讓病人保有靈魂的尊嚴；對我而言，就是在體認到個人價值的情況下提供照護。」

「靈魂的尊嚴」，多美的說法。

「讓一個來自鄉村、有點粗豪的男性感到有尊嚴，可能跟讓一位來自城市、有猶太背景的六十五歲婦女感到有尊嚴，方式會不同。對她重要的事，跟對他重要的事會很不一樣。所以這就關乎於把那些事、那些關鍵元素找出來。

「我記得我照料的其中一名病人曾對我說，『凱特，只要記得幫我確認我有擦口紅。』」

當我告訴她瑪麗蓮的反應，她說她能理解人們為何會說死亡哪有什麼好或不好的。她也認同在這個領域工作的專業者應該謹慎，別太輕率的使用善終一詞。

「我認為善終是可以辦到的，但我覺得我們應該留意自己指的是什麼。我認為它其實是指『盡可能安然的離世』。」她說。

凱特談到一個經歷，讓她因此認知到，不管護理師和安寧療護專業者將臨終過程處理得多好，若且先不論臨終病人，他們撇下的親人境況可能會很悲戚。

凱特的經歷是關於她照料過的一名年輕母親；她後來死於癌症。凱特決心實現那位母親的臨終心願，也就是在家過世。

「她相當年輕，在第四個孩子出生後六星期過世。當我看著那家人、看著她，我記得我心想，『我們真是難以置信的自以為是，竟敢說我們維持了她的生活品質。』」

所謂的「生活品質」是醫院採用的一種衡量標準，指很多條件都符合專業評量。但現實是她就快死了。

「我們所做的一切是讓她的身體舒服，並期望我們已給予她和她的家人心理上的支持。但現實是，這麼年輕的一位母親就要過世，她不得不跟丈夫、四個子女、以及深愛她的娘家和夫家親人道別。而她的子女也必須跟媽媽道別。

「儘管如此，她得到善終。

「在這一切哀傷與不幸中，這個不避諱表現悲痛的家庭充滿了愛。她過世之際被家人圍繞，包括她出生沒多久的孩子。她的子女進進出出房間，有時還會聽見他們在前院玩耍的聲音。娘家與夫家雙方親人都在場，而她的丈夫在她身旁躺下，一切都非常祥和又無比凝重。」

人們、伴侶、家人、生命。在那令人哀痛的場景發生的同時，孩童正在玩耍，呈現出一個憂傷又撫慰的畫面。

沒有什麼能安慰我們。沒有什麼能讓她過世的這個事實變得尚可接受。但至少可以讓合適的人陪在她身邊，使死亡變得比較柔和、安詳，不只是對她，也期望對那些被她撇下的成年人及孩子也是如此。

如何陪在臨終者身邊

美國安寧療護護理師喬伊・烏菲瑪（Joy Ufema）回顧她從陪伴臨終者的漫長職涯中學到的一切，她認為臨終者最害怕的兩件事，是疼痛與被遺棄。既然我們是群居動物，這自是理所當然。

今日對於陪伴臨終者的人抱持的態度已有極大改變，使我們重返數百年前現代醫院還未出現的生活經驗。

在現今的醫學與科技出現之前，一個人若不是在他們勞動的田裡過世，就是返家等待死亡。古時候還無法區分疾病的成因，沒有人太致力於設法弄清楚是什麼原因造成——人們只能聚在一起並禱告。

男人死於戰爭，女人死於分娩。最常在家中過世的兩種人是老人與嬰兒。無論自家有多小或多簡陋，家中的婦女會根據熟悉的經驗，操辦臨終儀式與喪禮準備，把她們從小在周遭他人的死亡中觀察和學習到的一切付諸實行。

「hospice」這個字原指中世紀歐洲供朝聖者（往往身患絕症）休息的收容所，設立地點鄰近神龕或教堂之類的聖地。朝聖者能待在靠近他們崇敬之神的地方，從掌管收容所的修女或聖者那裡，獲得招待和精神上的援助。而這些收容所也常是朝聖者們過世之處。

今日在英國坎特伯里（Canterbury）[6]，你仍可以在這座城市的大教堂旁，看到通往舊時收容所之一的出入口。當年朝聖者們從英格蘭各地來到這座大教堂，以求獲得上帝的恩典，這往往是他們身患重病時極度渴望得到的，因為他們知道自己的死期不遠。

我所描述的都是基督徒的狀況，但世界各地都有這類收容所。在中國，現今尚存的古代藝術作品中描繪了當時的收容所，上層是病房，下層則容納家禽或家畜。

我們該如何離世的舊思維，正不斷受質疑——這是一件好事。

你是唯一陪在臨終者身邊的人嗎？比方說，也許你是獨生子女，正陪伴臨終的父親或母親？不妨確認有你所信任的人可以跟你談談。

陪伴者可以是親人以外的人，而且這個人選的範圍也在擴大。許多安寧療護團隊都歡迎願意貢獻時間、坐在臨終者床畔陪伴的人來擔任志工。這是因為一般公認志工能夠提供醫護專業者所無法提供的東西：時間。

跟陪伴臨終者的親友有關的更多探討

安寧療護專科醫生麥可・巴巴托（Michael Barbato）曾針對臨終有廣泛的撰述。他還經營一間工作室，教導人們如何「接生死亡（midwife the dying）」。

我之前聽過這種說法。我母親在世時住的安養院，那裡的康樂主任似乎特別能感應到臨終者的需求，而且發展出一種幾乎不可思議的第六感，能預知院裡的某個病患什麼時刻會過世。對於沒有家屬或朋友坐在身旁陪伴的那些臨終者，雖然不在她的職責範圍內，但她會在他們過世那刻陪著他們。

「我是個幫臨終者接生死亡的人。很少有人不希望臨終時有人陪著。我在他們沒人陪伴時坐在他們身邊，而我把這視為一種神聖的特權。」她說。

當我把這些話告訴麥可，他點點頭。「這個角色也被稱為『amicus mortis』，意思是臨終之友。」他說。「而臨終之友不一定非得是專業的安寧療護人員才能擔當。

「事實上，我們應該從專業者那裡收回這個角色。早在一九六九年伊麗莎白・庫伯勒・羅斯（Elisabeth Kübler-Ross）出版《論死亡與臨終（On Death and Dying）》一書時，便提到一個她與茶水間助理之間發生的小故事。

「庫伯勒・羅斯常談到她早年工作時，曾經有次很不高興，因為每當她負責照料的病人快要過世，家屬沒找她，反而希望茶水間助理到場。所以，某天她跑去質問這位女士：『明明我才是專家，可是為什麼他們找的人是你？』那位女士回答：『因為死亡是我的老友。』」麥可說。

這位茶水間助理看過許多人過世，而且有辦法在家屬找她時就馬上到場。為臨終者到場的這個特權角色，不一定得指派給具有專門訓練的人。

熟悉並愛著臨終者的人出現，勝過其他人的在場，無論那些人可能多專業。

「如果一個人過世時沒有疼痛、被家人圍繞，而且那些家人是看著他們的至愛以符合其心願的方式過世，這樣就別無所求了。」麥可說。

薛莉在母親麗塔過世之際，是家人當中陪在母親身旁的人。這個任務是自然而然落在她頭上的，因為薛莉的父母搬到昆士蘭省，而她是住得最近的。在麗塔生命的最後幾年，她住的地方就離薛莉不遠。

薛莉好奇除了住得近之外，是否還有什麼內在動力在作用。十五歲時，她跟母親爭執後，碰巧聽到父親跟母親說，「算了吧。反正她是心不甘情不願的跟我們待在一起。」

「我有時會納悶，是不是聽到那段話，讓我不知不覺想要陪在他們身邊，尤其是陪著媽媽度過她的餘生，也許我是想證明我**有能力**付出關懷。到現在我都還記得那段話，而且我好奇它是不是多少把我塑造成現在這樣的人。

「一路陪著我媽媽走向生命終點，這段路很難走，但我很開心我做了。」

薛莉陪伴了她的母親。不過在至愛的臨終床榻旁陪伴之際，有些人正擔下甚至更為積極的角色。

這意味著重拾潛藏的技能，包括親自處理我們心愛之人的臨終過程、翻轉慣常的心態，還有請專業者參與，而非反過來由安寧療護專業者請家屬參與。

雖然我們不得不承認這很複雜，就像在麗塔的例子中，麗塔在生命的最後時日得用鼻胃管灌食，而且失去行動能力，需要依賴他人幫她沖澡和上廁所。

「雖然她沒有用清楚連貫的語句說出來，但是她想要什麼，我明瞭，醫生與照護人員們也都明瞭。」薛莉說。

那就是麗塔不想活著卻一切起居都得依賴他人，還得承受內心的痛苦。薛莉知道結果是無可避免的，但仍猶疑要不要移除從腹壁通到胃裡（也就是經皮內視鏡胃造口術〔Percutaneous Endoscopic Gastrostomy〕，簡稱ＰＥＧ）的灌食管。

「雖然我媽沒有失智症，可是疼痛、焦慮、控制這兩個問題的藥物，還有疲累等等，讓她迷迷糊糊的，所以我納悶那會對她的思緒造成多少干擾，還有在她同意撤掉胃造口灌食的那個當下，她的神智是不是完全清楚。」

也就是說，薛莉認為撤掉胃造口灌食的決定是正確的，畢竟麗塔早先已經表示那讓她感到焦慮，也很不舒服。

「媽媽經常表明她不想再這樣活下去，但我猜想道德和宗教信仰的顧慮，可能使她無法及早直接要求撤掉灌食管，還有停藥之類其他比較明顯的事。」薛莉說。

「我媽沒有被確診失智症；她依然有能力表情達意，而且當她真的開口說話——雖然愈來愈少——或是有人跟她說話時，也能有所表達或是搭腔，就像在她過世前一個月左右時一樣。我媽有能力與權利自己做決定，也可以說，醫生『授權』她去做最終的決定。」

顯然，我們應該尊重為了確保死因無可疑之處、而隨時間建立起來的保障措施，即使相關的報告和證明，有時可能會讓人有被冒犯的感覺。

無論臨終者在何處過世，你都可以擔任比單純在場更積極的角色。如果是死亡接生人的角色，那麼積極參與的方式就是「到場陪在一旁」。這樣的角色是你也能夠擔當的。

你不一定非得具備所有知識，但你能夠取得知識；麥克・巴巴托如此說明。由我們自己處理和掌控更多事項，數世紀以來便有先例，畢竟在一百年以前，都是由一般人陪在臨終者身旁，接生死亡，因為當時大多數人都是在沒有醫護專業者介入的狀況下，在家過世。

若你想陪伴臨終者，那麼無論家人有多忙，都值得要他們為你重新安排自己的任務。這個建議不只是為了臨終者，也為了坐在一旁陪伴他們的人著想。每個人都有自己的角色；有陪伴者、提供心理支持的陪護[7]、護理師和醫生之類的安寧療護專業者，還有家人。

能陪著你所愛的人走到生命終點，是一種非常特殊的經驗，將會讓你學到更多關於生命的一切，就如薛莉從這個經驗發現到的，「它對我的內心造成了深刻的影響。」況且沒有一個照料臨終者的安寧療護專業者會不希望你在場，畢竟就如常理告訴我們的，無論能把多少位專業醫護召集過來，病人從臨終到過世，床畔最重要的人還是家屬。不過在此提醒一點：我們常有一個浪漫的想法，就是家庭是養育我們和最保護我們的地方，但在現實中，它也可能造成我們最大的傷痛。這是我們必須認知到的。

如果臨終者並非在自家過世，那麼即便護理人員有心，他們也還是得照料許多病人，而非僅此一位，這讓他們難以將全部心力放在單一病人身上，因此家屬在場很重要。你也有權為臨終者營造一個祥和並能給予慰藉的環境。例如收集臨終者想聽的音樂並放給他們聽，周遭放置他們偏愛的盆栽種類，在牆上掛他們喜愛的裝飾、照片或圖畫。家屬和密友會比專業醫護更了解病人較偏好身旁擺放哪些物品，因此光憑這點，就能看出親友的重要性。

當親近的人即將過世，家屬需要具備點想像力。臨終者需要什麼東西、想聽些什麼話、想見到誰？有什麼能幫助他們安心離世？

到場跟臨終者道別的家屬人數有沒有什麼限制？臨終者病房跟加護病房環境不同的是，病人並不需要一段安靜休養的時間，以待狀況穩定。臨終者需要的是有機會跟他們所愛的人相處。

在懂得尊重他人的地方，不會去批評到場家屬是否太多或太少，以及家庭是由什麼樣的人組成。專業人員明瞭這不是他們該管的事，尤其若能為臨終者帶來慰藉，只要不影響其他病人即可。

為什麼不一次就讓很多親人一起道別，倘若家屬想這麼做的話？

「有時你走進病房便看到家屬圍在臨終者身旁，就能感覺到愛讓臨終者放不了手。」凱特・懷特說。

凱特說，對此她沒有任何證據證明，不過她有強烈的感覺，覺得這些病人通常會撐得較久才過世。

「當家屬說，『我們都難以置信他還在。』我通常會告訴他們，『聽著，你們已經跟他道別了，他應該把你們每個人都放下。這是很艱難的事，會需要多一點時間。』

「我們不知道臨終者內心的所思所想。不過我的確認為，當所有愛你的人都在房裡捨不得你走，有時是蠻難撒手的；我真的這麼認為。」

如何當個更有助益的陪伴者

當你坐在臨終者床畔陪伴時，以下是你能做的一些簡單事項。這些建議沒有一項需要特殊技巧，也不會妨礙專業者的照護工作，對臨終者也不會造成危害。

- 跟病人說話、唸他們最喜愛的文章或書籍、唱歌給他們聽。聽覺是臨終者最後喪失的一項感官知覺。
- 其餘時間不妨就安靜坐著。這是把「別只是坐著，做點什麼」的想法，翻轉成「什麼都別做，只要坐著就好」的時候。
- 傾聽。臨終者也許會說些似乎毫無意義的話，不過他們有可能是藉由隱喻來表達。臨終者會把夢境及現實、當下和過去混在一起。他們也許會看到過世已久的朋友或親戚，並跟對方說話。當他們這麼做，不妨傾聽並支持他們。

不妨鼓勵臨終者做人生回顧，如果他想做的話。人生回顧是臨終者的一種口頭反思，有時會花相當長的時間。有些臨終者對「我這一生的意義是什麼？」這個疑問早已有了答案，但另一些則直到此時才明白。

不妨跟在場的其他人交談。無須輕聲細語，而是用正常的音量跟家人說話。即使臨終者可能沒辦法理解你們在說什麼，但他們會認出你們的聲音，這樣就會感到自己並不孤單。臨終者會樂於聽見家人與親友在周遭，就如他們在神智清醒但病得太重、而無法參與談話時一樣。

- 滋潤他們的口腔和嘴唇。在過世之前，臨終者不會口渴或有食慾，因為隨著身體功能開始停止運作，他們不再需要吃喝。不過他們可能會因口腔乾燥而感到不舒服。這種情況在臨終者身上很常見，這是由於在生命最後階段沒有喝水，口腔內會形成黏稠的唾液。不妨使用沾水的棉棒清潔他們的口腔，濕潤舌頭底下及口腔側壁，使口腔清爽。可以每十五分鐘做一次。或許你也可為他們塗點清新薄荷味的口腔舒緩凝膠。這麼做不僅是為了讓臨終者較舒適，也能讓你感到安慰，因為這容許你跟臨終者有身體上的接觸。
- 梳理他們的頭髮，尤其如果他們神智清醒時也喜歡這樣的話。
- 如果病人在臨終照護之家或醫院，騰出空間讓護理師可以至少每四小時替臨終者翻身一次，以避免壓瘡形成，一直到他們陷入昏迷。對於已經無法清楚說明疼痛來源的病人來說，壓瘡會增加不必要的疼痛，而且可能被誤認為躁動。若你是在家中看護臨終者，需確保至少每四小時將他們稍微抬起來翻身一次。

替臨終者舒緩不適，或許能讓你的家人覺得你提供了實質的照護，並且也將有助你克服喪親之痛。

一般人通常不了解，當一個人接近生命終點之際，消化食物的功能會停止，其實不需要吃東西。親友可能會因此感到心痛，因為他們擔心臨終者會覺得餓或渴，但事實上他們不會。

不過家屬想讓臨終者吃東西的衝動通常很強。他們想看見自己的爸爸或媽媽進食，因為食物是維生的基本物質之一。然而給予處於生命最終階段的人食物，即使很少量，其實也不會有什麼助益。

水分的給予也是一樣。隨著器官開始停止運作，臨終者的身體會進展到沒有能力吸收任何水分的階段。這時候，臨終者就時日無多了，畢竟一個人若不喝水，最多只能活一個星期。

一旦臨終者停止攝取水分，皮膚會開始呈蠟黃色並失去彈性。

接近死亡時，臨終者的身體會無法調節體溫，所以不管天氣如何，他們的身體可能會變得很熱或很冷。手和腳的循環也開始停止運作，同時血液供給集中到主要器官，因此手腳的皮膚可能會呈現青藍色。

快要過世的人常會出現躁動。如果出現這個狀況，只能期望它會很短暫。在臨終過程的初期便開始控制病人的焦慮不安，能有助於減輕躁動，藥物可能也會有所幫助。

通常家屬會想在臨終者過世時陪在旁邊，所以會希望在那一刻到來時接到通知趕到。然而死亡降臨的確切時間很難預測，因此醫護人員會不願試圖做任何預測。

醫護人員常被問到，「我們該注意什麼跡象？」這類跡象大都不是精確的指標，而且只出現在生命的最後幾週或最後幾天。

如果臨終病人的脈搏相當有力，很可能還能夠暫時離開去喝杯茶，或回家沖個澡。但當病人的脈搏微弱又不規則，就表示他們的心臟開始費力跳動，很可能停止。不過醫護人員很少會只依賴單一跡象來判斷。

當瀕死喉聲（death rattle）出現，可能會讓坐在病人身旁的親友很害怕，但臨終者不會意識到。瀕死喉聲是空氣隨著臨終者的吸進和呼出、通過喉部積存的分泌物時造成的聲音。一般人在正常狀況下會將它咳出來，但臨終者做不到，因為當瀕臨死亡，咳嗽反射的能力就會喪失。改變病人的姿勢，偶爾也許能消除這種聲音。

甚至在過世前幾天會出現陳施氏呼吸；此時的呼吸模式變得異常，而且會短暫停止呼吸。

現今的醫生認為，隨著生命即將終了，臨終者會先喪失味覺與嗅覺，接著是痛覺與觸覺，最後喪失的是聽覺。

好消息是，即使病人的臨終過程是照這樣的方式進展，但通常直到最後那刻都還有知覺——就算處於無意識狀態——大半職涯都致力於臨終照護與管理的專業人士認為，雖然一些臨終者會有疼痛問題，但大多數人在最後的彌留階段不會承受多少身體疼痛。然而還是必須再強調一點，那就是人們對於無意識狀態的了解還太少。

處理衝突

對他人來說微不足道的問題，對臨終者家屬或許很重要，而且可能因此引發緊張和對立。當你陪在臨終者身旁，期待一切都歡欣愉悅是不切實際的。

丹妮絲是家中的三姊妹之一。她們的母親臨終時，丹妮絲的姊姊們想把探視母親的訪客縮減到只限家人，但丹妮絲不同意。

「我陪在媽媽身邊的時間比其他人多，我注意到如果來探望她的是她不太喜歡的人，媽媽就會一直睡。但如果是她喜歡的人，她就會變得很清醒。

「我明白我媽其實完全掌控她的人際關係，以及跟他們應對的方式，即使她快過世了。如果有人問我的姊姊能不能來看我媽，通常她們都會勸阻對方。但如果是問我，基於我對情況的了解，我會要他們來。這造成我和姊姊們之間很大的衝突，不過護理人員都認同，就算我媽很少清醒，但她還是在自己控管情況，而且他們認為那是她的權利。」

父或母的過世，常導致子女之間相處關係的變化。有時手足之間不再有親近的感覺，或者是把經歷父或母的過世視為一個機會，讓他們重新界定自己跟家人的關係。這個過程在父或母過世之時，可能令人緊繃，即使（尤其）是對於上了年紀的成年子女來說。如果手足之一被託付了負責決定臨終相關事宜的任務，但其他人沒有，對立緊張會更嚴重。關係的緊張對立，也可能因為對父或母遺囑的不滿而浮上檯面。

務實的目標不是消弭對立，而是找出因應之道。對我們大多數人來說，可以運用職場的衝突處理技巧，畢竟相較於臨終者床畔，職場是個熟悉得多的環境，而且兩者同樣需要客觀思考的能力。例如你可以參考李・傑・伯曼（Lee Jay Berman）在www.mediationtools.com/articles/conflictres.html提出的這幾點：

- 保持冷靜
- 傾聽並理解
- 強調積極面
- 技巧的陳述你的看法
- 針對問題，而非個人
- 避免互相指責
- 把重點放在未來，而非過往

就臨終者個人來說，在《垂死的藝術》剛製作出來之時，消弭衝突以及跟他人和解，便是悔罪當中重要的一部分，而悔罪被認為是藉由必須的悔改，淨化靈魂，以求能夠上天堂的基本要素。版畫描繪的鬼怪與妖精總出現在臨終者床下：當我們艱難的度過最辛苦的這段時間——待在臨終者的床邊守夜——它們不就正代表著我們本身的負面想法、疲憊和恐懼？

今日，無論病人是否相信天堂的概念，就算不是為了宗教因素，還是會認為化解跟他人的衝突很重要。

未化解的衝突，無可避免的會讓很多為即將離世而痛苦的臨終者，產生心理問題，尤其是對於很在意家人及朋友能否和睦相處的那些人來說。

隔閡可能至死都還存在。即便有些人會天真的以為，死亡將至，會讓人表現得較為溫良寬和。

如果你認識某個患有絕症的人，並希望在他們去世前拉近關係，不妨設法盡量解決你們之間未化解的衝突，尤其是在他們住進任何照護機構之前。

這麼做有幾個理由。首先，如果那名重病者的狀況還不到非常差，那麼相關的人會比較容易、也能較妥善的處理。等到病情進展到後期、非常接近生命終點之際，再提議化解衝突，對你本身和臨終者的風險，是誤會你這麼做是為自己好、希望獲得原諒，而不是為病人著想，畢竟他們即將面對艱難的死亡。

的確有家屬反映，他們很厭煩有些人是因為往日曾對病人有虧欠，為了對得起自己的良心，才前來探訪，而不是為病人著想。

及早化解衝突的另一個理由，是若病人已住進醫院，他們可能會列一份名單，表明不想見到哪些人——這種情況多得令人驚訝。醫護人員會尊重這點，如果這是已紀錄下來的病人意願，醫護便會拒絕你的探訪，即使病人後來改變心意也一樣。

有時病人會很樂於見到某些訪客，不過由於探訪者與家人之間過去以來的嫌隙，訪客就會被拒於門外。

親戚有時會為病人做這類限制，但卻沒有領悟到有疑慮的是他們本身，而非病人。如果你正打算為你的臨終親戚設訪客限制，不妨自問這是出於你的個人動機，還是為了病人，並且和醫護人員討論一下，他們或許會知道病人有跟你不同的看法。

如果是在安寧療護病房，社工和臨床心理諮商師只要有機會，都會盡其所能，設法幫助臨終病人化解跟親密家人間的衝突，因為一般公認，在臨終時緊抓著恩怨不放，會增加焦慮與躁動，疼痛往往也會加劇。

探訪者與臨終者之間存在矛盾相當常見。事實上，照料臨終病人的醫護人員承認，陪在臨終病人床畔的家屬之間存在對立衝突，也很尋常。

手足之間的對立和根深蒂固的緊張關係，可能在家中由來已久，有些是打從出生就開始。某位家庭成員的去世，尤其是父親或母親，是大多數人會面對的所有事件中最令人悲痛的，而且得要跟兄弟姐妹一同處理，幾乎可以想見緊張和對立會毫不意外的出現。

當家庭成員對於臨終照護的意見不一時，衝突往往會加劇。這正是為何每個人最好都預先表明自己的規劃與想法的眾多理由之一。

在一個典型例子中，兩個女兒為母親願不願意被急救而爭執，兩人都針對要與不要提出充分的理由。她們的對立造成的後果持續很久，一直延續到她們的母親過世之後。她們的母親曾說她很高興被救活了，而深信母親不想被急救的女兒因此承受了極大的痛苦，家人關係也被破壞。

在安寧療護病房，護理師常認為他們最重要的目標，是防止病人遭到衝突所帶來的明顯衝擊，因為這會破壞療護專業者盡力為病人營造的平靜與舒適感。

安寧療護專業者相信，即使病人昏迷不醒，但若身旁有人鬥嘴或爭吵，依然會造成問題，因為臨終者仍感覺得到。所以醫護人員到那個階段也會希望將病人與衝突隔開。

還是面對現實吧。即使是我們很親近的人，像是父母、兄弟姐妹或子女，可能會相親相愛、彼此支援，但也可能是麻煩的來源。

衝突的原因可能包括：

- 過去以來的怨氣；從輕微的意見不合，到性侵害和嚴重的家庭功能失調的家人關係。
- 心理疾病。
- 家人間未化解的問題。
- 對臨終者的愧疚，有時會以憤怒或過度補償來表現。
- 強調長幼有序的專斷做法，尤其在一些家庭或文化中，會直接認定該由長子或長女決定一切。
- 重男輕女：兒子和女兒被分配不同職責，例如兒子有權當代理人和做決定，女兒則負責處理貼身瑣事，例如買衣服等。

- 為了誰說了算而產生矛盾，尤其當涉及誰是替代決策人時。爭執的起因可能是為了大事，例如是否撤掉呼吸器，也可能是小事，例如怎麼做能讓病人比較舒服，或是餵冰塊滋潤口腔等。
- 臨終者對子女的態度有差別，而且對其中某個或某幾個表露出偏愛。

布里斯本的社工安・哈迪（Anne Hardy）表示，從事安寧療護工作二十年後，她仍然覺得家中某個成員的過世，可能會引出這個家庭最美好的一面，或是可能很容易看到最糟的一面。

「即使是真的運作很正常的家庭，也可能被推到超出壓力臨界點，無法負荷。」她說。「你或許以為自己家會應付得很好，但也可能存在著出乎你意料的引爆點，接著情況就變得比你預想的還糟。」

安已學到別下評斷或試圖預測家屬們會如何因應。

「你原本不抱期待的某個家庭，卻可能真的處理得很好。舉例來說，最近跟我配合過的一個家庭，雙親都有毒癮。我在那個母親去世之前四星期左右的期間照料她，並協助她處理情緒問題。我對那個當父親的沒抱什麼期待，但我們發現他真的積極起來。

「每個人都已經對這個家庭做出評斷，但那個父親卻站出來當他兒女的支柱。他為了孩子做得很棒，所以這再次提醒我，別光看表面就下評斷。

「為了臨終病人著想，往往會要求社工介入，通常在病房裡的臨終者身邊。我們的目標首先是跟病人建立良好的關係。病人向來是我們的優先考量，所以我們必須先自問，這樣對病人有好處嗎？」

若會談與討論只會對家屬有幫助，而非臨終者，那麼這個會談可能必須在安寧療護病房以外的其他地點進行，這樣就不會影響到病人。

「第二個目標是召集並主持家庭會議、家庭討論和家庭調解，但這要等臨終者自己開口請我們來做，而非只取得他們的同意。而這些通常會有醫療團隊的參與。

「這麼做是為讓病人表達他們的心願。所以重點全在於臨終者想要有哪些人在場。」

有次安跟一個很大的家族配合。將近二十名的親人相互對立。在大費周章規劃安排之後，他們全被請進臨終者的病房內開會。

「為了開這個會，我們做了很多準備工作。不過其實重點是讓病人能在她生命僅存的最後幾天，說出想說的話。這是為了讓親屬聽聽她有什麼願望。這家人爭執的是她的子女該怎麼辦，因為她的丈夫好幾年前就過世了。

「對於如何安置她的子女，祖父母、阿姨與伯叔們都有自己的意見。但我們安排這場會議，是為了讓她有機會表達自己真正的意願——而且是在公開討論的情況下，這點令一些人感到意外。

「於是她得以當著所有親人、還有幾名見證者的面，說明她希望她的子女能和他們的一位阿姨，也就是她的姊姊，一起住。這個選擇讓一些親人相當驚訝。

「她的父母以為孩子們會搬去跟他們住。但她跟她的父母之間有許多問題是他們沒體認到的，而且那些對她的童年造成很大衝擊，她也是直到此時才真正開始接受。

「她的決定出人意表，而且相關的很多人都自認有權表達意見。但她知道最後收留她子女的人，將會對孩子的人生造成重大影響，這點隨著她的時日愈來愈少，她也愈來愈煩惱，所以我們知道這件事得到解決，會對她有好處。

「參與的很多人都哭了，但最後對病人、她的子女、甚至親戚，都是很棒的結果。

「不過我們也見過許多沒嚴重到這種程度的情況。大家也是情緒激動、關係緊張，主要就為了正在發生的事——死亡即將降臨的這個事實。」

家人和朋友間的任何不和，常會變得非常明顯，給臨終者造成額外的問題。

別忽略「准許誰來探訪？」這個問題；它值得提前討論。最好很早就思考大原則。

你可以請醫護人員協助處理。大多數病房的做法是掛一個告示，寫著「所有訪客請先至護理站報到」。

1 譯註：澳洲南澳大利亞省的首府。

2 譯註：the garden of Gethsemane，位於耶路撒冷的一處果園，根據《新約聖經》，耶穌與門徒在最後晚餐後，來到此處禱告。

3 譯註：又稱假性宮縮，是在懷孕期出現的不規律子宮收縮。

4 譯註：是一種周期式的呼吸異常，開始時呼吸淺慢，隨後加深加快，到一個程度又逐漸變淺慢，接著呼吸暫停數秒後，再重複同樣的循環。

5 譯註：安寧療護的歷史可追溯到中世紀和十字軍東征時期；當時在朝聖者必經之路的沿途設有收留所，收留並照料窮人、病患、和臨終者。到了二十世紀初，它演變成照料罹患無法治癒之絕症病人的照護機構。

6 譯註：位於肯特郡的城市，市內的坎特伯里大教堂是英國聖公會首席主教坎特伯里大主教的駐在地。

7 譯註：doula，這個字源自希臘文，原意指照護臨盆婦人的女子。而在此處指的是訓練有素的臨終陪伴者；他們並非醫護專業人員，其工作是受雇陪伴臨終者，並為臨終者及其家屬提供心理上的支持。

Chapter 02

臨終的心靈歷程

Spiritual experiences at death

我們學習臨終時非關肉體的部分，包括將人類生命轉化至超然境界的心靈歷程（不一定跟宗教有關）。

「靈魂」的痛苦

臨終者承受的痛苦有兩個不同層面。一個是身體的痛苦，另一個是「靈魂」的痛苦——即面對生命終點的恐懼與悲傷。正是後者使臨終的痛苦跟人生中遭遇的其他痛苦有所差別。

靈魂或精神上的痛苦，往往是必須處理的主要問題之一。臨終照護之家和安寧療護單位都盡了很大努力來控制它——這是區分這類單位跟急重症醫院的顯著特徵之一。（儘管急重症醫院對於臨終的社會心理問題，也愈漸增加和擴大關注。）

有些人即使已經住進醫院，或是安寧療護病房或臨終照護之家，卻始終沒有接受就快過世的事實。這可能會讓病人在生命將盡時更加恐懼與焦慮。而這又會反過來加重身體的疼痛。

臨終照護之家和安寧療護單位都認知到精神痛苦的重要性。亞當・惠特比提到艾琳的經歷。

「艾琳是一名年輕女性，有兩個各為十一歲與十二歲的女兒。她感到極度疼痛，嚴重到我們不得不在她的背部做硬脊膜外注射[1]，給她大劑量的藥物來設法幫她抑制這些疼痛。

「接著她才透露自己還沒告訴女兒們她快死了。正因為她不想說，所以內心感到十分痛苦。於是一名諮商師花了很長時間跟她談，引導她到一個階段，讓我們可以考慮讓她回家度週末，把情況告訴女兒後再回來。

「等到她回來，她已經告知兩個孩子，一切也很順利。她的女兒顯然很難過，不過她們已經知道媽媽真的病得很重。

「她一回來，我們就發現她的疼痛減輕到必須立刻減少嗎啡用量。她為了是否告訴女兒真相所導致的焦慮，已經完全解除；這點對她的身體疼痛有明顯的影響，因而我們必須停掉她的所有止痛藥物。我永遠不會忘記這件事，我永遠忘不了這顯示情緒上的痛苦有多強大，並且會對身體造成多大影響。這真令人驚訝。」

當一個人在臨終照護之家或安寧療護團隊照料下，逐步走向生命終點，社工與心理師會是照護他的團隊一員，以幫助他慢慢接受和面對死亡。生理和心理兩方面的痛苦，都由他們處理。這是遵循塞西莉・桑德斯女爵建立的傳統；她認為痛苦是一種具有生理、心理、和社會心理因素的多面相體驗。

有許多人與專門的團體能夠協助陪伴臨終者的人，其中一個是「湧浪計劃慈悲關懷社群」（Groundswell Project's Compassionate Communities）；它倡導「一種臨終關懷方式，也就是在有需要時，以及失去所愛的人或（和）遭逢危機時，彼此關懷照料，而這是每個人的任務和責任。」

臨終的精神層面

出生、死亡、愛，都是人生最重要的經歷，也是我們的喜悅與痛苦的源頭。愛與悲交織。有人說，你沒先去愛，就無法感受到悲傷。因此，也許我們愈愛某個人，當他們過世，我們也愈悲傷。我們哀痛，我們祈求天意和上蒼，但在死亡降臨時，老天爺卻無動於衷。我們抗拒死神。我們不去想祂，藉此避免想起自己有天也免不了一死。我們盡情過活，好讓我們充分感受到自己正活著，而非死亡。

但等到我們脫離童年時期，就算沒人告訴我們，我們也明瞭到什麼是死亡。而且無論我們是什麼人，死亡都不只關乎於肉身形體而已。

也難怪無神論者和宗教信徒會說，親歷死亡是一種超凡、強烈、足以改變人生的經驗，因此由它所啟發的超驗概念，是我們所有人都可以追求的。但對實際處於臨終的那個人來說，又是什麼樣的經驗？多年來，已出現太多描述，提及臨終者所展現的心靈和情緒力量。

離世者無法回來告訴我們那是什麼樣的經驗，就算是有過所謂「瀕死」經歷的那些人，也不算是真有。不過我們要學的太多了。相關的敘述令人驚嘆；例如一名臨終婦女雖然陷入昏迷，仍撐了好一段時間，直到她的兒子趕來見最後一面。或像是一名男子「等到」他的生日當天才過世。甚或像是我家族中的兩位曾祖，等到他們另一個曾孫誕生後兩天才去世，幾乎宛若看到新生代降臨，彼此的靈魂在夜裡擦身而過。

醫生們在跟他們的病人談論心靈層面的問題時，可能會覺得不自在，或覺得這並非他們的職責。不過有些病人會希望很快就能談談心靈方面的想法。

不過安寧療護正在轉變，而且現在有很多醫生更敞開心胸承認臨終的各個心靈層面，也願意傾聽病人的擔憂，並在需要時請牧師或牧靈工作者過來。

「令大部分家屬感到為難的狀況之一，是發生在死亡之前的昏迷不醒。他們認為這是一段痛苦與折磨都不存在的時間，他們所愛的人這時候其實往往比之前任何時刻還要平靜。家屬本身會覺得無能為力，不知道能說或能做什麼。我們如今知道，透過言語或肢體接觸來跟他們所愛的人連結，對臨終者與家屬都有療癒作用，甚至可能創造出一個能讓臨終者對生命放手的空間。」麥可・巴巴托表示。

臨終者即使在看起來昏迷不醒時，直覺感應可能非常敏銳，對他周遭那些人的情緒轉變及互動方式的細微差異，會有所反應。

夢境與臨終視見

當人們接近生命終點，夢境與現實、過去和現在常會混在一起。可能臨終者會看到某些朋友或親人，或是想聊聊他們的近況，但他們早就過世了。如果遇到這種情形，不妨試著傾聽並配合。你是否相信死後世界不太重要，重要的是臨終者的需求。臨終者對那些過世親友的親近感，將會幫助他較放鬆的往前進，也有助於驅散他們的恐懼。

「噢，我剛跟媽媽說過話，還打了場精采的網球。」有天我的母親這麼說，就在她去世前不久。

她彷彿才剛放下球拍，用下巴蹭了蹭她的小寵物兔史卡茲，然後坐下來喝杯茶。我凝視她的雙眼，彷彿看到她童年時的家，位在雪梨西區史卓菲鎮（Strathfield）另一頭的那棟房子。它名為「米蘭諾（Milano）」，是依照偉大的義大利城市米蘭所命名，也是她祖父誕生的地方。她的家族三代都住在雪梨的那棟房子，祖父還曾跟他的兄弟們在那裡一起玩硬地滾球[2]。

這一切都帶有田園般的詩意，但我很快就發現，臨終時的這種特殊時刻，並非只發生在我媽身上。你若詢問其他人，他們會提到自己在陪伴臨終者時也遇到類似狀況。

珍妮・C說她的母親瑪格麗特在過世前的幾週，一直看著牆上的裂縫微笑。雖然他們並不是一個平時會說自己相信死後世界存在的家庭，但他們願意相信隔在塵世生命與死後旅程之間的那層「紗」有條縫隙，讓瑪格麗特能看見自己的母親凱洛琳正在那頭等著她。

當快九十歲的瓊躺在床上，即將到達生命終點時，我問她是否感到害怕。她微笑著說，「不會。」是什麼在幫助她？

「媽媽和凱倫每天早上都來找我，我看見她們的金色捲髮在陽光下閃耀。」瓊回答道。

瓊的母親在五十年前去世，而她的女兒凱倫也過世三十年了。但看見她們，幫助瓊面對迫近的死亡。她們給予她某種安全感與滿足。

對於臨終視見的起因有許多理論，但直到最近才有科學文獻討論到，這或許代表我們對它的了解還不多。以往，非屬安寧照護的醫生多半對臨終視見嗤之以鼻，但這點也正慢慢改變。

「有人認為臨終視見或許是藥物、尤其是嗎啡的副作用，還有些人認為起因可能是輸送到腦部的氧氣不足，或腦部的其他化學變化。另一個理論認為那是一種心理防禦機制，即我們面對死亡的一種方式。第三個理論則認為那是一個超覺體驗，換句話說，是一種超乎我們理解的神祕現象。」麥可・巴巴托說。

臨終者也常會胡言亂語，通常會被當成譫妄。不過有些人表示，我們在評估時不應該太快下結論，因為臨終病人也可能是在使用隱喻。他們想傳達的訊息也許比表面聽起來的還深，而且可能是溫和的提醒到此刻仍不願提死亡的家人，因為他們清楚自己就快離世了。

「當人們將要過世，他們的直覺感應會非常準，而且我相信他們的夢境十分重要、深奧、有力。」麥可・巴巴托說。「那是他們的潛意識在說話，而它透過隱喻、象徵與神話的方式來表達，其含意可能相當隱晦。但如果夢境栩栩如生或重複出現，它傳達的訊息通常意義重大。這正是夢境之所以如此重要的原因。

「人們偶爾可能誤解臨終者說的話，或誤以為他們神智混亂。但若更敞開心胸去聆聽那些話，或許就能理解臨終病人正在傳達非常重大的訊息。」

麥可講述了一位病人的經歷。

「瑪麗娜快要死於癌症。她擁有深刻的精神生活，並遵循瑜伽士的傳統。對她來說，最要緊的是直到死亡那一刻都保持神智清醒。在我倒數第二次去診視她時，她的家人對我說，『我們沒能辦到。』我問，『為什麼這麼說？』他們回答，『瑪麗娜現在有幻覺。』

「瑪麗娜說的話是，『我正往山頂爬，等我抵達，我得執刀做盲腸手術，我以前從來沒做過。』」但瑪麗娜是家醫科醫生，因此家屬斷定她產生幻覺，並擔心嗎啡除了減輕她的痛苦，也導致她此時的譫妄。

麥可告訴他們，「不是，她跟你們說，她正朝山頂爬，但對她來說是代表走向死亡的辛苦勞動。她希望在清醒的狀態下離世，而她在告訴你們她正在這麼做。不過她提到手術，那是在說她很害怕，需要有人讓她安心，跟她保證她能一直妥當的做到最後，因為她以前從沒做過。我建議你們跟她說話，而且告訴她，『你做得很棒。』」

她的家人照做了，之後瑪麗娜一直到隔天去世都保持清醒。

無意識覺知

無意識與無意識覺知依舊是個謎。我指的不是在精神方面的理解，而是科學方面。究竟什麼是無意識？你愈是深入探究，產生的疑問就愈多，而非答案。雖然近年來有許多關於無意識的文章與討論，但至今對這個存在狀態所知甚少，仍在持續探索。

這個題目讓我想起另一個自然界的謎團，對我們區區人類來說，它仍還未完全解密；那就是有些候鳥為了繁衍下一代跋涉數千公里，然後返家。牠們會將雛鳥留下，讓牠們自行成長茁壯。接下來，新長成的一代儘管從無經驗，依舊展開首度的長途飛行遷徙，經過數千公里的旅程後，精準降落在牠們父母成長的地方，即使牠們之前從沒經歷過這段旅程。

研究意識狀態的專家過去常談到無意識，但現在他們論及無反應，會特別指出無反應並不等同無知覺。這是因為如今有新證據顯示，有很多具有無反應症候群（過去常稱為植物人狀態）的病人，有高達百分之四十的比例具有某種程度的意識，而這點有別於以往的理解。

此外，如今發現，有很多被麻醉的病人擁有「關聯意識」，也就是對外界的覺察。

也有明確的證據顯示，後來重返正常生活的許多無反應病人，擁有從單純的感知到複雜的似夢情境的一系列體驗。

這類狀況的其中一例，是我認識的一名男子；他曾被送進加護病房，並陷入半昏迷狀態，後來完全康復。他半昏迷時，曾夢到他的雙手被敵對的士兵捆住，還得跟他們作戰。後來他發現他的手的確被綁過——因為護理人員怕他在無意識狀態下拔掉身上的管線，所以將他的雙手約束起來。

如今已了解陷入無反應狀態的臨終病人，可能存在著某種程度的覺知。關於這點，有不少敘述都提到，一些病人可能毫無反應，顯然深度昏迷了好幾天，接著就激烈或直接的表達什麼，而且通常發生在彌留時。

「這種情況我不知看過多少次。」照料過數百名臨終病人的亞當‧惠特比說。

「一名陷入昏迷的病人，在過世前一直等待某個對他有特殊意義的人從幾個省之外或很遠的地方趕來，直到特定的那個人到場，病人才過世。所有安寧療護護理師都有這類經驗。」亞當說。

「有些人在他們生日當天去世，這令人十分驚奇。你可以理解處於深度昏迷的臨終者對他人的觸碰或聲音有反應，但若你已經昏迷好幾天，怎麼會知道第二天是你的生日？」他說。

「你可能會看到三天沒睜眼的病人睜開眼睛，似乎意義深長的凝視他們所愛之人的雙眼並微笑，接著就過世。」──凱特‧懷特說。

「我在等待他們至愛者的病人身上看到，他們等著那個人趕來，好在過世前見最後一面。」──在加護病房服務的瑪麗說。

「就在上個星期，我照料一名將要過世的老婦人。她在先前清醒時曾告訴我，她在等她的兒子。其他子女都來探望了，但這個兒子得從墨爾本趕來，就只剩他還沒到，而且他的班機延誤了。那時她已陷入昏迷，但還是撐著。一等到她兒子見到她，她才咽氣。」

當你陪伴臨終者，請留意這類狀況發生的可能，即使它或許跟你所深信的一切有所抵觸。

安寧療護工作者常將這類情況視為一個寶貴的時機，讓病人得以和所有至親至愛共處，即使沒說什麼話。安寧療護工作者也注意到，當趕來見最後一面的特定一人到場時，這種情況往往最明顯──彷彿那個人給予陷入昏迷的臨終者放手的許可。

「我們家族的朋友瑪格麗特似乎一直留著一口氣撐著，幾乎像是需要有人允許她離去似的。」──凱瑟琳說。

「她一直飽受呼吸毛病之苦，而且從年輕時便擔起養家活口的重任，因此她總是很努力應付身體很差的問題。某個下午，我叔叔坐在她身邊告訴她：『你現在可以走了，你不再需要很勇敢，我們容許你離開。』不久她就去世了。」

孤獨離世

既然沒人能起死回生，來告訴我們在過世那刻他們心裡想到些什麼，但護理師們相信，就像有些臨終者會撐著等見到最後一面般，有些則會等到獨自一人時才過世，例如在家屬都離開病房、或去喝杯茶時咽氣。

珍妮・T在父親去世時也有這樣的經驗。

她的父親已到了極痛苦的巴金森氏症末期。他無法吞嚥，器官也開始衰竭。臨終過程既漫長又煎熬。珍妮連續好多天幾乎寸步不離的守在父親的病榻旁，而她的母親與弟弟因情緒與疲勞而近乎歇斯底里。

珍妮回想道，「我堅持要媽媽去外頭喝杯茶或咖啡。等到我們差不多二十分鐘後回來，爸爸已經去世了。我非常內疚，但媽媽說她相信爸爸是刻意挑那個時刻走的，好讓她不用承受眼看他去世的痛苦。」

遺憾的是，有些人是在完全無人前來探視及在旁陪伴的狀態下過世。有時是因為病人沒有指定關係最近的親屬。不過就算如此，安寧療護人員都會盡量避免讓他們孤獨離世。

基於專業人員有時間壓力，因此有時會把陪伴這類病人的任務交給安寧療護志工。雖然這些志工無法時時刻刻都陪著病人，而且可能不一定在病人過世那刻剛好陪在旁邊，但他們的目標是盡量提供陪伴及人際聯繫。志工們表示，這是他們最有意義的體驗之一。

在極少數的情況中，臨終者會事先明確指示不要家人待在他們身邊。即便如此，他們可能會要求一位護理師陪伴。

退休的安寧療護護理師法蘭記得一位獨居婦女的案例；她要所有親人離開，只留下法蘭在她過世時陪在身旁。她不希望親友在場，就只要法蘭，因為她認為法蘭對她跟親人關係的態度客觀中立、不加批判，而且懂得體諒。

「他們全都離開了，而我是她過世時唯一陪著她的人。她所有親友都被告知別來，所以只有我和她。我覺得很哀傷，因為我是唯一在場陪著她的人。那是我永遠無法忘懷的經驗。」法蘭說。

我將前往何處？

對於死亡在心靈本質上的深刻理解，跨越了宗教之間的界線。確保臨終者有表達個人心靈與宗教信仰的權利，是在挑選臨終照護單位或機構時，很重要的條件之一。

當死亡迫近，很多人最大的疑問是，是否有另一個世界？在臨終時，不是每個人都會很有信心的堅持他們以往、甚或是終其一生的看法。

安寧療護社工安妮・哈迪說：「我的確發現，擁有生命意義或信念的人，無論那個信念是什麼，若他們相信的是有靈性或至高者的存在，通常會比那些因為不知自己會遇到什麼而非常恐懼的人，更能面對死亡。」

但安妮強調我們應該謹慎，因為前一個人的情況不見得跟下一個人相同。原本很堅定的無神論者，可能會問起跟上帝有關的事，而原本有宗教信仰的人，則可能轉為抱持懷疑的態度。

「有人會清楚告訴我們，『我需要一位牧師』。而在那些自稱無神論者的人當中，也各有不同程度的信念，相信死後靈魂將會如何。」亞當・惠特比說。

「我有過相信死後世界存在的病人，真的到臨終時卻開始有所質疑。而那些相信天堂與地獄存在的人，有時會變得非常恐懼，因為他們不知道自己到時候會去哪一邊。這真的很糟。就算我說『你是個好人』，他們還是無法安心。

「我曾跟一些始終擁有信仰的病人談過，後來到了臨終時，他們會問我：『亞當，你相信的是什麼？你覺得死後會發生什麼事？』

「我還遇過幾個人，通常是老婦人，對我說，『我真的不再確定該相信什麼了。』這有點可惜。他們一輩子都擁有信仰，但到了生命最後一刻，他們卻真的無法那麼確信。」

容許每個人表達他們的宗教價值觀，包括死後肉體與靈魂會如何的看法，相當重要。

在我們這個多元文化與多元主義的社會，每個擁有不同觀點的人都可能接觸到彼此的死亡。一位信仰虔誠的人可能會照料一名無神論者，反之亦然。現今的護理人員都受過訓練，要求他們尊重病人的精神信仰，而非試圖把自己的信念強加在病人身上。

就如他們受過訓練，要尊重不同文化的宗教往生儀式一般，他們也應該尊重病人在過世前的宗教觀。

即使是看似宗教觀相同的人之間，也可能存在細微的差異，需要去探索。

例如基督教會之間的差異，有時細微到甚至身為當中的一份子，也未必察覺。對天主教徒來說，在天主面前懷疑自我價值，是一種值得敬重的神學立場。透過他們的神學角度來看，懷著深深的謙卑之心問天主，對天主和對他們自己的鄰人而言，他們是否良善到有資格上天堂，是恰當的行為。每回天主教徒去望彌撒，總會這麼喃喃禱告，「主啊，我不配讓您進入我的屋裡，但唯有如此祈求，並望我的靈魂將得治癒。」

若是一個英國國教徒碰上這樣的自我懷疑，應該會大為驚駭。新教徒相當「確信」，也就是擁有十足的信心，因為他們相信基督與祂的復活，將讓他們得到救贖。他們一生中藉由與他人的相處關係，來表達這個信念的所作所為，較無關乎性靈，即便他們的確純良和善。他們堅信天堂的存在，而且喜樂的覺得，自己有資格在那裡擁有一個位子，只因為他們相信。

這些差異在其他人看來或許很難懂，但如果你是個臨終的天主教徒或新教徒，那麼它們對你可能就十分重要了。

人生回顧

在接近生命終點時回顧我們的人生，是身為人很重要的一個部分。它跨越了文化與宗教的分界，以及時間加諸的障礙。

數世紀以來，基督教文化會鼓勵臨終者反思，及進行一段自我人生的正式口頭回顧並懺悔，以求能夠進入天堂大門。人生回顧也是佛教傳統的一部分，在臨終時進行，以保持正念，並確保他們下輩子轉世投胎成更好命的人。

今日，無論基於何種傳統，回顧人生的強烈慾望仍然存在，而且無論以哪種形式，仍會建議臨終者去做，以幫助他們面對死亡。

雖然對宗教的態度已經轉變，但哲學家與安寧療護專業者指出，人們還是會想做人生回顧。負責照料臨終者的醫生，將診斷出絕症視為一個機會，讓病人得以釐清、原諒、及進行周全而有意義的道別。

有些人——無論他們採取哪種方式做正式的回顧——會想告訴別人他們之前沒多談的事，想分享往日的煩惱，或「告解」不愉快的事件。

「我曾在人們臨終時聽過他們藏在內心最深處的祕密。他們告訴你的事會令你訝異。」擔任老人看護的芭芭拉說。

「有名婦人告訴我她老公的每一段外遇，還說因為這樣她有多恨他。他在社區裡頗受敬重，所有人都認為他們是模範夫妻，可是她需要說說她的人生究竟是什麼樣子。她跟我說她從沒告訴過她的女兒。她說，『我只跟你一個人講過。』」芭芭拉說。

有些人會不想說出口，只希望在他們回想漫長的一生時，有人陪在身旁，分享這綿長的沉默。對於具有這種性格或處於這種沉思狀態的人，陪伴同樣具有寬慰的作用。不妨先詢問你能否就只坐在他們身旁，等於委婉的暗示，他們若不希望你開口，你就不會出聲。

我們應該抗拒一種傾向，那就是期待臨終者轉變成全知、至睿、更好的人。有些人會希望自己所愛的人透露對人生的特殊洞見或金玉良言，以助他們改善自己的生活，或幫助他們應對臨終者即將離他們而去的哀痛。以這種方式浪漫化某人的死亡，有助一些人面對他們的失去所愛。不過照料臨終者的醫護人員對這種做法十分謹慎。我們是否只是將自己在情感或精神上的需求，投射到臨終者身上，但他想要的或許並不一樣？

不過，照料臨終者的醫護人員常說，人們過世的方式，可能跟他們過活的方式相符。希望孤獨離世的人，或許以前也是一個人生活；懷著怒氣過世的人，可能一輩子都是怨憤不平的。死亡的迫近，不會為所有人帶來驚天動地的轉變，雖然也許有些人會。一個生活平順並心懷善意的人，到臨終時也可能變得十分害怕。

另外有些人的方式，也許只是粗略的回顧自己實際上是什麼樣的人，這是因為他們生活上的侷限，尤其是在過世之前。

因此儘管用意很好，但人生回顧未必都有好結果。有些人在坦誠回顧一生時，不喜歡自己想起的事。專業者察覺，對一些人來說，回顧自己的一生不會帶來任何安慰，只會加深失望，因此他們對於是否鼓勵做人生回顧會相當謹慎。並非每個人都合適。

不過人生回顧能用一種更新、更現代的方法詮釋，如此可提供臨終者一個機會，讓他們總結並為人生經歷賦予意義，而非嚴厲的自我批判。

今日，許多安養院或照護機構，都會將臨終者所做的人生回顧錄音和製作文字紀錄，以備做為給家屬的遺贈。

「這不只是顧及渴望看到話語被文字記錄下來的需求，也是一個機會，讓人們藉此理解人生，並為他們此刻正經歷的經驗賦予意義。」一名記錄遺言的志工表示。

如今，許多醫院為因應有些臨終者或家屬希望將人生回顧寫成傳記的需求，會將傳記寫作方案納入志工工作規劃的一部分。有些公司也會承接這類工作的委託，例如澳洲記者暨製作人路易絲・達莫迪（Louise Darmody）的「聲音回憶（Sound Memories）」工作室，會替臨終者製作播客（podcast）、影片或其他的媒體播放形式。

控制恐懼與焦慮

曾罹患癌症的人最大的恐懼之一就是復發；這點對曾中風的人也一樣。目前已開發出新的心理療法，澳洲的衛生當局也投入大量資源，來幫助人們因應這類情況。因為恐懼是非常真實的，而它引發的痛苦也受到重視。

如果你發現自己正處於這種狀態，不妨記得，正面的進展每時每刻都在發生，所以不妨試著保持樂觀。不過同時也最好趁你有能力，預做盡可能務實的計劃。若有需要，可找別人來協助你。比方說，如果你已經中風一次，或是因為有太多你叫得出名字的人都發生過，所以你很恐慌，那麼與其拿害怕再度中風的真實恐懼反覆嚇自己，還不如主動到防治中風基金會（Stroke Foundation）網站，閱讀最新報導，追蹤預防中風的最近發展。不妨追蹤這類正面消息，並在你的能力範圍內改變自己的生活型態，留意可能中風的跡象。致力這方面工作的人會很樂意與你談談，而且若積極參與會對你有幫助，他們也能提供方法。

假使遇到的是可能危及性命的其他問題，你可以將這種思維方式同樣運用在那些狀況上。

在澳洲，已罹患可能致命之疾病的患者，若希望改善生活品質，為其提供資訊與支持的網絡包括澳洲失智症協會（Dementia Australia）、心臟基金會（the Heart Foundation）、肺部基金會（Lung Foundation）與癌症委員會（Cancer Council）。英國與紐西蘭也有類似的組織和基金會。

當伊莉莎白・庫伯勒・羅斯在一九七〇年代發表她解析死亡的突破性研究，提出了絕症患者漸次進展的五個階段或心理狀態。「接受」被定義為當一個人得知自己將要死亡後，可能會或應該會達到的階段。如今已知這個階段未必會出現，因為一個人的心理不見得會那麼乾脆直接。況且接受或許甚至不是那個人的目標，或屬於他心理進展的一部分。即便如此，有些人認為接受這一階段通常無可避免會出現，就算已到了生命最後一刻。

情緒邏輯理論建議，最好接納「接受」這個想法，畢竟這意味著鬆了一口氣或某種形式的平靜。因此，當到了你該接受死亡是下回疾病嚴重發作的可能結果時，不妨放寬心；你可以從受過相關訓練的人那裡，得到很好的心理支援。

對於走向生命終點的人來說，否認——否認自己處於生命末期——會是你將如何面對死亡的一大因素。「功能性否認」，也就是完全不去想不久後會死亡的這件事，好讓自己繼續過日子。這種正面思考的極端形式對一些人有用，但隨著生命終點愈來愈近，功能性否認就沒多大效用。照料臨終者的工作人員們表示，死亡迫近時能談談它，可給予病人一個機會，得以跟他人傾訴，並獲得口頭和非口頭的慰藉。

不妨記得，無論你希望如何離世——有尊嚴、平靜安詳、家人和睦、回歸自然——最終，能否做到都取決於你。沒有人能奪走你的尊嚴和掌控感，但也沒人能給予你。這些不是靠別人做些什麼，你就會得到，也不是最現代化、設備最齊全的安寧療護單位能提供給你的。

這得靠你自己。意思是或許你應該做一些心理建設和心靈舒展操，如此你便能在生命即將到達終點之際，達到你所想要的相當程度的尊嚴。

只有你自己知道那是什麼。因此，唯有你能做好所需的心理建設，無論那對你代表的是什麼。不過同樣的，向他人尋求協助，協助你達成，是個好辦法。

如果你已在癌症末期，可向心理治療師求助。你的醫院或許就有這類服務，所以若他們還未跟你談過，不妨主動提出要求。你也可以請你的家醫科醫生幫忙安排這類諮商。

腫瘤科心理治療師都受過協助癌症患者排解情緒和心理需求的訓練，如今一些大型醫院也有這類服務，雖然不是全都有。

如果正接近生命終點的人是你，你並不孤單。別怕開口向你的安寧療護團隊尋求協助。他們可以幫你很快接觸到能幫助你的專業人士。

你也可要求有助排解臨終情緒問題的藥物，不過研究和實務中多次顯示，如果臨終者能處理好親情和感情關係，讓自己覺得已盡力把掛心的紛擾解開，因而放下心來，就能較妥善控制心理方面的多種症狀。

不過最好留意某些特定的現實狀況。許多安寧療護專業者表示，無法將自己一生跟別人發生過的衝突化解的那些人，比較難以安然離世。他們還觀察到，有些人若藏有組成他們人生的重大祕密——例如有祕密情人、私生子，或是未曾被揭露的性侵害，無論他們是受害者還是侵害者——也較難平靜的過世。

安寧療護單位在與其配合的醫療專業者方面，擁有十分充足的資源，例如社工和心理治療師，能協助你逐項處理人生中的一個個問題，畢竟它們有可能會在你步向生命終點之際造成衝擊。

如果你已經疏遠數十年的人，在你臨終時突然出現在你面前，該怎麼辦？你會如何應對？你或許不想看到他們，即使他們想見你。在他們出現之前，你可先請護理團隊幫你過濾訪客。如果你覺得自己在這方面需要支援，可以向心理治療師、社工、甚至護理師尋求協助。

如果你決定在家過世，可能會需要額外的考量及提早計劃，因為這將會是由你的家人來負責過濾不受歡迎的訪客，而家人可能不像受過訓練的專業者一般，那麼有技巧或具有超然立場，畢竟醫護人員在病房裡基本上是外人，但若換成由你的家人來處理，他們可能會將自己的主觀判斷加諸在你身上。

我們會抱持一種幻想，以為人在快走到生命終點時，心理上就算沒有變得更清澄，也會變得成熟，因為我們相信「劃下句點」的概念。我們可能甚至期待有「圓滿」的結局，可以在之後讓我們覺得失去至愛的心理體驗是值得的。但現實是，臨終者或許還是不想在死前見到那些疏遠已久的人，就如他們過往以來一般。

害怕疼痛是可以理解的；這種反應很普遍，健康的人大多數也都會怕痛。臨終時出現的一些疼痛類型可能會特別嚴重，例如骨骼疼痛。但也有些臨終者完全不會感到疼痛。你的療護團隊通常可以預測這會不會發生。如果你怕痛，毋須隱瞞，不妨告知你的療護團隊。理想狀態下，他們會有辦法將你轉給你需要的疼痛控管專家，並讓他們加入團隊。不過實際情況未必都是如此。如果基於某種原因，團隊無法減輕你怕痛的恐懼，不妨堅持要你的家人幫忙找你需要的專業協助。

現今的目標是讓每個醫療團隊與每家醫院——儘管目前並非大家都達成——都了解如何取得協助你控制疼痛及害怕疼痛的人力及資源。

如前文所述，我們對意識的了解還不夠完整，也就是說，我們無法完全確定無意識的人會不會感到疼痛。不過，目前研究這一方面的大多數專家認為，無意識覺知通常不包括對痛苦的感官知覺。

1 譯註：將麻醉藥注射到脊髓硬脊膜外腔，以達到止痛及神經調控的效果。

2 譯註：bocce，是一種結合草地滾球和室內短墊滾球的球類運動。

Chapter 03

控制疼痛與其他生理問題

Managing pain and other physical problems

學習如何消除疼痛，因為它是不必要的負擔，也可能妨礙善終。

臥床痛與褥瘡

雖然劇烈的疼痛，很少是最終導致死亡的疾病所造成，不過彌留之前的最後一段日子，通常會用嗎啡來緩解背痛，以及因無法移動和變換姿勢而引發的不適。有些專業者把這些疼痛與不適統稱為「臥床痛」。這些是壓瘡或稱褥瘡形成的初期跡象。妥善控制臥床痛，是確保善終的重要因素之一。

一個健康的人躺著時，即使熟睡也絕不會一直保持不動。但在快到生命終點時，身體無法自主移動，而這種靜止不動可能導致皮膚損傷並形成潰瘍，尤其是在骨頭突出的部位，如尾椎骨（脊椎的尾端）、腳後跟、臀部、手肘與肩膀。

當病人很少移動身體，無法變換姿勢，肌肉也愈來愈無力時，便會增加皮膚因受壓導致潰瘍和損傷的風險。有些病人會比其他人更容易得褥瘡。為避免這個狀況，應規律的為病人翻身。在醫院安寧療護病房、臨終照護之家或安養院，這項工作通常由護理助理員負責。若病人在家裡臨終，那麼就是由照顧者來做。在理想狀況下，病人至少每四小時須翻身一次，有時甚至要更常，以確保摩擦到床單或受壓的那些皮膚部位不會受損並形成潰瘍。未妥善照料的皮膚損傷，會使臨終者想移動並避開那些傷處，因而可能被誤解為躁動。褥瘡通常用清潔與上敷料的方式治療，也可用防褥瘡氣墊床墊來避免。

因為已到了最後時日，不可能做到治癒，因此會權衡褥瘡的處理，畢竟為嘗試解決問題而攪擾臨終者，不會有太多改善。這時可以開立嗎啡來控制疼痛，也可用於身體局部。

意識混亂

在進入彌留階段之前，病人是否會出現意識混亂？意識混亂在老年人身上通常是失智症的症候群之一，而用來控制這個症狀的方法，是否也適用於臨終時？一般來說，之前用來控制失智症的藥物會停用，因為它們雖然能些微改善「頭腦敏銳度」，但對行為控制卻幾乎毫無助益。

若病人身邊有家屬的陪伴，會有幫助，不妨跟醫護人員談談特定狀況。一位八十五歲的婦人健談、清醒、表現活躍，這完全符合她平常的行為舉止，還是不符合她的性格？醫生與護理師無從判斷，但她的家人會馬上發覺，這樣就能及時提醒醫護人員，來診斷她是否可能是過動型譫妄。反之，她可能原本就是那樣的人，但此時回答問題時卻反應遲緩、舉止無精打采，而且不太會自行移動。這些行為若出現在鄰床的同齡婦女身上可能完全正常，但對她則否。

若遇到這種狀況，家人可以把她的反常行為告知醫護人員，以診斷她是否出現少動型譫妄。

跟照料臨終病人的醫療人員談談這些情形，他們便能調查原因，並調整用藥。

躁動

死亡迫近時，很多人會出現臨終躁動（舊時的稱法為「垂死掙扎（death throes）」）。現代的醫療專業者很不喜歡「垂死掙扎」這個說法，但其實相當貼切。這種形容方式已流傳千年。「throe」的古英文「throwian」之意為折磨。不過如今這個意思隱含在現代英文的「throw」一字中，意指手臂和手用力伸出，而此字的古英文「thrawan」之意為扭動與翻轉。

《垂死的藝術》其中一幅版畫描繪了急躁的誘惑：一名垂死的男子踢著他的醫生，而他站在一旁的妻子懇求他停止。但他為何如此急躁？是想快點離世，還是對身旁的人感到不耐煩？以現代的角度來看，我看到的是一名男子無法自制的踢踹、扭動和狂打。也許這就是臨終躁動中的焦躁不安，有些人會出現暴力行為。

一些安寧照護專業者提出異議，說我若詳盡的討論這個狀況，會讓讀者產生不必要的恐懼。但我希望藉由準確描述這種特定的躁動，會減少你的恐懼感。通常當事關死亡，尤其生在這個迴避談論死亡的時代，這類敘述會有所幫助，因為我們能夠想像到的，往往會比現實還可怕。

據估計，約有百分之廿五至八十五的臨終者，在過世前會經歷某種形式的煩亂不安，其中包括躁動、譫妄、抽搐與易怒，通常發生在病人對旁人沒有反應後。大多數人的狀況都算輕微，但有些人則較嚴重。

臨終者會在床上扭動翻轉。這種狀態可能非常短暫，也容易控制，但也可能持續一段時間，令人看了很不忍。到底是怎麼回事？病人本身是否知道發生什麼事？他是否會害怕？是害怕死亡嗎？身為旁觀者，會忍不住把自己的感受套用在他們身上。他們可能看起來很像在對抗：對抗死亡、對抗地獄、對抗墳墓、對抗其他人。在很極端的病例中，他們的確在對抗其他人，而且可能很激烈，但這種情況很少見。對陪伴臨終者的人來說，病人的這些反應會讓他們感到無助。

醫護專業者會安慰陪伴者，告訴他們臨終者的意識沒有清楚到能感受情緒上的痛苦。雖然躁動是一種心理過程，但在臨終者身上，它可能具有很多生理因素，現在常比照排解生理問題的方式處理，例如藥物治療。

隨著知識的進步，處理方式可能會再改變。

直到近幾年，才充分了解可能導致臨終躁動的各式各樣因素。安寧療護團隊會竭盡所能確定此時造成臨終者躁動的原因，無論是心理上或生理上的。

生理上的因素可能是腦部的氧氣供應不足，也就是所謂的缺氧，若是如此，便會給病人氧氣。躁動的原因也有可能是藥物的副作用，或是疼痛、藥物的交互作用、或發燒，而癌症病患則可能是高血鈣症，或未查出的其他生理問題所造成。

心理方面的因素，的確可能包括死亡迫近時愈漸增加的恐懼感、孤獨感與憂慮，而這正是目前的安寧療護會結合社工、心理與宗教諮商團隊的理由之一，為的就是希望及早找出原因，這樣在臨終過程末期可能出現的後果便會少一些。不過這種方式對某些性格的人沒有作用。

有些病人可能會喪失對周遭狀況的理解力，因而感到恐懼。他們接下來的反應可能會試圖逃離、爬下床、跌倒，或是把別人推開——他們在做這一切時，並不曉得自己在做什麼。

如果躁動持續，照護人員會設法緩解。若病人很清醒，為緩解心理方面的成因，通常可能會運用談話療法。雖然這在較初期可能有效，但當病人喪失溝通能力或處於半昏迷狀態，便效果不大。到這個階段，照護人員也許會對病人施用一種或多種鎮定劑，可能包括苯二氮平類藥物（benzodiazepines），即使病人過去從不需要這類藥物。抗精神病藥物或許也有助於控制病人的恐懼或幻覺，即便他從未有精神病病史。

用於緩解躁動的藥物種類非常多，市面上也持續出現新型和改良過的藥品。有很多人，尤其是現在，很喜歡上網搜尋，尤其是用Google搜尋病人病歷上註明的用藥是什麼。若你也這麼做，最好謹慎。有家屬表示他們很震驚的發現，醫生開立的一些躁動控制藥物，跟治療精神病的藥相同，但病人這輩子從未得過精神疾病。若你發現有些處方藥讓你疑惑不解，不妨詢問醫療人員。

有時藥物，包括嗎啡，可能引發栩栩如生的夢境或夢魘。理想情況下，若病人會遇到這個問題，到目前為止也已發現有此狀況，那麼就會斟酌鴉片類藥物的適應劑量。這需要熟練的控管，因為隨著病人的意識愈漸模糊，但夢境與幻覺仍可能會是接近彌留的過程一部分。處理這個情況的專業者——著重於全人療護，而非只限於疾病及其相關症狀——若能了解病人之前的恐懼和對藥物的反應，可能會有幫助。因此病榻旁的陪伴者若對用藥有任何疑問或顧慮，不妨詢問他們。

然而安寧照護專業者承認，偶爾，以及很不幸的極少數病例，極度的躁動無法消除。

當呼吸困難與疼痛愈漸嚴重

如前文所述，僅管我們很擔憂，但你可能會驚訝的發現，大部分病人在臨終時不會經歷劇烈的痛苦。然而，雖然疼痛問題並不如大多數人認為的嚴重，但呼吸困難與呼吸道不適的問題，卻常比我們往往以為的還大。

這是因為當一個人快要過世，肺部會如其他器官一樣逐漸喪失功能，因此會出現呼吸衰竭，也就是肺衰竭。病人會無法移動和深呼吸，也會虛弱到無法將痰咳出，因而增加感染機率。

曾有人說，在呼吸問題出現時，不應開立鴉片類藥物，以免抑制呼吸。但若呼吸困難是出現在臨終時，這個看法便不適用了。

目前的指導原則是，鴉片類藥物應避免用在因嚴重呼吸系統疾病而瀕死的病人身上，因為可能加重他們的各種症狀，但矛盾的是，少量嗎啡有助於緩解瀕死時的呼吸衰竭。原因為何還不完全清楚。但已證實嗎啡能減輕臨終者的憂慮，讓他們放鬆，使他們感覺較舒服，並減少恐懼，所以能助他們較平和的過世。

因此呼吸困難的處理方式似乎跟治療臥床痛類似，都是為了舒緩不適。不過再回頭談疼痛：「有超過百分之八十五的安寧療護病人在臨終時沒有遭受劇烈的疼痛。」澳洲的研究者凱西・艾格（Kathy Eagar）與她的同事們在「對話（The Conversation）」網站上寫道。

他們認為，極端痛苦的死亡極少見；這點令人欣慰。儘管如此，即便臨終的疼痛控制一直改進，但令人遺憾的現實是，妥善的疼痛控管策略落實的程度，並不如我們所想。稍可堪慰的是現在有很多醫院和照護機構，都在著手處理這個問題。

而艾格話中的那其餘百分之十五，顯示臨終時遭受疼痛的人數依舊太多。

目前安寧療護專業者相信，臨終時遭遇的許多症狀，有百分之九十七到九十八的時間都能有效緩解。但遺憾的是，從非專業者的角度來看，這仍是一個理想，而非可預期的現實。

疼痛控管是醫院與病患照護最常有論文加以討論的領域。不過疼痛和疼痛控管之間的落差仍會發生，而如何解決這個問題，本身就在學術討論中占一大部分，也有愈來愈多醫護人員呼籲應採取行動。

臨終疼痛控管最常見的問題，是病人是在安寧照護團隊無從施力的地方過世。這經常是醫院內其他專科單位，不知出於什麼原因，決定不找安寧照護團隊。（有時情況也會反過來；某個單位也許通知了安寧照護團隊，但很可能團隊的人手不足，因而來得太遲。）

這些單位私下跟我討論到臨終疼痛控管的一些問題，可說相當切實。其中包括：

- 有些醫護人員不願意依處方給予病人足量及足夠次數的鴉片類藥物。
- 有些護理師發現問題所在，也許是疼痛本身，亦或是造成疼痛的原因，卻沒將它記錄下來。
- 初期給予的基本止痛藥物，如乙醯胺酚（paracetamol），未寫進病人的注意事項紀錄。
- 沒有為病人的躁動製作圖表紀錄。
- 未記錄病人能否自主做決定。
- 未記錄病人的意願。

臨終照護這些理解上的落差，目前很多地區都在著手處理，例如新南威爾斯省便推出「生命最後時日工具包（Last Days of Life Toolkit）」方案。而且全澳洲的醫院都開始聘用臨終協調員，以在醫院所有部門建立更完善的臨終照護措施。

對陪伴臨終者的人來說，他們的難題是不知自己的擔憂何時能得到重視，以及何時提出。你有權要求討論你擔憂的問題；事實上，照料臨終者的大多數專業人員都很歡迎你提出疑問。這給了他們機會向你解釋他們正在處理、而你可能沒察覺到的一切事務。陪伴者是可以期待受到尊重的。

儘管我們會以為，現今的醫學院應該會教導學生，把不低於百分之九十七至九十八的無痛死亡當做基準點，但依然發現有些醫療團隊執著於技術上成功治療疾病、而非成功控制疼痛。因此，醫生、護理師、尤其是未受過安寧療護訓練的那些人員，仍需加強疼痛舒緩的教育。

鴉片類藥物可減輕強烈疼痛，其中最為人所知的便是嗎啡。安寧療護護理師們提到，病人常因一般大眾對嗎啡使用的觀感，而拒絕使用，即使在他們臨終之際最能妥善控制疼痛的藥物，就是嗎啡。

令人遺憾的是，有些地方仍存在忍痛是高貴之舉的觀念，而依然抱持這類態度的護理師，多得令人驚訝，即便現代的疼痛舒緩教育摒斥這個想法。這個古老觀念是基於幾點：對「不經寒澈骨、焉得梅花香」的曲解、某些文化傳統視克己自制為美德的殘餘，還有基督徒之間不言明的信念，也就是相信比起基督為我們忍受的折磨，我們承受的痛苦微不足道，因此應該忍下來。

在管理得當的安寧療護中，目前認為積極抑制疼痛是妥當的處置方式。因此預設立場是持續提供止痛藥物，並在臨終病人一表示有需要時，就再增加劑量和次數，而不是等專科醫生來決定是否有此需要。目標是完全沒有「劇烈」疼痛。

由於每個病人本身都有已成形一輩子的態度和觀念，也未必具有醫療背景，所以很多年邁病人都特別能忍，而且可能會說，「喔，不用，我還不需要，再等幾小時看看。」相較於在其他部門工作的護理師，一般預期照顧臨終者的護理師，應該比較會勸臨終病人別讓疼痛變得更嚴重，但現實不一定全都如此。有時是因為護理師太忙碌，必須先處理更危急的狀況，而非因疼痛按呼叫鈴的病患。

這也是老年安養機構中常見的問題。這或許是因為護理人員以過時的觀念對待老年人，亦或是員工本身可能未曾接觸或沒有途徑，接受良好的安寧療護訓練。

而且員工素質普遍不佳。澳洲政府的現行法規，容許提供老年安養服務的機構，每一時段只要有一名註冊護理師值班即可。結果註冊護理師在值班時段內負責的病患人數太多，工作量經常超載，無法一次顧及所有病人的疼痛控管。

一位專業的安寧療護護理師絕不會說，「你已經六個小時沒要止痛藥，真是太好了。」

不過，在極少數情形下，的確有些人會拒絕使用止痛藥，例如基督科學教會信徒[1]，便是出於宗教信仰，而不信賴任何醫療干預。

臨終照護充滿個人考量與選擇。有時病人也許希望臨終到過世的過程中，不受任何藥物影響，以保持神智清晰，即便這樣可能得要忍受疼痛。如果你或你的臨終家人想這麼做，最好預先表明。在理想情況下，你會和安寧療護專業人員配合，協助你運用冥想或正念的技巧來調整，達成完全不使用藥物、但在符合慈悲人道的控管下過世。不過這須事先在你的疾病管理計劃中設定好，因為弔詭的是，在澳洲很多地區，很難做到完全無藥物介入的過世。

有時家屬在看到臨終親人的止痛藥劑量愈加愈多時，會感到惴惴不安，因為他們堅信不應該用那麼多醫療干預來控制疼痛。如果處於臨終的人是你，最好確認你的家人知道你的意願，才不會讓家人得猜測你想要什麼。

如果臨終親人在失能之前未及溝通，而家屬想採較保守的疼痛控管時，醫護人員通常會設法兼顧病人和家屬的意願，除非病人曾與他們的替代決策人討論過，或已詳列在他們的預立醫療指示中。

本書的第二部分將會詳加討論預立醫療指示。不過我先在此解釋一下兩個重要名詞：預立醫療指示（advance care directive）是一份法律文件，由病人在具有行為能力時寫下，說明他們未來希望得到什麼樣的照護和治療。雖然在新南威爾斯省，只要訴諸書面文字，就具有法律效力，但有些人偏好在律師見證下，寫好白紙黑字、沒有模糊空間的法律文件，保留一份在律師事務所。換句話說，這個人在辦這份文件的過程中，可以有律師從旁提供建議，因此能設想得較周全。而相對的，預立醫療自主計劃（advance care planning）是在辦預立醫療指示之前的準備過程；它可能是你在安養院人員或親人協助下寫成的筆記或便條。

儘管有這些理論上的定義，實務上卻仍模糊不清。醫生與醫療人員可能基於醫療考量，無視病人的意願，而每個人在辦預立醫療文件的協商過程也不同，有些甚至差異極大。

儘管如此，甚或是說正因如此，就值得你在預立醫療指示中，詳述你想要積極的控管疼痛，而且若這真是你想要的，不妨自己稍做點功課。

如控制身體疼痛的用藥時程表等基本細節，每位臨終病患會各有不同。無論是在醫院、臨終照護之家、或安養院，照顧臨終者的人員都應該了解，他們必須跟受照顧者解釋用藥時程。

如果你希望對自己的用藥有所掌控，最好在症狀嚴重到需要依賴他人照料之前，就先將你對止痛藥的態度告知家人。你有權要求你的家人代你得知這方面的相關事宜，所以當你到了已無法考量此事之時，最好請他們替你表明立場。

這是你可能必須跟家人多討論幾次的問題之一，而且愈早愈好。

當你身為臨終家人的陪伴者，若你認為你不太了解用藥時程表，或目前正為你的親人施用什麼藥，你有權向醫療團隊持續詢問相關訊息，直到你滿意為止。

如果你臨終時年事已高，同時可能有好幾種健康問題，例如關節炎或重度鬱血性心衰竭，這表示你可能需要同時服用數種藥物。隨著生命終點接近，這些不再必要了。唯一需要的是能幫助你控制疼痛與折磨的那些藥物。

但停掉特定藥物，必須由了解藥物本身及突然停用會造成什麼影響的人來衡量。例如若你正在服用抗憂鬱藥，突然停藥是否會對你造成反作用，使其他心理問題更複雜？

在理想情況下，負責治療你的醫生會事先跟你討論這一切，所以不妨設法促成這類對話，並盡量積極參與。同樣的，你可能須比醫生打算跟你討論的時間更早設想好你的疑問。

為全世界每個人——無論是誰——緩解臨終時的疼痛，如今已是基本人權，也是世界衛生組織（ＷＨＯ）的目標。

嗎啡和其他鴉片類藥物

在此提醒一點：這不是一本醫學指南，因此對於跟你自身相關的特定細節，應和你的醫生討論你的狀況。我在這一段的目標，是讓你看出這個主題有多複雜，並鼓勵你盡量搜尋更多資訊，以及跟別人談談。

此處我的重點會放在嗎啡及其他鴉片類藥品上，因為它們是臨終時最常用的藥物。一個人愈接近死亡，愈可能停用其他藥物，僅使用這些藥物的其中一種，直到離世。至於其他類別的止痛藥與藥物，我就留給你跟你的醫生去好好探討。

鴉片類藥物已引發不少爭議，也造成病人、社會、政策制訂者、以及醫療專業者的憂慮不安。

「鴉片是天然存在於罌粟中的一種藥物類型。有些鴉片類處方藥是直接以植物製成，其他則是科學家在實驗室中以相同的化學結構合成。」美國國家藥物濫用研究所（US National Institute on Drug Abuse）解釋。

在澳洲，通常醫生開立的並非真正的嗎啡，而是它的合成變體，屬於鴉片類藥物之一，如羥可待酮（oxycodone）。不過很多人會把這類合成的鴉片類藥物統稱為嗎啡。

鴉片類藥物是治療臨終疼痛最重要、但也最容易引發爭議的藥品類型之一。基本上有三個原因，都與恐懼有關：害怕這類藥物一出現就代表快死亡、怕會上癮、怕它們可能被用來加速死亡。

你或許會、也可能不會驚訝的發現，對嗎啡與鴉片類藥物的態度，每個地方和醫院各有不同，甚至醫院內的每一科也各不相同。

廣泛和簡單來說，可觀察到醫院某一科的團隊可能不像另一科用那麼多嗎啡，這是因為他們科別著重的身體系統不一樣，例如消化系統、骨骼、神經或生殖系統。

不過加護病房團隊似乎比其他科的團隊更信賴嗎啡與鴉片類藥物的效用，因為他們非常熟悉如何處理呼吸衰竭與呼吸窘迫，也習於為病人給氧和呼吸輔助器，而且團隊也有辦法立即進行心肺復甦，畢竟這些是他們的日常，因為當病人情況惡化，就會被轉到加護病房。

給予臨終者的嗎啡標準劑量，一開始會很低，例如也許每四小時五毫克。若需要增加劑量，通常每次只會微量增加。不過，如果病人體型瘦小，或以前從沒用過處方止痛藥，那麼初始的劑量會更低。

如果嗎啡在很初期的階段便已列入疼痛控管時程表，例如控管癌症疼痛或慢性疼痛，那麼病人的用量可能已經超過典型的初始劑量。

你可能是從第一次命危——例如因呼吸衰竭——就開始使用嗎啡，或者是已用嗎啡控管癌症疼痛一段日子。已使用嗎啡相當長一段時間的病人，身體會隨時間適應較高劑量的嗎啡。若突然停用，或劑量一下子降太多，有可能會出現戒斷症狀，並再度感受到劇烈的疼痛，而這兩者都是毫無必要的。

戒斷症狀包括焦躁不安、眼淚和鼻涕直流、反胃、盜汗與肌肉疼痛。

即便有用來打嗎啡的病患自控式止痛裝置，但安寧療護病房或機構不會很常用，這樣可讓你不至於一門心思全在監控自己的疼痛程度，而是專注於對你更重要的事物上，例如把寶貴的時間用來跟家人及你所愛的那些人相處。

醫護專業者的目標，是讓處於臨終初期階段的病人清醒又沒有疼痛。若你感到昏昏欲睡，那麼可能需要調低嗎啡的劑量。當你處於那種狀態，恐怕無法自己把問題處理妥當，因此有必要跟家人和陪伴你的人反映，這樣他們便能告知安寧療護團隊。

嗎啡的作用是透過腦部一組複雜的受體傳遞，通常由體內通稱為腦內啡（endorphin）的胜肽啟動。除了鎮痛，這類藥物還會讓人出現嗜睡與抽離現實的現象。其他的鴉片類藥物如配西汀（pethidine），則會讓人出現亢奮感。

雪梨聖心醫療服務臨終照護之家的院長暨副教授理查・蔡（Richard Chye）解釋，臨終病人的睡眠時間會愈來愈多，跟施打嗎啡沒有關連。不過有必要討論嗜睡的作用。

「我會對病人說：『對，嗎啡會讓你嗜睡，但不用嗎啡你會痛醒。』

「疼痛是一種非常強烈的刺激，讓人『醒覺』，剝奪他們的睡眠。等疼痛減輕，病人便能入睡，補足之前欠缺的睡眠。但有些人把這點曲解成藥物導致的嗜睡。」他說。

許多人擔心施打嗎啡會導致臨終病人上癮。長期施用確實有這個風險，但病人的時日無多，也就沒有所謂的長期，況且若是針對止痛，就不會發生嗎啡成癮。

嗎啡成癮是人類大腦的一個把戲。

「嗎啡會鎖定疼痛，所以在正遭受疼痛的人身上，疼痛抵銷了嗎啡的成癮作用。若毫無疼痛，嗎啡便會針對大腦。若我們在沒有疼痛的情況下使用嗎啡，那麼沒錯，我們會成癮，因為我們不是為了止痛而使用。」蔡醫生表示。

對鴉片類藥物成癮的憂慮是可以理解的，而這樣的憂慮從醫院擴散到公眾領域，尤其還擔心鴉片類藥物給得太多或太容易取得。例如《雪梨晨鋒報》（Sydney Morning Herald）在二〇一八年十一月，以頭條顯著的刊登了一篇文章：《它們不是棒棒糖：請重新審視鴉片類藥物》。

文章的第一段寫道：「醫院開立太多鴉片類處方藥給病人，使病人蒙受終生成癮的風險。藥師們指出，醫院開給病人的這類藥物，有百分之七十是供他們帶回家的袋裝藥，只為了『萬一要用』。」

太容易取得鴉片類藥物，的確是個嚴重的問題。但不幸的是，這些討論的後果是臨終病人往往發現，取得鴉片類藥物的限制變得更多，即使他們沒剩多少時日能成癮。因此群體在不同狀況下的不同需求相互抵觸。

以今天的觀點來看，很容易以為嗎啡與同類的合成藥一直受到管制，取得不易。但事實遠非如此。

在英國喬治王時期[2]，中產階級興起，開始購買消費性產品，這類藥物也毫無限制的隨處可見。當時的繪畫便在畫中前景描繪了身穿異國情調華服的女性，背景則是我們今日會脫口稱為「毒蟲」的人。

數世紀前，前往義大利城邦威尼斯的旅客常注意到，那裡有種瘋狂、不自然的能量。那是因為許多市民在上午喝了大量咖啡後，下午又用了大量的嗎啡。

打從西元前四千年，人類便懂得使用鴉片。它常被製成萬靈藥（Theriac），即古希臘一種治療任何野生生物（包括瘋狗）咬傷的藥物。它呈黏稠的漿狀，這是因為加入了蜂蜜。到了基督出生的年代，萬靈藥的配方更為精進，其中包含各式各樣成分，但死掉的毒蛇與鴉片是必要的基本成分。古人認為，蛇是活性成分，但精明的人勢必想得到，若沒有鴉片，蛇也沒什麼作用。

在中世紀歐洲，萬靈藥曾引起搶購熱潮，因為人們相信它能預防鼠疫。儘管這樣的想法只是白費功夫，但它引發的意識改變，讓人們的失望不至於太強烈。威尼斯鄰近土耳其一大片盛產鴉片的罌粟田，因此得以近水樓台的壟斷萬靈藥的生產，於是這種混合物開始被稱為「威尼斯的蜜糖」。一直到十八世紀以前，萬靈藥都被當成藥物使用。

之後，鴉片酊（laudanum）出現了；它是以百分之十的鴉片粉末溶於酒精製成。鴉片酊成了一項常見的萬用藥品，無論任何情況和任何人都能用，甚至包括孩童。

當英國人宣告他們的印度殖民統治權後，便得以掌握如今屬於印度領土所生產的大部分鴉片，並拿鴉片跟中國交換茶葉、瓷器等民生用品。這樣的交易對當時的中國社會造成極大破壞，促使中國設法禁鴉片，最終導致兩次中英鴉片戰爭。

到了十八世紀中葉，英格蘭全境各地街頭小店的櫃檯和市場，都可以買到鴉片。在喬治王時期，英格蘭就像個菁英型鴉片癮君子滿街走卻不自知的國度。那些人都是有頭有臉、輩受敬重的人物，例如律師、政治人物或商人。詩人公然用藥來激發靈感，有些甚至在自己的作品中描述它。鴉片的使用在所有階層都相當普遍，甚至許多農場工人因為使用鴉片，迷迷糊糊的做他們的日常勞動。

在一八六〇年代後期，由於愈漸察覺鴉片使用過量可能導致死亡，尤其是兒童與老人，促使英國人制定了標準劑量。但促成標準訂定的緣由，跟擔心成癮無關。

在一八六〇年代以前，英國人從來沒想過需要擔心鴉片成癮。直到十九世紀後期，隨著政治人物開始意識到它造成的社會成本，英格蘭和聯合王國的其他部分，才開始把幾百年來，任由他們的公民用鴉片用到滿的自由收回。

英國在鴉片市場的優勢地位，使他們得以率先發展現代這類藥物的許可制度，並持續將嗎啡改良、研發與創新，引領我們今日所用的嗎啡的發展。現在它的許多重要商業許可，仍由英國的製藥廠持有。

至於在北美洲，英軍在美國獨立戰爭期間，任意供應鴉片類藥物給他們的士兵，以緩解疼痛。之後的美國南北戰爭時期，軍隊也會將它隨意分發。沒成癮的士兵往往到南北戰爭結束後便成癮了。研究美國成癮問題的史學家大衛・寇特萊爾（David Courtwright），描述當時鴉片常被開來「控制疼痛與失眠問題」。因為那時並沒有太多其他種類的止痛藥，對疾病的致病機制也所知甚少。被視為靈丹妙藥的嗎啡，被醫生任意開來應付各種狀況。

在寇特萊爾描述的畫面中，醫生是關鍵人物；他先是開出藥物，接著卻成了滿足持續藥癮的藥頭。由於黑人較少有機會接觸醫療專業者，因此白人族群的鴉片類藥癮問題，比黑人族群來得嚴重。寇特萊爾冒著可能過於簡化歷史的風險表示，黑人所選擇使用的毒品為古柯鹼；它之所以被引介給碼頭裝卸工使用，是為了讓他們能夠更長時間的勞動。

南北戰爭後，許多帶傷的年輕士兵都染上毒癮，他們的不少女性家人因而也出現同樣問題，尤其是南方，因為南方家庭承受的傷亡比敵對的北方更高。在那個對上癮機制所知甚少的年代，許多悲痛欲絕的婦女很容易就能取得鴉片處方。

社會壓力也在日漸嚴重的鴉片類藥物上癮問題中扮演一角。隨著奴隸交易的廢止，投入奴隸市場的資金一夕成泡影，勞動市場崩盤，導致嚴重的經濟壓力。許多隨之陷入困境的人，便轉而遁入鴉片鄉以逃避現實。

到這時為止，美國的鴉片流通是由執業醫師掌管；他們藉由開處方與提供鴉片類藥物的方式來謀生。而製藥公司已成了大企業，從這些生意賺取豐厚的利潤。

也有不少密醫販售來路不明的藥水或藥膏。在十九世紀的美國，購買者得自己小心他買的產品是否有負面結果。

隨著十九世紀過去，皮下注射引進醫療院所，能較順利的將麻醉藥物攝入體內，卻也增加了更多成癮者。

一九一四年頒布的《哈里森麻醉品稅法（Harrison Narcotics Tax Act）》，規範了這些藥物的銷售與分發。到了一九一九年，由於這個稅法的實施，使成癮者無法透過醫生合法持有這些藥物，於是原本很樂意提供麻醉藥品的醫生們，便棄這些病人不顧，使得成癮者只好轉向日益興盛的黑市。

到了一九二四年，為了紓解這股壓力，許多市政府成立了戒癮診所。但到這時，鴉片類藥物在黑市已站穩腳跟了。

如今在澳洲，由於許可證的批准狀況，比起嗎啡，處方中更常用羥可待酮，使得嗎啡的取得更加不易。

如海洛因之類街頭毒品毀人一生的看法，引發對嗎啡的恐懼和困惑，是可以理解的。曾在英國受訓的一名安寧療護專業者表示，在澳洲開立處方時，她從來不用嗎啡這個名稱，即使她處方籤裡的羥可待酮，其實跟嗎啡屬同一類型。

「諷刺的是，就因為羥可待酮的藥名不會引發跟嗎啡一樣的聯想，而使它較能為人所接受——即使羥可待酮的強度是嗎啡的兩倍，作用也完全相同，副作用也一模一樣。」她說。

如果病人的家醫科醫生已開始讓他們使用羥可待酮，安寧療護人員通常會繼續使用，之所以如此，只是因為病人已經習慣了。如果在臨終最後階段才開始使用鴉片類藥物，會選用的通常仍是別種鴉片類藥物，而非嗎啡，因為嗎啡這個名稱會引發病人和家屬的恐懼，因為他們常擔心它的出現，就代表死亡將至。

蔡醫生就如其他安寧療護專業者般，經常聽到這類疑慮。他會向對此憂心忡忡的病人和家屬解釋，「我有一些病人用了很多很多嗎啡，還能活到兩三年。」

鴉片類藥物的施用方法有很多種，例如口服液。有吞嚥困難的病人則可使用貼片。若病人因使用鴉片類藥物，而出現特別嚴重的便祕，可配合軟便劑使用。嗎啡則是靠注射，而非口服，因為這樣會作用得比較快。嗎啡可透過皮下注射、靜脈注射或肌肉注射的方式，或是採用幫浦連續輸液，或硬脊膜外注射。

副作用通常包括便祕、噁心、搔癢、暈眩、昏睡與嗜睡。如果出現以上這些症狀，通常就會降低嗎啡的用量。須留意的是，後兩項是呼吸抑制的副作用，常會被放大檢視成藥劑管控出了問題。

然而昏睡、嗜睡和無反應，是彌留的典型徵兆，因此有時陪伴者會搞不清楚，以為是鴉片類藥物造成的，但其實它們也是臨終過程的特徵。

生命的最後一刻終將到來，最後一劑的嗎啡或羥可待酮也打了。有時，守在病人床邊的陪伴者，回想起那最後一劑的鴉片類藥物，會假定是它導致了病人的死亡，即便這只不過是巧合。對遇到如此情況的醫護專業者而言，最後那劑藥物引發了焦慮不安，因為不知悲痛的家屬或其他醫療專業者，是否會指控他們造成了病人死亡。他們會產生這樣的恐懼，是出於他們所受的教育、生活經驗、以及媒體對涉及濫開嗎啡或其他藥品給臨終者的醜聞報導。

英國的麻醉科醫生菲爾・瓊斯（Phil Jones）認為，在澳洲、美國及其他很多國家的立法者，對鴉片製劑的作用、副作用與成癮的可能性，過分擔憂了，尤其是在英國最常被用於處方中的二乙醯嗎啡（diamorphine）。

「即使這些藥物在一般醫療中受到嚴格的管制，但把這限制延伸到受癌症末期疼痛折磨的那些病患身上，肯定是太不人道了。」菲爾指出。

他相當熱衷這個議題，特別是因為他生於加拿大的第一任妻子，得以在家中做二乙醯嗎啡皮下注射，無痛的過世。

他認為，在英國街頭提供成癮藥物貨源的，並非偷竊醫療藥品存貨的小偷，而是犯罪集團。

「無論怎麼更動鴉片製劑的醫療供應，都不太可能影響非法交易。」菲爾醫生說。「很多地方都能取得所有類型的藥物。如果你想買海洛因，只要站在市內的街角吹聲口哨就行。」

當步向生命終點的某個時刻出現更多疼痛，醫生與護理師會運用他們的專業判斷，根據需求增加嗎啡劑量。醫生會在病人的治療計畫中寫「PRN」，即拉丁文「pro re nata」的縮寫，代表護理師可自行斟酌是否需要為病人施用藥物。如此能讓護理師自行給予病人所需的劑量，不必常常叫醫師來寫處方，因為當病人又更接近死亡，疼痛程度通常會緩緩增加，這樣的做法毋寧是有其必要。

理想上，這樣的給藥方式，能避免鴉片類藥物的施打，到病人感覺藥物起作用（通常為半小時）之間的時間差，讓疼痛及時緩解，即使是對已無反應的病人，尤其是受呼吸窘迫之苦的病人，都不例外。

最後一劑是否導致死亡？

臨終者常談到他們的恐懼；他們怕的並非死亡，而是怕他們在死前得承受折磨。妥善的安寧療護，在於確保病人和陪伴者提出要求時，便提供疼痛緩解，尤其對那些表明止痛是優先要務的病人。

就如前文提到的，有些臨終者在被清楚告知止痛事宜與提供方法後，選擇只用極低劑量，因為他們希望遵照靈性哲學，在神智清明的狀態下過世。這類病患通常都學過克服疼痛的冥想技巧或瑜伽練習。

對於已要求止痛藥愈多愈好的病人，在更接近生命終點時，他們對嗎啡的需求可能還會增加，雖然也不全都如此。若需要更多止痛藥，負責照料的醫護人員會確保鴉片類藥物的給予是漸進增加，而非一下子提高，以免導致死亡。

不過這類藥物的提供，是否達到某個劑量或次數就會致命？

蘇・M的父親在雪梨一家私人醫院逝世。她相信父親的死，是一下子增加嗎啡劑量所導致。

「醫院在他在世最後一天打電話跟我說，『他昨晚的狀況很糟，你最好來一趟。』

「當我抵達，他聽起來就像一列高速火車，像是他房裡有台巨大的機器。他會發出那樣的聲音，是因為他剩下的一個肺正奮力設法呼吸。肺裡積滿水。但積水沒辦法排出，所以他算是溺死的。

「醫護人員一直給他嗎啡。護理師告訴我：『我們不是每四小時給一次，現在已經到了我們可視需要給藥的階段。』

「過了一會兒，她帶著一名較年輕的護理師或護工進來。這名護理師手上拿著一針嗎啡，同時看著另一位護理師，接著轉頭俯身看著我父親說：『我現在注射的是最低劑量的嗎啡。』」

蘇認為「最低劑量」這幾個字說得很刻意。「透過她講話時的遣詞用字，還有眼神的接觸，我覺得她是在說：『我們會幫他，我會一路幫他到最後。』另一位則當場見證。」不到四小時，蘇的父親便去世了。直到今天，蘇都相信她的父親是在那位護理師的協助下過世。為此，她非常感激。

聽過這段經過的安寧療護專業者們說，蘇誤解了她所經歷的事。一位安寧療護科教授提供了另一種解釋：「很可能蘇誤解了當時發生的事；嗎啡的施打和他的過世其實是巧合。」

「人們會非常在意臨終者生命的最後一刻。人們會感嘆，『如果我沒要求他們替爸爸注射最後那劑嗎啡，他現在可能還活著。』」她解釋。

「人們對死亡的感受和情緒，會焦慮地反映到他們在最後時刻所做的其他事情。比方說，『如果我沒移動那個枕頭的話……』」

其他專業人士同樣強調，嗎啡並未用在蘇所以為的那個用途，也就是加速死亡。

「若說嗎啡會加速一個人的死亡，那麼要不是給藥者故意如此，就是因為他們不夠專業，給錯了劑量。只要依據病人的狀況，慢慢給予適當劑量的嗎啡，並不會加速死亡。」其中一位說。

另一位說：「我們的大多數病患，尤其當他們接近生命終點，都已經使用鴉片類藥物一陣子了，而且就像很多藥物，你的身體系統會適應它。因此若要協助病人死亡，我們得一下子開始給予更大劑量才能真的做到。真正能加速死亡的唯一辦法，是給病患非常大的劑量，並讓他們的呼吸系統整個放慢。但這種事不會發生。

「我們的做法也跟延遲死亡有所區別；我們不會企圖改變結果，但這並非加速死亡。對我而言，無論我們為病人做什麼醫療行為，結果都必須是能對病人有很顯著好處的。」

醫生與護理師們都明白，施用鴉片類藥物可能導致呼吸抑制的風險。但跟蘇有類似經歷的很多人，也曾提到臨終病人施打一般劑量的嗎啡，便在幾小時內過世的情形。這些矛盾的經歷似乎令人迷惑。然而這是那些人的個人認知，還是實情？

專業者在說明中所強調的「這種事不會發生」，卻跟少數護理師和醫生的說法抵觸。他們告訴我，他們知道有人這麼做過，或是自己曾涉入為加速死亡而替病患多打一劑的情況。

維多利亞省議會針對「生命終結選擇」所做的最終調查報告中指出，「輔助死亡（assisted dying）儘管不合法，但維多利亞省曾發生過。」因此沒有理由相信澳洲其他地方沒有類似狀況。

這反映了包括二〇一四年對十三位醫生的約談，以及幾項研究所指出的情形。這些醫生確認並討論澳洲存在著為加速死亡所做的非正式醫療行為。同樣的，紐西蘭在二〇〇三年針對家醫科醫生的調查中，「有卅九位受訪者證實，他們曾提供某種形式的『醫生輔助死亡（physician-assisted death）』行為，還有兩百廿六位表示，曾有意為加速死亡而採取部分或明確的行動。」

維多利亞省一位推動「輔助死亡」立法的重要支持者表示，這種「心照不宣」的做法，代表我們的社會不願誠實面對和探究有些死亡是如何發生的。

而這種模糊、不明確的做法，造成了痛苦。

在一個典型例子中，和我相談的一名婦女表示，她覺得她與自己的兄弟姐妹被剝奪了跟母親道別的機會，因為她並不知道母親被打了可能致命的嗎啡劑量。是巧合嗎？或者她是對的？

在另一個案例中，有位婦女在某間安養院裡，守在她母親床畔幾乎三星期，看著護理師為她母親注射一劑嗎啡，而護理師一邊打，一邊暗示這可能是最後一劑。但她沒領悟到話中的含義，於是下樓去餐廳喝了杯咖啡。到現在她依舊因為錯過母親過世的那一刻而傷痛不已。

確實總是會有「最後一劑」，當然我們不會知道那就是最後一劑，直到死亡降臨，因此看起來似乎就是它導致了死亡，儘管並非如此。然而專業者所理解的，跟一般大眾看到的有落差。

跟這個議題相關的緊張對立很多。

最近一場關於安寧療護與安樂死的討論會上，觀眾席裡有人說她的一位親人在醫院因為被注射過量嗎啡而提前過世。聽到這句話，受邀的講者勃然大怒，聲調變得很尖厲。

「是誰說的？」她質問。觀眾席中的那位女子沒打算回應。

「我覺得這種說法令人心灰意冷。」受邀的講者說。

有時確實是巧合；因為病人畢竟就快過世，但有時漸進提高的劑量的確使病人的呼吸抑制程度稍微惡化，這是會有所影響。如此種種可能令人困惑，也很矛盾。一方面，專業者們表明沒那回事，但另一方面家屬們卻說他們曾經遇過。然而最後一劑是否導致病人死亡？有可能。但真的不是有意的？

一位在其任職醫院常負責嗎啡注射、但非屬安寧療護的醫生認為，避免這些傷痛與誤解的關鍵，在於良好的溝通。他表示，「我認為我們應該多說一句：『我希望能讓你父親（或你的某某人）舒服一點。』還有，『所以我們會增加嗎啡的劑量，不過極有可能他或她會在這中間過世，即便不是有意讓它發生的。你別回家，最好把家人找來。』

「但醫生沒這麼說，是因為他們害怕，怕真的違法。事實上，在如此情況下那麼做、那麼說、或給予嗎啡，都沒有違法。」

當面對這些問題，醫護人員與照料病人的家屬，若決定給予有可能導致死亡的嗎啡劑量，都適用於雙重效應原則（principle of double effect）[3]，只要所給予的劑量符合比例，並且是漸進的，而非突然大量增加。

這個倫理學概念，最初是在十三世紀發展出來；當時的人若想止痛，靠的是鴉片、大麻和酒精這些最常致幻的藥物，再混合紅牛的膽汁、尿液與活蝸牛之類的東西。即使有人認為雙重效應原則已經過時，但現今依然適用。

根據雙重效應原則，雖然給予止痛藥物有可能導致死亡，但仍應該提供，因為緩解痛苦的意圖是善的，即使它導致不好的結果，也就是死亡，然而善的效應大於惡的效應。

美國學者提摩西・奎爾（Timothy Quill）對此的闡述是：

- 該行為必須是良善的，或至少在道德上是可接受的。
- 所採取的手段，必須以產生善的結果而非惡的結果為目的（但可能會「預見」產生惡的結果，但不能是有意造成的）。
- 惡的結果不可當成達成好結果的手段。
- 必須有足以相稱的重大理由，才能冒產生惡果的風險。

雙重效應原則的初衷，隨時間逐漸顛倒過來，以至於目前在醫院和安養院的日常中，這個原則有時會被用來控制與限制嗎啡的使用。PRN的措施非但沒能在病人有需求時加快施用嗎啡的程序，反而還拖慢了。幸好這些觀點正以依據常理的方法重新評估，若此法運用得當，便可當做從諸多考量堆疊成的道德困境解套的指引。我聽說一個新近發生的案例，是關於一名醫生的母親。她在某家大醫院承受了好幾個月的劇烈疼痛才過世。而在城市另一頭的醫院任職的他，絕不會容許這種事發生在他的病人身上，但他無法插手為自己的母親做些什麼。

如果因為怕可能造成死亡，而讓臨終病人無法得到足量嗎啡以控制疼痛，那麼雙重效應原則就被誤用了。

醫生與護理師絕不可做出意圖奪人性命的任何行為，但他們也有義務為病人減輕沒必要的疼痛和折磨。如果嗎啡的施用是在規範範圍內，即規律且持續的劑量——例如臨終時每四小時注射一次，來緩解癌症疼痛——那麼醫生與護理師便有義務持續這個療程。

醫護人員還會面對一個可能發生在病人更接近死亡時的狀況，那就是當病人疼痛加劇，他們得擔下自行斟酌慢慢調高止痛藥劑量的責任。

只因為或許會導致死亡，而停掉或減少，或是決定不增加止痛藥，來因應猛然加劇的疼痛，在臨終的客觀環境下一點意義也沒有。一則因為停掉止痛藥，本身就有可能導致死亡；二則病人可能在疼痛中過世，這不僅對病人是無必要又殘忍的額外負擔，也跟與良善的醫療原則背道而馳。

在一個受嚴格監督、自信、通常附屬大型教學醫院的安寧療護單位，會適當使用嗎啡。社區的居家關懷據點通常會在該單位的直接監督下，教導家屬如何幫時日無多的居家臨終親人施打嗎啡，控制疼痛。因此，跟病患與家屬針對生命末期階段嗎啡使用的討論，是相當開誠布公的。

但還是有太多情況，對鴉片類藥物使用的很多方面不夠公開，並有認知混淆不清的問題。

當理論知識與實務之間的這一切歧異消弭，一般人的臨終過程及其家屬的經歷將會有所改善。

最佳的安寧療護團隊，會鼓勵病人及家屬討論臨終照護及嗎啡的使用。他們會告訴家屬，嗎啡如何有助達成無痛和安詳的離世。這種更直率坦誠的討論，是現今安寧療護教育的一大轉變。

有些醫療專業者擔心，談論這個話題會讓陪伴病患的人畏懼。但不去談反而會造成恐懼與誤解。期盼在進入生命最終階段前，我們都能有勇氣跟自己的主治醫師討論這些話題。

緩和鎮靜與臨終鎮靜

在某些情況下，若病人的疼痛無法控制，醫護人員會替他們施打一定劑量的鎮靜劑，讓病人失去知覺，如此他們直到死亡降臨，都不會感到任何疼痛。這種做法不是被稱為臨終鎮靜，就是緩和鎮靜，視其中的細微差異而定。但這兩種名稱漸漸被分開使用。「臨終鎮靜」用來指從病人還能吸收食物與水分的階段開始，給予鎮靜劑，並停止供應食物和水分，直到過世。相對的，「緩和鎮靜」的執行，是在用點滴供應水分和營養，已對病人沒有助益時，便停止輸液，並給予強效鎮靜劑。病人可能所餘的時日更短，更接近死亡。

無論哪個名稱，這類型的鎮靜都不是很常用的方法。

安樂死合法化的支持者表示，臨終鎮靜只是一種偷懶的安樂死形式。他們認為這曲解了憐憫心，只是推遲死亡和延長折磨，是在技術上容許執行者偽善的達成跟安樂死相同的結果，但卻是合法的。

近期針對幾項評估使用緩和鎮靜直到死亡的研究，所做的一份評論顯示，在這些病例中，鎮靜並未加速病人的死亡，而是讓病人失去知覺，同時臨終過程仍持續。

但這項討論取決於它真正指的是什麼，還有實際使用哪些藥物。因為甚至在研究報告裡及專業人士間，都缺乏標準定義，所以名稱多有混淆。因此這個領域的一位權威專家認為，「緩和鎮靜」這個名稱應該完全棄用，改稱為「持續深度鎮靜」。

安寧療護團隊常會盡其所能，避免使用這類鎮靜方式，寧可為病人的疼痛或躁動尋找解決之道。一位安寧療護專業者表示，她不喜歡用這種鎮靜方式，因為家屬可能覺得它看起來像讓病人安樂死，無論事前有多清楚解釋過這是為了緩解疼痛，而且也不會因此加速死亡。

如果照料你所陪伴的病人的那個安寧療護團隊聲譽很好，並經過合法認證，那麼若他們建議做持續深度鎮靜，你可相信他們已經過深思熟慮，認為這很可能讓你陪伴的那位病人少受痛苦。不妨直接詢問，「這麼做是否會加速死亡？」或「這合法嗎？」若他們建議採取這個方式，想必也預期會被問到這些問題。

安樂死或輔助死亡

關於安樂死（也稱輔助死亡）有很多討論，在本段中，我會提到一些主要問題，並做幾個初步結論。

在澳洲，除了在二〇一七年頒布《自願輔助死亡法（Voluntary Assisted Dying Act）》的維多利亞省外，安樂死——即故意結束生命——是違法的。無論我們對安樂死抱持什麼立場，擁有強烈的道德、倫理或社會信念的大多數人，都反對奪去他人性命的作為。而對於何謂安樂死，也有很多認知混淆不清之處。

根據牛津線上字典的定義，安樂死是「致使罹患無法治療且痛楚的疾病、或陷入不可逆之昏迷的病人，在無痛狀態下死亡。」

有些人進一步解釋，在輔助死亡中，病人在執行時全面掌控過程，沒有其他人插手，雖然有的人也許靠他人協助提供手段或方法來執行。

但這也是不合法的。

社會對於安樂死與輔助死亡的態度正在轉變，而且有論點認為民調始終顯示，有至少百分之七十的澳洲民眾贊同。然而，他們真正贊同的是什麼，界定並不是很清楚。除了無從減輕的疼痛外，無力掌控、渴望保有尊嚴、以及無法自主，都是要求安樂死的人所提出的理由。

澳洲南十字星大學（Southern Cross University）榮譽教授科琳・卡萊特（Colleen Cartwright）在針對諸如網路媒體「對話」的網路投票「事實查核問答（FactCheck Q&A）：真有百分之八十的澳洲人及高達百分之七十的天主教徒與聖公會教徒[4]贊同安樂死立法？（二〇一七年五月一日）」之類民調的一項詳盡分析報告中解釋，若要求安樂死的理由並非罹患末期重病，民調的贊同率便下降。

若提問把要求安樂死的理由，從身體的疼痛改成心理和情緒上的痛苦，贊同率便掉到百分之卅六。卡萊特教授也發現，「大眾的贊同率端視如何提問、調查如何進行、及由何者進行，比率可能因而明顯降低。」

在二〇一七年維多利亞省立法即將有所更動之前，《世紀報（The Age）》發表社論，表示他們支持醫生輔助自殺合法化。文中還委婉的提到，在臨終階段所開立的藥物，其用意含糊不清和不夠公開透明；就如我之前討論到的。社論中陳述：

當前存在一種令人不知所措的情況，那就是去規範某個經常發生、卻只能暗地去做的行為，而心懷悲憫的醫護人員和病患家屬也因此冒著不必要的風險，只因為他們同意讓病人實現自行選擇死亡方式與時間的心願。

貝納黛特・托賓（Bernadette Tobin）醫生是雪梨聖文森醫院（St Vincent's Hospital）約翰普朗克中心（John Plunkett Centre）的天主教倫理學者。她反對安樂死，並認為資源較完善的安寧療護，將可降低大眾對安樂死立法的贊同率。

「之所以創造安樂死一詞，是為了說服人們。『eu』的字面意義代表『好的』，『thanatos』則代表『死亡』。所以我想我們可以大致說這個名詞的意思是善終，安詳的離世。

「我們都贊同善終。誰會反對？但善終的定義因人而異。對你來說構成善終的要件，也許跟我所認為的不一樣。但很可能有幾個條件是共通的，比方說，我們應該都希望毫無痛苦。

「如今，如果人們能受益於安寧緩和醫學與照護，並得到完整的供應，沒理由無法善終。跟醫療能量與取得管道相關的問題很多，事實上，當今澳洲在取得管道上有很嚴重的問題。

「我們需要做的不是律法上的改變，而是人員的訓練、想法的改變和優先順序的調整。

「我認為，期盼善終的願望是完全可以理解的。一個有高度素養的社會，應對此有所作為，並且也有能力做到。儘管如此，最大的考驗在於如何普及到窮困者、無權無勢又缺乏好人脈的人、以及居住偏遠地區者。」她表示。

根據托賓所言，一般澳洲人通常不明瞭法律准許使用更積極的介入方式，控制疼痛和舒緩臨終的痛苦。

比如說，給予病人緩和鎮靜，藥劑生效後，便能讓他們睡著度過生命最後時日；這是合法的。提供有效劑量的嗎啡，即便副作用是加速死亡，也是合法的。拒絕任何可能延長性命的治療，例如拒絕洗腎，或拒絕在心肌梗塞時用去顫器讓心跳恢復正常，同樣是合法的。

不少人都談到令他們痛心的經驗，就是眼看著心愛的親人，在所獲得的安寧療護不佳的情況下，慢慢過世。但若有不同的管理策略，那個人就能少點疼痛與折磨。

一位安寧療護專業者說，他可保證在他的臨終照護之家裡，由他負責照料的每個人都能獲得高劑量的止痛藥，以避免疼痛。他知道這點，因此能告訴他負責的臨終病人，「有天你將會睡著，不再醒來，接著在睡夢中非常安詳的過世，而且有百分之九十九的機率會是如此。」這番話讓病人十分寬慰，因為他們知道自己不會吃盡苦頭的過世。

蔡醫生相信聖心臨終照護之家的醫護人員，能為大多數病人提供盡可能高劑量且效果快的止痛藥，以避免疼痛。「我能夠告訴病人，你將會睡著，不會感到疼痛，只會睡去。這跟他們的家屬會看到的稍有不同。但這就是我們所能為臨終病人做的。」

這跟別的病人承受極大痛苦的遭遇形成對比——有些發生在地區醫院，有些在老人安養院，有些在其他地方。

一名女士敘述了她遭遇的悲傷狀況；她的臨終家人就是沒辦法「在我們全陪伴在側及藥物的協助下，逐漸陷入昏睡。無論出於什麼原因，都不該選擇這樣過世。」

她說明這就是她如今支持安樂死的原因。然而她的家人正是托賓醫生提到的那些對象之一；他們不是住在大城市，難以接觸到妥善的安寧療護。若當初得到品質較佳的安寧療護，是否會使那位女士寧可讓她家人安樂死的心意改變？她期盼家人得到的臨終方式，是可以透過妥善的安寧療護達成的。

很多人驚訝的發現，拒絕治療是合法的，即使這代表你會死亡，而且還有一些狀況是不去治療感染。有時，病人會在生命最後那段時日罹患肺炎。正常情況下會使用抗生素治療，但到了這個時候，不給予抗生素在道德上是容許的，因為若使用抗生素，也許能止住感染，但會延長病人的折磨，而且還是會死亡。

在維多利亞省的辯論中產生的論點，導致了二〇一七年贊成安樂死的改革法案出現，而論點傾向於關注疼痛問題。我曾與《自願輔助死亡法》的一名熱情提倡者進行非常激烈的討論。據他估計，澳洲每年大約有三千到四千人，臨終時經歷了沒必要的可怕折磨和疼痛。

「這個人數很少，但不可小覷；他們飽受折磨的過世，就是因為沒有能幫他們的辦法。」他說。

他表示，這些人當中，實際去用到安樂死的人只會是非常少數，這跟批評安樂死的人常暗指立法將會大開方便之門的說法大相徑庭。

重要的是，行使輔助死亡之合法權利的那些人，跟順利申請到那個權利的人數相較之下，比例相當低。

「也讓我們覺得很有說服力的一個事實是，當大家都擁有選擇的權利，每個人都會因而立即受益，因為恐懼和焦慮會減少，而這些人當中，有很多到最後並不會執行那個選項。」《世紀報》在他們支持維多利亞省二〇一七年法案的社論中如此寫道。

儘管有些批評者在沒提出任何證據的情況下辯說，將輔助死亡合法化，等於將社會朝向德國納粹統治時期主張的優生政策更推進一步。其他人則認為，在這個辯論中，問題重點並非這個省份，而是家庭。

理論上，家庭是構成社會的最基本單位，它讓我們得以受到保護和養育照顧。但在反對輔助死亡的眾多論調中，最引人矚目的論點是漢莫凱爾公司（Hammondcare）所提出。

它是一個老人安養服務的供應商，專長於安寧療護服務。他們認為立法的保障「無法偵測到私底下發生的脅迫。」

「保障措施無法查到病人是否遭受家人和其他既得利益者的心理壓力。尤其令人憂心的是諸如老年人等弱勢族群；每年每十個老年人中，就有超過一位曾遭受精神虐待。」

澳洲近年來曾發生的案例顯示，家庭常是發生兒童性侵害、家庭暴力、老人受虐和其他形式的剝削及嚴重功能失調行為的熱點。或許這代表我們還沒資格說，所有家庭都能做到維護弱小和衰老者之需求的客觀判斷。

安寧療護者都曾觀察到「不得善終」的現象：出現這種狀況的家庭，會希望他們的父親或母親、或某個親屬在某一天死亡，這樣他們就能繼承遺產。聽起來可能很像連續劇的劇情，不過曾有位護理師看見一名臨終婦女的子女，非但沒設法幫助她，還把她身上的珠寶首飾扯下來。我們不知道這名婦女曾做過什麼事，使她遭到子女如此無情的對待。然而照料這名婦女的護理師也認識她的子女，對他們的態度相當震驚，只能猜想這是出於貪婪。

基於當前一切可能出現的錯誤與不當處置，凱特・懷特不信任澳洲的醫療體系已經準備好輔助死亡的立法。「我只是認為你沒辦法建立所有人都滿意的保障措施。我們理應現在就該有保障措施，但卻沒有。

「我的意思是，我們會做決定，尤其是替老人做決定。我們會說每個人都有自主決定的權利，但並沒有讓他們保有這項權利。而且即使現在，老人在做決定的過程中還是有辦法被人左右。」

她認為安樂死的倡導者都假定，那些要求輔助死亡的人，全都能夠自己一個人做出決定，但實際上，他們可能無法完全掌控決策過程。

在此同時，是否該制訂輔助死亡法的辯論仍持續。無論組成這個社會的我們如何決定，把事情提出來討論都是件好事，因為這代表我們全都得以對現今實際發生、而非自以為發生的狀況，有更深入的了解。我也認為這個額外的反思，會帶領我們朝說出自己在面對死亡時想怎麼做，更邁進一步，並因此得以朝達成善終的目標更邁進一步。

---

1 譯註：Christian Scientists，或稱山達基派，一八七九年由美國人瑪麗·貝克·艾迪創立。
2 譯註：Georgian，指一七一四至一八三七年，四位名為喬治的英國君王在位的時期。
3 譯註：是天主教已遵循幾世紀之久的倫理原則，用以判斷在某種狀況下，所有做法都可能導致嚴重後果時，如何權衡。
4 譯註：Anglican，源自於英國新教的基督教派之一。

Chapter04

當一個人過世時，陪伴者會看到什麼？

What will companions see when someone dies?

知道死亡的樣貌，方有能力面對我們至親的離世，而不會因未知而恐懼。

對陪伴臨終者度過所有階段直到彌留的人來說，知道將看到什麼，會對你有所幫助。這樣你就不會那麼害怕，也能反過來給予臨終者更多的支持與慰藉。

在現實中，你光是陪在一旁就有助益的那段期間，是在病人生命最後一刻到來之前，步上他們極度孤獨的一段旅程時。這段旅程可能持續數星期、數天或僅僅數小時，只有當他們下一次呼吸肯定不會出現，你才能確知旅程已經結束。

即使這是一段只有他們能進行的旅途，你的在場陪伴還是能提供慰藉。

就絕症而言，這是進入臨終、朝死亡辛苦前進的起點。有些人稱它為「瀕死進行前期」。

隨著臨終者變得愈來愈虛弱，而且需要集中所有精力，只為了活過一天，他們的注意力最終會向內轉移。這種轉變不只是生理，也包括心理方面，畢竟他們即將承擔的孤單旅程，沒有任何人能跟他們一起進行。

凱特・懷特用她的一個經歷來幫助說明。

「我們曾照料過一位同事，她很搞笑，也是醫院裡的靈魂人物。」凱特說。「她在快要過世時住進我們醫院，由我們來照護她。她的小姪女和小姪子常來看她，而且常把他們畫的圖畫掛在牆上給她看。我記得當時我一進病房，就會看到這些孩子的畫作。

「有天，我突然發現她的姪女注意到一件我沒留意的事。我的朋友之前習慣面對門躺著。每當你經過門廊，總會聽到她叫你進來聽她說個笑話、故事或聊聊天。

「但現在她卻面對窗戶、背對門躺著。她的姪女將這個景象畫下來，雖然筆觸非常樸拙簡單，但它的確反映出這個人正在離去。我記得我就站在那兒看著那幅畫、看著她，心裡想著，『你確實是，你是在離我們而去，你正在前進，比我們、你的家人、和你身邊的每個人所想的還快。』」

她步向死亡的旅程已經開始，而且正逐漸跟身旁的人分開。

每個人的臨終都各不相同。雖然有部分的歷程是一樣的，但不是每個人都會以同樣順序出現相同的跡象和症狀，即使他們都死於同一疾病。有些跡象和症狀會完全沒有出現。症狀是病人會感覺到的，而跡象是旁人能觀察到的生理改變。幸運的是，臨終病人本身不會察覺到代表死亡愈來愈近的生理跡象。

有些人會花數星期慢慢歷經幾個階段，而有些人只花幾小時。雖然照顧臨終者的醫護人員會盡其所能，協助家屬了解何時代表接近生命終點，但也不一定總能曉得。當臨終者停止進食，便會在接下來的幾星期內過世。但須記得的是，病人不是死於沒有進食，而是死於潛在疾病，而且他們的消化功能已經減緩，因此沒有能力吸收營養。

陪伴者在最後階段會看到的情況

以下是臨終病人可能出現的生理跡象，但別忘了，並非所有人都會有，而且也沒有任何特定的出現順序。

列出這樣一份清單的風險，是它所引發的更多疑問，會多於它所解答的問題，但我想起個頭。無可避免的，你的經驗可能會跟你在此處看到的不同，因此請將它當成通用指南，而非精確的準則。我做此嘗試的理由，是為了設法幫你明瞭可能發生什麼狀況，而得以對這些不罕見、也有可能出現的情況，少些恐懼。若你對這份清單所列有疑問，不妨跟你信賴的醫療專業人士談談。

嗜睡

當臨終者接近生命終點，睡眠的時間會愈來愈多。這是臨終的正常現象之一。他們可能看起來像陷入昏迷，但有時又能自行甦醒。當患者醒來並神智清楚時，或許會有一小段時間看似狀況頗有起色。

臨終視見

一個處於彌留階段的人出現「視見」，並不少見。他們可能也會提到從未發生過的事件。那些都是幻覺嗎？有些安寧療護專業者認為不一定。就如前文提過的，臨終者有時會用隱喻來表達。常會有處於這個階段的人清楚憶起年代久遠的往事或（和）人。許多安寧療護專業者表示，常有臨終者會看到在他們人生中舉足輕重、但比他們早過世的人。

人們有時會擔心這些臨終視見是鴉片類藥物所導致，但其中大多數並非它造成的。這也許很難辨到，但當你聽到臨終者彷彿出現幻覺般自說自話，你能做的最佳方式就是坐著陪伴和傾聽。很可能臨終者會覺得他們的視見有撫慰感，雖然或許旁人看起來不是如此。

交流方式改變

隨著病人昏睡的時間愈來愈多，跟他人的交流也會減少。如今認為，若病人處於昏睡狀態，他們還是聽得到。因此醫護人員仍會跟昏睡的臨終病人說話，也鼓勵家屬這麼做。至於清醒的病人，他們說話的能力衰退，而且隨著身體狀況愈漸衰弱，開口說話也變得吃力。偶爾會有臨終者連著幾天不發一語，但在過世前不久，會有段很短的時間能說些話。

眼睛出現變化

如果病人因為失去意識而無法視物，即使雙眼是睜開的，但目光可能顯得呆滯無神。

在他們的意識完全喪失前，目光也可能渙散、無法對焦。在病人失去意識之前，也許還會喪失眨眼的反射能力，但雙眼仍睜著。眼皮可能半開，雙眼可能顯得凹陷。

意識混亂

造成意識混亂的原因有幾個。若病人出現意識混亂，應謹慎細查肇因，因為有些引發混亂的因素與瀕死無關，所以是可以控制的。有時是由於腦部跟其他器官一樣逐漸衰竭，因而造成腦部缺氧所導致。不過因便祕或泌尿道感染（UTI）造成的意識混亂，即使到了這個末期階段，是否仍有辦法控制？

亦或意識混亂是臨終者的表達方式之一？是否臨終者試圖表達些什麼，只是意思不是那麼顯而易懂？不妨思考臨終者是否可能在用象徵或隱喻的方式表達。若是如此，同樣的，若你能夠傾聽，同時別抱著能聽懂的期待，這樣便能給予臨終者慰藉。

輕度躁動

這是臨終的典型症狀，原因可能很多。再次提醒，這需要檢查，確認病人沒有便祕或缺氧。躁動不安的原因也可能是疼痛、膀胱過脹、長時間維持同一姿勢造成的不適、藥物或生化指數異常，也可能是做夢或源自心靈方面的因素。如果查出是生理因素導致，並妥善處理，可能便無須使用藥物控制。如果躁動不安是恐懼引起的，在初期運用支持方法，例如傾聽和陪伴，可以對臨終者有幫助。藥物也能減輕症狀。當病人每日施用的藥物停止後，需要特別注意，因為突然停藥可能會造成一些問題，例如今日普遍開立的抗憂鬱藥物便有此可能。

再次提醒，若你有疑慮，不妨諮詢開藥的醫生與主治醫生。

嚴重躁動

如第三章中所述，有些彌留病人會出現嚴重的躁動（稱為臨終躁動或「垂死掙扎」）。他們可能會拉被子、扯床單，而且出現一長段時間的悲傷。這些狀況通常可以用各種藥物控制。若你有疑慮，不妨諮詢病人的醫護團隊。

脈搏變化

病人的脈搏可能變得更快或減緩，不穩定且微弱，這是因為心臟正漸漸衰竭。有時，心臟是所有器官中最後停止運作的器官之一。當心臟一停，血液就不再流向腦部，病人很快便會死亡。脈搏愈難摸到，就代表病人愈接近死亡。

體溫變化

由於臨終者喪失體溫的調節能力，因此體溫會出現變化。他的體溫可能變得比平常較高或較低，有時會兩者交替出現。

雙手和雙腳

隨著病人的狀況變差，身體會優先讓血液流到人體的中樞——心臟、肺部與腦部，而非末端肢體。這表示流到雙手和雙腳的血液減少，因此手腳摸起來會顯得冰涼，四肢的皮膚也會變得非常蒼白，而且末端可能呈明顯的青藍色。有時鼻子也會出現一樣的狀況。使用手部或身體乳液輕柔的按摩手腳，能在非常初期的臨終階段讓病人感到舒服和慰藉。這也可以撫慰家屬，因為這提供人們一個適當的理由碰觸臨終者，而這個舉動是我們通常畏懼去做的。然而，到了某個特定階段，也就是臨終者已喪失意識時，他們不會察覺到這些明顯的身體變化，所以不會感到不舒服，即使它們會讓身旁陪伴的人感到不安。

呼吸有雜音或嘎嘎聲

雖然現代醫院並不喜歡這個說法，不過這種呼吸類型通常被稱為「瀕死喉聲」。你一聽到那個聲音就會懂。當一個人因喪失咳嗽反射，加上少量唾液或痰積在喉部，但無法以咳嗽清出時，就會出現這種聲音。這代表吸進和呼出喉部的空氣會經過那些積存物，因而造成嘎嘎聲和喀喀聲。有時嘎嘎聲可能很大。雖然陪在身旁的人會感到不安，但臨終者的意識已沒有清楚到能感知周遭的人事物，甚至自己的身體變化，所以不會感到不安。將臨終者的身體轉成側睡姿勢，會有助於減少嘎嘎聲。藥物也可以消除喉部積存的唾液或痰，但並非每次都有效。也可以用抽痰的方式吸掉積存的唾液或痰，不過現在不太常用這種方法，因為有論點認為這樣其實會刺激它們的產生。

不規則的呼吸

它可能會以很多不同的形式出現，最常見的是陳施氏呼吸。一段時間的快速呼吸與一段時間的淺呼吸交替出現，當中可能短暫出現完全沒有呼吸的狀況。這在臨終時相當常見，不過在彌留之前的一段時間，可能出現不規則的呼吸，接著又自行恢復。

失禁

有許多情況，例如激烈譫妄，都可能導致臨終者在到達彌留階段之前，發生小便或大便失禁。有時，原本身體能控制直腸或膀胱的人，可能在陷入昏迷後出現失禁狀況。不過隨著臨終者停止攝取食物或水分，失禁發生的可能性就會降低。臨終者因為停止飲食，排尿或排便可能都會停止，所以這不會如你或許擔憂的那麼可怕。

水分攝取降低

到了一個階段，經口腔攝入水分會變得相當困難，這是因為喉部肌肉已經變弱，而且喪失吞嚥反射。在此同時，喝水的想望通常會降低。這是在器官逐漸停止運作時的正常現象。如果沒在之前停止靜脈輸液，那麼就會在這個階段停止，因為器官已無法吸收水分。當臨終者一段時間沒有攝取水分，口腔可能會形成黏稠的唾液。安寧療護專業者認為，即使臨終者可能不會覺得渴，但唾液的積存仍可能讓他們感到不舒服。可以採取簡單的方法來減輕不適，例如以紗布清理口腔，或用裝著清水的噴霧瓶替口腔噴點水。

失去食慾

隨著死亡迫近，臨終者會對食物喪失興趣，也不再感到餓，這是因為他們的新陳代謝功能開始逐漸停止運作。偶爾，臨終者在數天之後可能會突然想吃東西，一小段時間後又不想了。這是在朝死亡進展的階段中一個正常的現象。由於臨終者不再進食，因而也不覺得飢餓、疼痛、或不適，但看到病人不進食，可能會讓陪伴的人很心疼。不過，一個人從吃下最後一口食物後算起，可以存活幾星期，而從喝進最後一口水後算起，可存活約一星期。

反胃與嘔吐

在臨終過程的較初期，若因便祕、腫瘤或藥物的影響，導致腸道阻塞，可能會出現反胃的狀況。如果嘔吐和反胃是由可治療的原因導致，而且離過世尚有些時日，醫護團隊可以檢查及做適當的治療。嘔吐與反胃不太可能發生在彌留時，因為那時腸胃道系統已經停止運作，不會再產出這個系統的一切副產物。

褥瘡或壓瘡

彌留的那刻終究會來臨，若有褥瘡或壓瘡，也不再有痊癒的機會。之所以要定時為臨終者翻身，是因為長時間維持同樣躺姿，無可避免會引發不適。若病人有褥瘡，護理師會為他們調整姿勢，以確保褥瘡不會或盡量少受壓。雖然替病人翻身很重要，不過到了病人彌留之際，翻身或嘗試治療褥瘡，可能會比褥瘡本身更讓他們痛苦。褥瘡發出的氣味可能會是個問題，尤其對非醫護專業的陪伴者而言。臨終者身上的傷口已無望好轉，所以目標就會是盡量避免惡化、維持病人的舒適、並減少發出氣味的可能，以免讓陪伴者不敢坐在他們身邊。如果你陪伴的臨終者身上的褥瘡已發出強烈的氣味，別不好意思開口要口罩或請求處理。

皮膚觸感如蠟

一旦停止攝取水分，皮膚的狀態就會改變，因為臨終者正漸漸脫水。皮膚摸起來像蠟，而非乾燥，同時皮膚的氣味會出現細微的改變。呼吸也會隨人體的脫水而變淺。

身體組織崩解

最單薄脆弱的組織會最先崩解。身體的軟組織可能在死亡前開始崩解，因此可能會在如陰道和口腔等粘膜區出現真菌繁殖。如果病人原本就有如糖尿病等疾病所引發的神經病變，那麼雙腳可能會開始發黑。當身體出現這類衰敗，便沒有任何醫療處置方法了。不過面對它的出現時，不妨試著從一個事實得到安慰，那就是你所愛的人現在很可能不會感到疼痛，而且就快要解脫了。

嘴巴張開

這個常見的現象是因為病人喪失面部肌肉的控制能力，而使下顎脫垂。再來就可能導致嘴唇的乾燥和龜裂更嚴重，口腔也變乾。一旦嘴巴這樣張開，便不可能闔上。這形成了亡者最獨特的形象之一，另外還包括睜著雙眼；兩者都常會出現。

死亡的定義

隨著生命接近終點，這些跡象會一個個出現，但最後引發死亡的機制不一定都會遵循一套固定模式，而且就算呼吸與心跳停止，人們對死亡的了解也還不夠全面。

曾有一段時期，死亡的定義非常簡單：當心臟停止跳動，呼吸也停止，便代表死亡。然而現代醫學的進步改變了這一點；如今的定義是腦死，或者更詳細的說，是腦幹死亡。

腦部是讓我們一切運作皆如常人的源頭，而腦幹控制較基本的活動，例如呼吸與心跳。

在生命最終階段，呼吸會變得不規則，可能會出現陳施氏呼吸，直到呼吸的暫停從短暫變成停止時間愈來愈長。呼吸會安靜的停止，或是像一些病例，在最後一次吸氣後，病人會隨著肺部將空氣完全排空，而發出一種類似倒抽氣的聲音。而在另一些病例中，呼吸不會出現前兩種情況，而是慢慢的進展到不知不覺的停止，讓人強烈感覺那個人悄悄離去了。

一旦呼吸停止很多秒鐘，心臟也會停止跳動。當心跳停止，而且完全不再恢復，便是傳統定義的死亡時刻。

當心臟停止，血液循環也會停止，而所有器官的運作，在數分鐘內都會停止或逐漸停止。其中一個器官便是腦部。

不過在現代，死亡的確定時刻比數千年來的定義稍微模糊一點。這是因為即使腦死，心臟依舊可以靠機器繼續跳動，因而維持其他器官的運作。

當腦幹停止運作，便是所謂的腦死。這時一個人會喪失對自我與力量的覺知。當腦幹死亡，但其他器官持續運作時，身體依舊能夠分泌激素來完成器官間的交互作用，頭髮與指甲也可以繼續生長。不過這在某種意義上不算真正活著。

偶爾，醫院對一個人死亡的定義會遭到質疑。舉例來說，有個孩童的心臟依然跳動，是因為靠呼吸器輸送氧氣到肺部，帶氧的血液再從肺部被打到全身，讓器官繼續運作，但孩子的腦幹沒有任何活動。在這種情形下，悲痛的父母將醫院告上法庭，阻止他們宣告孩子死亡。令人難過的是，撤掉呼吸器，就算血液循環讓器官持續存活，但因為腦部死亡，卻已是雖生猶死了。

有時，某些狀況的發生，會促使我們重新評估死亡的定義。澳洲在二〇一五年開發出新的心臟移植外科技術，可從死亡的人身上取出心臟，然後在二十分鐘後於另一人體內成功的「重新啟動」。所以若死亡的定義是心跳停止的那一刻，而這顆心臟可以在另一人身上再度跳動，那麼在被移除心臟之前，那個人真的死了嗎？答案是肯定的。但這個情況引起一些人納悶澳洲是否應該修訂死亡的法律定義。目前引發的爭辯與討論依舊圍繞著腦死與心肺死亡，以及在法律方面的影響。

況且即便某個人看來明顯應該已死亡，但也不一定總是如此。過去，人們最大的恐懼，就是一個只是心跳變得很慢、但其實還活著的人卻下葬了。十八世紀時，有些族裔社群會把小鐘鈴綁在將下葬的死者腳趾上，這樣若那人「死而復生」，就能搖鈴引起他人的注意。

某些文化有「守靈」的習俗；長達三天的期間內，除了讓哀悼者聚在一起，表達他們對過世者的悲傷和遺憾，這在現代科學出現之前的年代，也是一種簡便的做法；如果那個人還活著，就有機會動動身體和發出聲音，親友便能在下葬之前停止葬禮儀式。

幸好在現代，藉由腦電圖（EEG）等科技，就可判讀腦波、呼吸與心跳。這意味著我們能夠在做死亡宣告的當下，非常確定那個人已經死亡。

在最理想的狀況下，會尊重家屬想在最後時刻守夜的需求。目前，基於考量到它的重要性，一些急救部門正制訂出規章，讓家屬即使在急救人員正用去顫器急救其家人時，仍可以在場。有些醫療專業者擔心，在這類狀況下，若家屬在場，會妨礙到急救人員設法挽救病人性命的工作。所以適當可行的辦法仍在改進。

守夜這種陪在臨終者身旁給予支持慰藉的做法，是人類一項非常古老的儀式，比任何醫院或醫療體系的歷史都還長久。

臨終者有時會說他們「想回家」。不過那是指他們一直以來居住的家，還是童年時的家？亦或是想離開他們這個肉身軀殼的一種隱喻？如果一個人在進入彌留階段時，表示想回到他們實際的住所，能否安排？有時恐怕不可行，因為家裡沒人能照顧他們。

不過有你陪在病房床畔提供支持、在臨終者身邊守夜，仍可以給予他們慰藉。你甚至可以告訴他們，你願意讓他們離開，以鼓勵他們面對死亡。做法是告訴他們，離去也沒關係，而不是告訴他們「你可以走了」。死亡是關乎放手，因此，這是他們的選擇。

Chapter 05

至親過世後需面對什麼事？

What happens after someone dies?

我們學習親人離世後須處理的「身後事」——什麼是必要的、什麼不是——如此我們才能讓那個人有尊嚴的離去。

數世紀來，無論哪種文化，都普遍認同死亡是個有限的片刻，而它之後的時間是特殊的；有未知的力量在作用。有些文化與宗教傳統提出的論點是，靈魂需要一段時間才會離開軀殼。就算已累積很多死亡實務經驗的護理師，也認為那段時間具有重要的意義。

「我們護理師心中會有種感覺，覺得過世的那個人會停留一陣子。我不確定是不是我們自己產生的感覺。不過那是一種身體的感覺，覺得有人在那兒，就站在你身旁。」一位安寧療護腫瘤專科護理師說。

「若你看著安寧療護和腫瘤科護理師在病人去世後為他清洗身體，會看到他們跟他說話。他們非常尊重，就彷彿那個病人還活著，正是如此，正是如此。」她說。

在過世與葬禮之間

對過世者與家屬的關懷，會擴大到至親走後的那段時間。臨終者在任何醫院或照護之家過世，你都有權陪伴那個剛過世的人，不過目前在有些地方，你可能必須先表明希望這麼做，而非等他們提議。

如果那個人是在家中過世，沒有任何醫療專業者在場，那麼在你打一些必要電話之前，不妨稍等一下。過世者的親屬當中，是否有人會希望在大體移出家裡之前看看他，做最後的道別？

茱莉・R的母親瓊去世之時，茱莉的五個姐妹大多在場。家人們採取了一個不尋常的做法，就是把瓊的大體留在家裡將近一天。瓊在下午五點去世，直到廿二個小時後，也就是隔天下午三點，才移走。

大家都一致認為，在瓊的大體移走前，茱莉的其他姊妹和外孫們會想跟自己的媽媽及外婆道別。茱莉的姐妹之一是註冊護理師，還有兩個是登記護理師，所以她們很清楚如何為母親的大體做入殮準備。她們替媽媽洗了頭，換上她將穿著下葬的衣物。

「大家開始聚在一起，然後一塊兒吃晚餐，一頓豐盛的家族晚餐，幾個小外孫還進到房裡，坐下來跟外婆晚餐。我們待在另一間房裡，等快到半夜，所有姊妹都圍坐在我媽廚房的飯桌前，這時我們才想到：『咦？孩子們都跑哪去了？』

「我們走進媽媽躺著的房裡，看到小孩們靠著床，朝外婆彎著身，正一起聊天，彷彿她坐在那裡聽他們說話一樣。」

這個大家族的許多成員當晚都留下來過夜，睡在其他房間裡，心知他們的母親和外婆就在隔壁房間長眠。茱莉說，這令人感到寬慰，而非不安。隨著新的一天展開序幕，家人們像是本能反應般都繼續留下來。

「那天的大部分時間，我們都守在她身旁，直到我們覺得心裡已經準備好，能讓她離開了。」

茱莉相信，守在摯愛的家族大家長身旁的這段時間，幫助每個人接受了她的過世。在內心最深處，他們所有人，即使是家族裡最年幼的孩子，都明白她走了。但守在她身邊，讓他們感到平靜、心安。

許多人認為，守在你所愛之人的大體旁，是一種情感的宣洩，有助於人們較妥善處理他們的喪親之痛。

「我明瞭，能夠把我的雙手放在我所愛之人的大體上，幫助我的身體認知到他們已經走了——這是一種細胞交流[1]。」澳洲新南威爾肯伯拉港（Port Kembla）坦德葬儀合作社的董事兼總經理珍妮・布里斯科－霍夫（Jenny Briscoe-Hough），在蘿莎琳・布萊德利（Rosalind Bradley）編輯的《有關生與死：與你分享智慧的六十個聲音（A Matter of Life and Death: 60 Voice Share their Wisdom）》這本關於死亡的動人著作中如此表示。

她還觀察到，「我在我母親過世時陪在她身邊，感覺就像我整個人被颶風吹透過去。她的過世徹頭徹尾的改變了我，讓我覺得一定是這個巨大生命的作工。」

這指出了若有可能、而你的狀況也合適，全程參與你至親的後事整段過程，所帶來的精神價值。

今日，有更多人開始重新學習照料過世者的古老技巧，你也能夠做到。

若是在家過世，先拉直過世者的身體，然後在他們的後頸與下巴底下各放一條捲起來的毛巾，這樣過世者的嘴巴便會保持閉合，否則就會一直開著。接著打電話給在病人臨終期間負責診治的執業醫生。

死亡證明是由最主要負責的醫生開立，也許是照料你那位家人的安寧療護團隊，也可能是你們的家醫科醫生。無論是何者，醫生在病人過世後，須完成的第一項官方任務，就是開立死亡證明。一些司法管轄區會有更正式的名稱，例如「死因醫學證明書（Medical Certificate Cause of Death）」。你必須拿到死亡證明，才能去辦死亡登記，這是大部分國家的法律規定。

若醫師在死亡證明上提供假資訊，是重大違法行為，所以若他們沒有負責過世者生前的診治，並且發現狀況無法令人信服，因而對死因心存任何懷疑，他們便不會也不應該簽署死亡證明。若有人被送進醫院急診室不久後就過世，而醫療人員無法確定死因為何，在這種狀況下，他們便會通知警方。警方首先採取的行動會是請家屬前往指認遺體。

警方也會找死者的家醫科醫生。若家醫科醫生熟識死者，便能針對死因提供進一步的見解。但若家醫科醫生也不確定死因，便將會把案件轉給死因裁判官。死因裁判官通常就會要求法醫病理學家進行解剖。

當某個人因可預期的因素在醫院或老年安養機構去世，其工作人員會負責準備死亡證明；這是他們的例行工作之一。如果你希望先把大體送回家，而非直接送到殯儀館，則須在過世前就做好安排。

有些人以為只要有人過世，就必須通報警方，其實不一定。

一個人過世後，如果是在醫院，護理師會來為大體做入殮準備，同時遵守必要的任何宗教習俗。通常會讓家屬在病人過世之前，有機會解釋這些宗教習俗，而且任何有信譽的臨終照護之家或醫院都會配合，以落實尊重家屬在文化和宗教方面的要求。

比方說，恪守傳統的猶太人會希望大體在由外人處理之前，就馬上送到治喪義工委員會（chevra kadisha，有各種拼寫方法），即一種猶太葬儀社團，這樣就能照猶太經文記述的古老儀式，按步驟洗淨大體。回教徒會要求由跟過世者同性別的家屬來為大體洗身。

至於其他人，知道醫院工作人員——通常是負責照料那位病人的護理師——會為大體洗身並做入殮準備，應該會鬆一口氣。

護理師都受過清洗大體及做入殮準備的訓練，而且知道負責生前照護的護理師，如此溫柔且尊重的對待過世者，會令人感到安心。很多護理師相當重視這一個對過世者具體表達安慰之意的機會，就算只是象徵性。

「我們會清洗大體；護理師會這麼做。這是我們跟過世者道別的時刻。」一名護理師如此說明。

瞻仰遺容

美國作家兼牧師凱特・布雷斯特普（Kate Braestrup）根據她和處理後事的人接觸的個人經驗，提出一個論點，就是比起希望自己當初沒去看，人們更有可能後悔沒看到所愛之人過世後的大體。這點無疑是因人而異。事實上，她講述了一個動人的經歷；她在第一任丈夫過世時看到他的大體，讓她感到寬慰。還有一個經歷是關於一名五歲女孩妮娜；她想看看她去世表哥的大體，最後得到允許，結果也很好。

親眼見到無可辯駁的證據，有助大腦承認死亡的無可改變。基於這個理由，瞻仰大體是許多文化的喪葬儀式中的一環。

現在許多急診醫師認為，在大多數情況中，對孩子和成人來說，親眼看見逝者的大體相當重要。這是因為人們想像中的過世者模樣，會比實際的樣子還可怕。這反而可能對心理健康造成長期的影響。

親自為親人的大體做入殮準備

我們詢問我母親入住的安養院工作人員，我和我的姐妹們能否替她洗身和做入殮準備。我們沒有受過相關的正式訓練，也有點怕會遇到什麼意外狀況，所以由我的弟媳瑪麗——她是一位受過訓練的專業護士——來帶領我們，並示範怎麼做。那是一段平靜的時光；當我們清洗媽媽的頭髮和身體的同時，不知怎麼的，我感到很寬慰，彷彿我們正在給予她某種撫慰與安寧、一劑解除她生前經歷的疼痛與折磨的解藥，雖然我們無力挽回她的性命。

不過有些人更推進一步。一項逐漸擴展的跨國運動，鼓勵和教導人們如何為自己的過世親人洗身、做入殮準備、及籌劃葬儀，而這個運動的發起，是基於一個前提，那就是為過世者做準備的這些工作，是直到最近的約一百年間，家屬才容許由外人代勞。

身為跨越（Crossing）家宅喪儀工作坊成員的美國人伊莉莎白．諾克斯（Elizabeth Knox），教導人們怎麼操辦這項工作。她的七歲女兒，因汽車安全氣囊爆開這個只可能發生在現代的可怕意外過世，此後，她便展開一項艱辛任務，就是革新西方人對親自料理後事的態度。她以非常感人的話語談到，她極其心痛的堅信，絕不該把她孩子的後事交給陌生人來處理，她這輩子都不該這麼做。芭芭拉．金索爾（Barbara Kingsolver）的《毒木聖經（The Poisonwood Bible）》一書中有段感人至深的描述，是一位母親如何清洗她過世孩子的身體。凡是讀過的人，都會以全新的角度來看待這件事，理解這小小的儀式所蘊含的力量，如何助人逐漸接受痛失至親的傷悲。

伊莉莎白．諾克斯認為，一旦把大體交付給禮儀業者，他們便幾乎全權掌控，家屬能插手處理的事極少。她在她的線上手冊《跨越：家宅喪儀操辦手冊（Crossings: A Manual for Home Funeral Care）》中強調，愈多人參與、事先做愈多規劃，參與者的感受就會愈好。

諾克斯建議，操辦的人最好是一個以上，這樣可以分擔工作與情緒的重擔。

死後僵直，也就是身體所有肌肉僵硬攣縮，大約會在死亡後的三到六小時之間開始發生。會出現死後僵直，是因為肌肉細胞不再充滿氧氣。之後的十二到七十二小時之間，隨著肌肉細胞開始分解，身體便會癱軟。

最好是在死後僵直出現之前清洗大體，然後將大體擺放成有如平靜安睡的模樣。一個人過世後，下頷會脫垂，使嘴巴張開，這是自然現象。有些人會在過世者出現死後僵直之前，用一條頭巾從下巴底下綁到頭頂，以保持嘴巴閉合。但這種方法不一定都會成功。

為至親做入殮準備，也許不見得每個人都做得來，不過這些工作是我們將喪儀過程從醫療專業者與禮儀業者手上拿回來，親自處理的一個好範例。藉由讓自己變得更主動，就會較能接受喪親之痛，然後放手。

在蘇菲・溫契爾（Stephanie Wienrich）、喬瑟芬・史佩爾（Josefine Speyer）與尼可拉斯・艾貝瑞（Nicholas Albery）合著的《自然死亡手冊（The Natural Death Handbook）》中，詳細說明了如何處理。過程並不複雜，實際面對大體反倒比較艱難，因為體液的排出，還有腐壞，尤其是身體較軟組織的崩解。基於這點，很多人寧可將這項任務交給他人代勞。

即使不是由你清洗大體，但你也可在場觀看，並參與大體入殮的一些準備工作。但須留意的是，你需要在親人過世之前，及早跟禮儀公司安排好，因為家屬對於到場參與的態度，以及禮儀公司容許他們參與到什麼程度，都有不同。

可以確定的是，有過這個經驗的很多人，都發現它是一種非常療癒的心靈體驗。

如果你決定不照常規，例如想親自為大體做入殮準備，務必事先告知醫院或安養院，這樣他們才不會自動開始進行他們認定你會遵循的一套不同流程。此外，最好先確定你計劃要做的事是合法的。事先準備好正確的文件，例如准許你運送大體的許可等，將有助讓已經很艱難的悲傷時刻變得稍微輕鬆些，尤其若你打算做的是非常規的事，例如開自己的車運送大體等。

當你需要更多時間

過世地點無論是在家中還是醫療院所，通常都會通知禮儀公司，他們就會來將大體運走。若是在醫院，洗淨大體後，會用電梯送到通常位在醫院地下室的太平間。這會做得相當謹慎低調；覆蓋大體的方式，會讓人渾然不覺剛經過的推床運送的是大體。

醫院或安養院等機構，會希望盡快將大體送走，不過如果家人們希望到場一起跟過世者道別，最好先確認你有足夠的時間。若是在安養院或醫院過世，通常其中一名工作人員會跟禮儀公司做安排。最好確認不會匆促到近乎不敬。如果親人是在深夜或凌晨過世，你有權堅持暫不送走大體，以讓你有時間召集其他親屬到場，確知親人已過世，並跟他道別。

若是在家中過世，最好記得可停靈家中多久的法定時限。例如澳洲很多地區的法律規定，除非經過防腐處理，未冰凍的大體不可留置超過四十八小時。這是針對能將大體暫放家中多久一個務實的時間限制。英國與紐西蘭等地也有類似的法條和規定。

目前已有新科技能持續低溫保存大體，又不會有所阻隔。也可使用傳統的冰袋，不過當冰開始融化，沒多久就會變得很麻煩，尤其是天氣炎熱時。乾冰是較好的替代品，不僅溫度更低，融化時也不會滴水。

澳洲的自然死亡禮儀中心（Natural Death Care Centre）認為，只要使用水冷散熱板，就能讓停靈家中的大體保冷時間延長到五天。在新南威爾斯省，法律規定在大體交給葬儀社土葬或火化前，停靈家中的時限正是五天。

這所禮儀中心的理念，是家屬應有更多機會參與後事的每一階段。他們的論點不算新，但卻是傳統做法的回歸。

遇到嬰兒過世的狀況，家長可能會想陪過世的孩子久一點，比醫院所允許的時間還要長。英國開發的「CuddleCot」嬰兒冰床，可讓死產嬰兒的家屬將孩子留在身邊較久一點，通常是幾天，而非只能幾小時。它是一種具備冷卻裝置的嬰兒床，能讓嬰兒的大體保持低溫。

將大體從醫院送回家，在自宅辦喪事的做法，目前或許不普遍，但也許未來社會大眾將能夠接受。今日，會想在家中照料大體的人，大多曾在家親自照護過生前沒有住院、在家過世的親人。

防腐

遺體防腐技術能保存過世者的大體，並排乾血液和體液以免流出。這個程序完成後，大體外觀就能保持良好的狀態，不會在一般預期的時間內腐化，所以可以不用立即下葬。也有些遺體防腐師認為，防腐程序是為了預防傳染病傳播，不過這點有待商榷。對於某些疾病，防腐並不足以防止傳染，但也有些情況可能不建議做遺體防腐，以免危及遺體防腐師的健康。跨越工作坊的伊莉莎白・諾克斯同樣認為，即使不做防腐，也還是可以預防傳染。

在英國、澳洲與紐西蘭，防腐並不如美國那麼普遍，而且歐洲在傳統上甚至可能更少。遺體防腐技術據信是古埃及人首創；當時這項技術已發展到相當精細成熟，因此能確保遺體在進入來世前不會腐化。

它在一八六〇年代美國南北戰爭的混亂時期，很快成為美國葬儀的一部分。當時許多年輕人遠離家鄉，戰死沙場。盼望領回兒子遺體的父母們，拒絕接受自己的孩子沒能有個像樣的告別式就下葬，所以在死者被放入棺材運回家之前，必須先防止屍體腐化。於是遺體防腐技術成為美國大多數禮儀公司的預設服務，而且儘管其中的關連受到質疑，但至今依舊相當盛行。

一般而言，若棺材要放在教堂地窖或墓穴，或是地上墓室，而非土葬，亦或是要將棺材運送到海外時，便需要進行防腐。

殯儀館通常無法留置大體超過七天，除非大體已完成防腐處理，以控制病菌傳染。因為有些疾病的病原體即使在人死後，仍會繼續繁殖。

若大體將供人瞻仰，尤其是從過世後算起超過三天，通常會做防腐處理，這樣家屬就能瞻仰和碰觸大體，而不會受到腐化與氣味的干擾。若大體因意外而毀損——有時意外正是死因——遺體防腐技術的用處也很大。在這類狀況中，遺體防腐師細緻的修補工作，能讓家屬在瞻仰大體時，不會因為看到那些敞開的傷口，而增添他們的悲痛。不過有愈來愈多的人認為，防腐處理沒有意義，因為不切實際或是有違自然。

通知

在新南威爾斯省，死亡通知必須在土葬或火葬後七天內，交給負責出生、死亡和婚姻登記的戶籍登記官；這通常是禮儀師負責的工作之一。澳洲別的省份或是其他國家也有類似的要求。

對禮儀師來說，處理這類書面文件，是他們的例行工作之一，而且他們既有的行政系統會把死亡登記辦好。對悲傷的家屬來說，要辦同樣這件事可能會感到較艱難；最好的情況是覺得繁瑣，最壞的情況是會引起極大的悲痛。不過必須知道的是，你身為過世者的家屬，在法律上有權自行辦理死亡登記；親自去辦，也許能讓你的悲傷稍減。根據新南威爾斯省戶籍登記處的規定，你必須提供下列資料：

- 完整姓名
- 性別
- 出生日期與死亡日期
- 死亡地點
- 死者通訊地址
- 生前職業
- 婚姻細節：結婚地點、結婚時年紀與配偶全名
- 死者所有子女的名字與年紀
- 雙親全名，包括母親娘家的姓氏
- 喪葬細節

親近的家屬，如丈夫、妻子、父母親或成年子女，也需要拿到一份死亡登記證明，以辦理銀行帳戶終止、駕照註銷等事宜。

你也須通知過世者在世時的往來單位或機構，例如澳洲社會福利聯絡中心

（Centrelink）、退伍軍人協會、居家照護單位、到府送餐單位、公眾受託人、遺囑執行人、稅務局、醫療保險部門，私人健康基金、選舉管理委員會、保險公司、住宅管理局、人壽保險公司、養老基金、汽車監理站、銀行和房屋協會等。

幸運的話，你曾陪伴的那位親人過世前，就已將所需文件整理好，以便聯繫。若是這樣，你處理起來會輕鬆些。

還需注意的是，澳洲稅務局有一份身故者遺產清單，這會關係到課稅問題。

遺囑認證

當一個人死亡後，便失去一切法律權利。「遺囑認證書」會賦予遺囑執行人管理遺產的必要權力與義務。西澳的公眾受託人對遺囑認證書做了一個清楚的定義：

> 遺囑認證是在最高法院為身故者提出、並登記其最後遺願的程序。當一個人去世，必須有人處理他們的遺產。
>
> 通常由遺囑執行人管理遺產，及處置身故者的資產與債務。為取得此工作的執行權限，他們通常需要取得名為「遺囑認證書」的法律文件。

紐西蘭與澳洲都有承襲自英國模式的遺囑認證系統。雖然美國的司法使用不同術語陳述遺囑的財產分配，而且各州也有些微差異，但原則是相同的。

雖然這項工作通常由律師處理，但由你親自處理，不僅可省下一筆錢，而且根據曾親自處理的過來人所言，這是一種有助增強自信的經驗。不過，如果遺產包括多項複雜的資產，例如房地產、股票和投資，那麼最好還是交由經驗老道的遺產繼承律師來辦。

梅兒只有一個哥哥。她的母親桃樂絲沒有債務，並在遺囑中聲明她希望自己的遺產在減去幾筆開銷後，能平均分配給兩名子女。兩人都滿意這個安排。

「這相對簡單明瞭，而且我哥很為我們倆慶幸，因為幸好是我們親自去辦遺產認證。」梅兒說。

梅兒的丈夫蓋夫協助她辦理相關文件。他們倆很幸運，因為梅兒的媽媽曾開誠布公談過她的遺囑和心願，後來她在過世前兩年罹患了失智症，從此很多事都不記得了，比方說，她忘了自己有股票。

「她那麼做，讓我們免去很多傷心難過。我們已事先討論了後來根本無法討論的事，所以我很慶幸我們在還能討論的時候就談過了。」

「在她去世前，我們得以陪她一起整理了一份清單。她曾告訴我們她打算怎麼立遺囑，結果她當初提到的，也毫無意外都寫進了遺囑。關於她的股票投資組合與養老基金安排，她都早已和我們坦率的討論過，也把所有的財務紀錄集中放在一起，所以當她說她沒有債務，我們很容易就能查核。」

梅兒與蓋文住在新南威爾斯，所以他們遵照了新南威爾斯省最高法院網站 www.

supremecourt.justice.nsw.gov.au.的提示。

「最高法院的網站上並沒有標語寫著『停——先委任一位律師！』所以我們自己辦好了遺囑認證，也省下約五千八百澳幣的律師費。不過要提醒你的是，光填表格就得花掉你一整個星期。那些法律術語太難懂了！不過若你遵照網頁連結，依他們的指示填寫表格，他們的所有連結都會指引你正確的步驟。記得，所有文件副本都必須先經過認證，所以JP[2]會是你最常去找的人。

「的確，這有點令人生畏，不過藉由親自整個辦過，加上彼此討論，我們學到了許多。我們明瞭到為何事情應該以特定的方法處理。這增強了我們的自信，讓我們相信自己有能力處理這件事。」

---

1 譯註：cellular communication，指細胞與細胞間的訊息傳遞。

2 譯註：Justice of the Peace，即太平紳士。在澳洲，社會各階層人士皆可自行向法務局申請擔任此義務職；其職責是義務為求助者見證文件或見證簽名，通常他們會小心核對文件影本是否跟正本相符，若符合，就會在影本上簽名蓋章，使其具有法律效力。

Chapter 06

非預期的死亡

The unexpected death

人類發展出許多技巧，尤其在社交方面，以在非預期的死亡發生時有所幫助。

「朱利安騎機車出車禍，人在塔姆沃斯（Tamworth）醫院。」我父親以一種正式又急促的語氣說道；那是他在宣布重要消息時才會用的方式，而他在說的是我弟弟。

「哦？知道詳細狀況嗎？」

「不太曉得。有人剛打電話來，說他的一條腿斷成兩截。女孩們一直哭，我沒辦法安慰她們。」

朱利安十四歲的獨生女克萊兒，在學校放假時，跟她的一個同校好友住在我爸家。我很驚慌。如果朱利安在鄉下道路把腿撞斷成兩截，這可糟了，非常糟。因為澳洲的幅員如此廣大，股動脈出血可能會讓傷者在救援抵達前死亡。我打電話到塔姆沃斯醫院。

命運的轉折就是這麼奇特，朱利安的妻子瑪麗是急重症護理師，剛好在朱利安被送去的急診室工作。她讓她的一位護理師朋友跟我通話。

「情況有多嚴重？」我問。

「很嚴重。他騎著機車進小鎮時，在舊溫頓路

（Old Winton Road）被一輛車從側面撞上。」那位護理師說。

「他受了哪些傷？」

她快速報出一連串骨頭斷裂與內臟破裂的創傷。當她提到氣胸，也就是肺部被刺破，我聽到一個彷彿來自我身後的模糊聲音問，「他能撐到明天早上嗎？」接著我才意識到那是我的聲音。

我原以為她會斥責我太誇張，但她說，「我們覺得恐怕不能。」

我們覺得恐怕不能。

於是一個突發的非預期死亡，開始了我全家一段痛苦至深的歷程，令你不禁懷疑是否有天能平復。

有關當局在死亡事件發生時的職責

發生非預期的死亡事件時，死因裁判官會介入調查。這類死亡有時很突然、令人費解，另外有些可能是暴力導致，所以警方與救護車常會比死因裁判官先到現場。

死因裁判官的職責，是調查特定的死亡事件，釐清死者身分、死亡時間和地點、屍體狀況與死因。在一些案子中，死因調查（即死因裁判官的死因鑑定）後的下一步是研訊，但不一定都會到這一步。

研訊是一種法庭聽審會，由被指定調查死者屍體狀況和死因的死因裁判官主持。這時候，參與這個案子的不只有死因裁判官，還會傳喚證人，而且證人可能不得不提供證據。死因裁判官不可以判定誰是犯罪者，但如果他們開始認定存在犯罪行為，便會停止研訊，將案子送交公訴檢察官，由檢察官決定是否對某人提起公訴，以供法官審理或陪審團庭審。

死因裁判官也會調查火災和爆炸的起因。

死因裁判官的職責之一是提出疑問：我們該如何避免可事先預防的死亡發生？在澳洲，每年有近兩萬人死亡，當中有百分之十二會通報死因裁判官。紐西蘭每年則有五千七百件會通報死因裁判官。雖然大多數死因是說得通的，但有些則否。

若遇到醫生不願開死亡證明的狀況，那麼這個案件就會轉給死因裁判官。當死因可疑，而且有人——可能是醫生——認定有必要上報有關當局，就會通報警方或直接通報死因裁判官。但在現實狀況中，大多數這類死亡案件會是由警方交給死因裁判官。

死因裁判官也有權力指引警方進行命案調查。一般來說，會由員警將案件交給死因裁判官，接著死因裁判官會找法醫病理學家進行解剖，然後死因裁判官會參酌警方和法醫的報告，以決定是否應該召開研訊來審查案件。

交通事故死亡往往會通報給死因裁判官，因為它屬於突發或非預期的死亡，而且通常可能是某個人觸犯刑責導致交通事故，有必要對其進行調查。

交通事故死亡也有可能是其他因素造成，需要細查，以便讓系統能夠有所改善，例如交通運輸系統或醫院體系。

新南威爾斯省的前死因裁判官休・迪倫（Hugh Dillon）說，研訊可以對人們具有重大價值，因為家屬能透過研訊，得知死者為何及如何死亡的更多解釋。迪倫正在推動新南威爾斯死因鑑定系統的改革，並認為改革的辦法之一，是成立獨立的死因裁判庭。

「新南威爾斯省正因為沒有死因裁判庭，在澳洲和國際間都像局外人。我們的系統僅隸屬於地方法院。」迪倫指出。

這點造成的問題之一，是在雪梨市工作、富經驗的全職死因裁判官的技能，跟地方治安法官的經驗之間，存在極大的落差。「正因如此，全省各地的執法標準與品質，都有明顯的差異。」

研訊的另一個目的，是探究能否採取什麼措施，以預防未來再發生人命損失。有關當局提出的問題包括：

- 醫院體系、飛航安全、或道路系統，是否已在死者生前提供他或她應得的服務？
- 死亡事件的發生，是否因為哪些事項未落實或出錯？
- 可採取哪些措施，以防在類似情況下再發生死亡事件？

遇到特定狀況時，死因裁判官可能會下令驗屍。

就迪倫的經驗而言，「死因裁判官會接到通報，說醫院發生令人不解的死亡事件，尤其當事關在醫院死亡的兒童或母親。」

他舉了一個例子：一名患有末期腎衰竭的婦女，在某大教學醫院接受必要的輸血和洗腎後過世。家屬們不明白死因，於是請求死因裁判官調查這個案件，死因裁判官同意了，即便並非強制性的。

基於她所患疾病的性質，這名婦女需要接受輸血與持續洗腎的很多治療。洗腎時，須將血液從靜脈打到透析機，再把透析過的血液輸回靜脈。這名婦女身上很多部位都做過靜脈瘻管。當找到下個扎針位置，穿刺針周遭的組織卻變得很軟，並開始流血。

儘管加護病房護理師每二十分鐘就檢查她的狀況，但她很快就大量失血，出現嚴重休克後死亡。

在研訊過程中，主治醫生解釋了實際發生狀況的細節，這才發現沒人告訴家屬當時發生什麼狀況，提供給家屬的訊息也很少。

在研訊庭上，治療這名婦女的腎臟專科醫生對事件的來龍去脈，做了詳盡的說明。

「家屬一聽過解釋，便理解多了，尤其是聽到醫生說，『很抱歉，我們沒能挽回你們母親的性命。我知道這令你們心碎，但我們真的竭盡全力去做了，而且分秒必爭。』之後，他們在庭外跟醫生交談，接受了他們母親死亡的事實並離去。

「我將死因鑑定系統視為我們社會所具備的一種尊重人命的方式。」迪倫說。「研訊可以替人們提供極大的精神淨化與助益。不過我認為，說死因裁判官與研訊能讓人們覺得整件事終於落幕，是錯誤的。你會蠻常聽到這種說法，但並沒有任何事因此而改變。

「不過它可以給予某些人一定程度的安慰，因為研訊為一些問題提供了該有的解答。但我也認為人們由此真正獲得的好處，是他們的關切得到了重視。

「除了讓人們看到自己所愛之人的性命，無論在世時或死後都受到珍視之外，我們能做的不多。很重要的是，不只是你，還有整個群體，都在乎這條人命，我們全都在乎每一個人的性命。」

我多麼希望，在我弟弟出車禍過世時，他的生命價值也得到這樣的重視。

有一些案件，例如朱利安的死亡車禍，死因裁判官和研訊一概免除。這是法院的特權；由於已聽取針對駕駛的指控，因此治安法官撤銷了研訊。

我事後打電話詢問，一名法院登記官解釋，就法律上的優先順序，刑案排在第一位。

「重複進行會浪費法院的時間與資源。若先處理涉及犯罪的案件，那麼決定不召開研訊是很常見的。」他補充說。

他解釋，這可節省開支並減少參與者的壓力，例如我的弟媳與她悲痛的家人。

「可是我想聽聽駕駛怎麼回答這個問題，『你認為這場車禍為什麼發生？』」我不滿的說。

登記官仍保持冷靜。他大概已經習慣這類指責，也發展出一套客服策略來因應。

「你可以寫封信給死因裁判官。這類案件中大約有百分之二會得到審查，最後的確會召開研訊。」

但當時我心頭的負擔已經太沉重。我不想對那名十七歲駕駛窮追猛打，直到她崩潰。人生太短了，不只對她，對我也是。我也知道若召開研訊，我想提出的程序異議只會更多。

最終我還是接受事實，但那已是幾年以後的事。當時的我已陷入絕望。不過想到一名死因裁判官提出的改善建議，多少讓人感到振奮，例如他提到或許將交通號誌重設成連貫同步、危險區設置護柱、改善船舶的安全裝備、確立送藥系統、或老年安養機構應提供更妥善的照護。

自二〇〇九年起，新南威爾斯的所有機關，只要收到死因裁判官的建議，就有法律義務做出回覆，告知願意接受建議，或提出不接受建議的理由。

澳洲也有一個國家死因鑑定資料系統（National Coronial Information System），核對全國的死因鑑定案件，這樣某一省的進展，別省也能得知。

若有人在警方的執法行動中喪生，例如警車追逐等，那麼召開研訊就是強制性的。拘留期間死亡的所有案件也必須召開研訊。

謀殺

收視率很高的澳洲廣播公司（ABC）電視節目《七點半（7.30）》主播蕾伊・莎莉

絲（Leigh Sales），在她的著作《平凡的一天（Any Ordinary Day）》中指出：

> 值得注意的是，凡是發生恐怖攻擊、大規模死亡事故或其他重大新聞的當天，收看《七點半》節目的觀眾幾乎可以肯定會比平日多。重大災害似乎會讓收視率飆升。當災難發生在別人身上時，人們似乎反常但難以抗拒的被它吸引，同時在自己的日常生活中，又竭盡所能地保護自己不被命運的這些毒鏢射中。

確實如此。我們不都記得自己也曾這樣嗎？

值得慶幸的是，我們大多數人離謀殺之類的暴力刑案最接近的時刻，大概就是觀看莎莉絲在電視節目中談論，或是觀賞這類好萊塢電影時。對那些曾親身經歷的人來說，那是截然不同的。除了他們的人生出現不可逆的改變，每當他們回想起那個事件，還得再度經歷悲痛與深深的創傷，並且會不斷重複，至少在一開始時，而之後很可能還會持續頗長一段時間。

許多年前，我在為一位朋友的孩子準備生日派對時，接到我母親的電話。她說，「別擔心，我很好。」

為什麼要跟我說她很好？那時是週六下午，她在一座購物商場。幾分鐘前，我才聽到廣播報導，在「雪梨西部的郊區」發生了一件殺人慘案，七人被殺害、六人受傷。

就如往常一樣，我以為那是在很遙遠的地方，但其實那座商場就位在我從小長大的郊區，而我母親是在買蛋糕時被困在裡頭。蛋糕店的老闆拉下了防盜鐵捲門，所以她安全無虞，但她不得不聽著其他驚恐的購物者拍打著鐵捲門，哀求讓他們進去。

不久後，另一個朋友的十六歲女兒打電話給我。她的媽媽到購物商場買禮物給我們的男孩壽星。「我們聯絡不到媽媽。」海倫說。

她的媽媽被槍手挾持為人質，幸好之後他放了她。當他扣下已揮舞幾小時的那把槍的扳機時，他殺的是自己，而非我的朋友。生日派對也取消了。

那天早上我才買了一面漂亮的壁鏡，但我再也無法看著它，於是我趁學校下一次的園遊會將它捐出去。就算現在，每當我想起那面鏡子都會反胃。過去我常帶我的三個孩子去逛那座購物商場。要是遇到那個槍手，我會怎麼保護我的三個孩子？那次以後，我就很少去，最多只有幾次朋友跟我約在那裡，我才會去喝個咖啡，但我還是打從心底避開那個地方。

即使我跟那樁槍擊案之間有著三度分隔（three degrees of separation）[1]的距離，但我還是被影響了。當時的人質在所有人都拋開過去、往前邁進後，依然持續很長一段時間深受煎熬。如果我想起鏡子就反胃，那麼若當時我媽媽被殺害，我又會有什麼反應？這似乎難以想像，但不得不經歷這類事件的人和他們所承受的一切，跟電影裡演的天差地別。絕大多數人不太會碰上非預期的突發死亡事件，況且這類死亡本身就夠可怕了。

將暴力死亡的數據加入背景來分析，是不錯的做法。全澳（Cover Australia）是一家保險公司；他們的業務需要收集發生各類事件可能性的精確數據，當中也包括命案。

根據二〇一四年全澳保險公司的報告——網路上也可找到——二〇一〇到二〇一二年間因外部因素致死，也就是非因患病致死，前三名為：

- 事故致死——五千八百六十七人
- 故意自殘——兩千五百廿二人
- 攻擊致死——兩百一十六人

這份報告也顯示，澳洲兇殺命案最主要的三個死因，為利器刺傷（一百八十七人死亡）、毆傷（一百廿五人死亡）、槍傷（六十九人死亡）。這些死因的排序與美國相反，因為在美國，槍枝的取得較容易。

澳洲的這些被害者中，有百分之三十年齡介於卅五至四十九歲間，百分之廿一為廿五到卅四歲。而犯案者有百分之八十五是男性。

這顯示，儘管跟電視上看到的不一樣，但在現實中我們更可能死於自己造成的意外，而非被侵入家宅之類的人殺害。而我們死於自殺的可能性則介於兩者之間。

全澳保險公司也表示，二〇一〇到二〇一二年間，澳洲總共發生兩百四十三起謀殺案。（這個數字之所以跟攻擊致死的兩百一十六人不符，是因為致死手法，而且有些攻擊致死案件未被歸類為謀殺案。）其中一些案件，同時有一人以上遇害，因此在這些案件中喪生的總人數是五百一十一人。

所以數字還算低，多少令人安心。儘管如此，謀殺案確實會發生，而愛著被害者的人們得活在餘波的影響下。有些命案一直沒找到行兇者，因此警方仍會不時聯絡被害者家屬，但這會讓家屬產生錯誤的期待，以為會有更多關於案情的深入見解，但始終沒有等到。誰是兇手的問題依舊沒有解答。而且當案件吸引大眾的關注，就會加重家屬的焦慮不安。

被害者家屬安妮塔・寇比（Anita Cobby）與伊寶妮・辛普森（Ebony Simpson）在一九九三年初次見面後，便明瞭她們希望結合起來，一起幫助命案的其他被害者。於是藉由新南威爾斯法醫學研究所（the New South Wales Institute of Forensic Medicine）的支持，以及雪梨西南區衛生服務局（the South Western Sydney Area Health Service）至今仍持續的協助下，她們成立了命案受害者援助小組（Homicide Victims' Support Group）。

有兩個反應出現——迫切渴望協助他人，以及希望帶來政治方面的改革，如此命案被害者便不必再經歷被司法系統折磨的創傷。

案件在司法系統間往往返返，對活著的家屬來說仍是個考驗。安東・馮・維克（Anton van Wijk）在荷蘭做了一項檢視二十八名「同案被波及者」經歷的研究，並於二〇一六年發表。

他證實了先前的一項研究；這項研究發現，警方與司法機關拘泥形式的作業方式，可能會嚴重干擾同案被波及者的悲傷過程，所承受的心理與情緒問題也會變得更嚴重，並在刑案訴訟與宣判期間持續惡化。

這些發現毫不令人意外，不過這項引人深思的客觀研究，證實了我們的疑慮。此外，他還發現了同案被波及者有以下狀況：

- 他們的問題可能很嚴重並會持續很久。
- 跟其他類型犯罪案件的被害者相比，他們的心理問題較嚴重。
- 他們較容易受到延滯和複雜的悲傷影響。
- 他們罹患憂鬱症的風險較高。
- 他們會苦於嚴重的迷失自我，包括永久迷失未來的方向，以及出現「侵犯型重創」、覺得自己變了個人，失去掌控能力及赤子之心。
- 他們很可能常感到憤怒，不只是對犯罪者，也對整個世界。
- 他們會被腦中倏然重複出現的影像侵擾，常做惡夢，常有難以遏抑的氣憤與暴怒、恐懼，還會過度警覺與內疚。

近幾年來，民眾對命案的關注焦點出現些微的轉變。陌生人犯下的謀殺案的確還會發生，不過自家人犯下的謀殺案如今已開始用不同的觀點仔細檢視。它們的數量並未增加，只是比過去得到較多關注、討論與報導。

雖然近年來已有很多相關的長篇報告，不過我們不妨再回到全澳保險公司的報告，尋找為何發生這類案件的線索。從二〇一四年的五百一十一樁命案當中發現：

- 百分之卌九被歸類為家暴
- 百分之卅六是熟人所為
- 在家暴命案中，有百分之五十八是親密伴侶所為
- 百分之七十的謀殺案發生在家宅

這告訴我們一些令人不寒而慄、但眾所皆知的情形：無論電視劇和電影怎麼演，大部分謀殺案都是我們認識的人所為。但更糟的是，這些數據指出，家庭暴力最有可能最後升級為謀殺，如今這點正吸引更多的媒體關注。

蕾貝佳・普爾森（Rebecca Poulson）的外甥女梅莉與外甥巴斯，被她的妹婿、也就是這兩個孩子的父親殺害了。蕾貝佳的父親彼德也在奮力保護梅莉與巴斯時被殺。她的妹婿當場被警方開槍擊中後自戕，並在那天稍晚死亡。

蕾貝佳指出，就如她家發生的案件般，在澳洲有百分之八十五的兒童命案是父親或母親所為。

她並沒有像我一樣，因身為三度分隔被害者而想遠遠避開，反而產生更親近的情感。

「我感到心痛至極，很想知道他們**到底**是怎麼死的，這樣我就能分擔一些他們的痛

苦，並弄清楚他們死前遭受多少煎熬。」蕾貝佳解釋。

目前她與普爾森家庭基金會（Poulson Family Foundation）一起進行遊說，以助預防兒童命案的發生。這個基金會聚焦於改善警方對違反暴力禁制令的反應速度的訓練，還有對於已列高風險家庭之兒童的案件，負責處理的家庭暨社區服務部（FACS）社工人員應提升層級。

蕾貝佳最近為《雪梨晨鋒報》寫了一篇文章，內容針對先前在西澳發生的一起家暴命案；它跟蕾貝佳親人的遭遇類似。她在文中提出，案發後，大惑不解的當地社區居民多次形容犯案的那名父親是「一個好人」。

蕾貝佳希望看到這類思維有所改變——整個社區能更坦誠面對發生的一切，以及那名犯下家暴命案的兇手，即便他深陷於懊惱悔恨。

「這些命案的發生很少是突然到『令人震驚』，而是對家人長期控制與施虐模式的一部分，在最後發生致死『事件』之前，這個家庭的被害者和她的子女遭受的虐待與控制，就算沒到上千回，也有上百回。」蕾貝嘉說。

「幾乎往往都有高風險警訊。各種不同系統和機關，例如警方、家庭暨社區服務部、學校、或他人，最有可能已經警覺和知道那些婦女或孩童需要協助。

「這些命案是可以避免的，但政府、警方、社區、家庭暨社區服務部，還有其他人，都有必要共同配合，以增加經費，並改變根深蒂固的社會態度和觀念。」

當家暴預防運動倡導人蘿西・貝蒂（Rosie Batty）在澳洲全國記者俱樂部發表演說時，蕾貝佳也在現場，就坐在「天使之手（Angelhands）」受害者救助組織的創辦者安・歐尼爾（Ann O'Neill）身旁。「天使之手」是一個援助命案死者家屬的團體。安的兩名子女在一九九四年被她的分居丈夫殺害。案發後，她得忍受陌生人對她提出這樣的疑問，「妳對他做了什麼，才逼得他做出那種事？」

蕾貝佳為命案的同案被波及者提出建議，尤其是已吸引媒體關注的人。

「不妨聯繫命案受害者援助小組和警方聯絡官。他們會協調警方與媒體，而且在命案發生的幾小時內、正當你仍深受震驚與難以置信的衝擊之際，他們就會介入協助。」她說。

「命案受害者援助小組也會協助活下來的人引導媒體報導方向，以及跟媒體配合的方式。命案發生後，尤其若被害者是孩童，或是被害者超過一人，媒體會挖得很深、毫不留情。跟其他大多數死亡事件相比，謀殺案增加了另一種不同程度的悲傷。有人喪生時，感到震驚和哀痛很正常，接著警察來了，幾個小時內都待在我家，進行冗長又累人的訊問。

「接著，媒體開始在我家門口站崗，躲在車裡頭，趁我出門選墓地時跑出來試圖接近我。沒多久我就接到問東問西的電話，也有人跑到我家說要採訪我。有些節目假裝送花，等我一開門就要求採訪。他們還到喪禮現場，拍攝我跟我妹妹的照片。

「為了盡量減少這類狀況，再加上警方的建議，我們決定在案發兩天後發新聞稿，以及回應媒體的評論。所以正當我只想蜷起身子躲起來之際，卻不得不面對一大堆鎂光燈及媒體的錄影錄音。

「另一個直到你正在歷經才會去想的經驗是，走司法程序試圖伸張正義，或弄清楚命案為何會發生，竟對你造成二度傷害和徹底的惱火煩膩。」

因此蕾貝佳為跟她遭遇同樣狀況的人提供兩點建議：

- 尋求諮商：「在新南威爾斯，若你無法負擔費用，犯罪受害者司法委員會會提供免費的服務。若是命案，建議找命案受害者援助小組或從事類似工作的其他人所規劃的服務，因為這的確需要專家，而且某些諮商師的能力不足以處理這類型的犯罪。若你覺得你的諮商師讓你感到不自在，你可以要求更換，而不需解釋或提出理由。」
- 休假：「我的工作很棒，而且替我延長了喪假，所以我不必用到我的特休假。不過最好善用所有不同類型的休假，並將它們用在以下地方：跟支持你的朋友或家人們在一起、去接受諮商、在喪禮後休一個能讓自己放鬆的小假，例如去沒有太多外界訊息的海灘。我們在案發後的第一個聖誕節，就去了一個僻靜的農場，因為歡樂的購物中心和鋪天蓋地的宣傳廣告，實在讓人太難忍受。沒有電視、沒有商店，這樣最好。」

意外死亡

當我在弟弟遇到機車事故後，打聽他能否活下來，跟我講電話的那名護理師說，「我們覺得恐怕不能。」隨後，我和我姊姊塞西莉亞瘋狂飆車六小時，想趕到他身邊跟他道別，但太遲了。

在我弟弟被送上救護車時，他對妻子說的最後一句話是「我沒辦法呼吸。」她對他說的最後一句話是「別說話，專心呼吸。」

歷經急救團隊的全力挽救，幾個小時後，他去世了。

醫師的報告記錄他輸了好幾袋血。雖然急救團隊已盡快將血輸進他體內，但血一直流，從他每個破裂的器官湧出，積在諸如腹腔等腔室裡。

朱利安奮力跟死神拔河。在奮戰的同時，他時而清醒、時而昏迷，雖然他已盡量感受妻子對他的安慰，但他仍很害怕。

之後，不出所料，儘管他的心臟拚命跳動，但隨著血液大量積在破裂的胃、脾臟和肝臟外，所以他的血壓依然往下掉。他在晚上快十一點時心跳停止。他的醫生在晚上十一點零三分親手寫下「願他安息」。結束了，一切就這樣劃上句點。直到此刻我才知道，原來古時候由這幾個字組成的一句話，歷經數世紀至今，仍在使用。

現在回頭來看，想到當時醫生們放下他們的職務，寫下了這句宗教禱詞，即使只是片刻，卻令我感到安慰。

接下來的十幾天，我們全家在悲傷的籠罩下窩在一起。我離開朱利安家農舍的兩次旅程，都有如離開了互相依靠的陰暗狼窩，走進刺眼的明亮光線中。

在我的記憶中，事情的發生不像串珠似的有清楚的時間順序，不像我母親去世的經過，而是像樹上結的水果般隨機成簇。

這一回，我無法整理我的思緒，無法把字連成完整的句子，無法找到一支筆，就算找到，也找不到原本想拿來寫字的紙。這一切努力都太累人了。我腦中只有三個字：朱利安。當我閉上眼睛，它在那裡，就像從機車引擎噴出的縷縷青煙。若我睜開眼，它就在我耳裡一遍遍吟誦著，就像朱利安那棟被長長的黃綠色牧草圍繞的農舍附近的蟬鳴聲般。

不僅是我，有多少人的人生都因這件事永遠改變了，而且他的妻子與年少的子女花了好多年才走出來。

令人難過的是，朱利安在二〇一二年的過世，僅是同樣造成悲慘衝擊的眾多意外喪生案件之一。

二〇一一到二〇一二年間，澳洲有一萬一千一百九十二人因外傷致死。在二〇一七年有一萬兩千人，即死亡總人數的百分之八是外傷致死。以澳洲來說，每年的外傷致死案件中，有很多是因為交通事故。在朱利安過世那年有一千三百件，在二〇一七年則有一千兩百廿五件。

當然，陸上發生的交通事故，並不是意外致死發生的唯一地點。根據澳洲皇家救援組織（Royal Life Saving Australia）提出的《二〇一八年全國溺水意外報告》，二〇一七年七月到二〇一八年六月共有兩百四十九人溺斃，其中命喪河流與其他內陸水道的人最多。

意外致死的其他死因或許看起來沒那麼顯著；它們在二〇一一年的分類如下：

- 七百一十五人因滑倒、絆倒或摔倒致死
- 五十八人因跌下床致死
- 廿六人因跌下椅子致死
- 卅四人因從梯子跌下致死
- 五十九人噎死

非預期死亡，尤其是意外喪生，對死者周遭的人造成的衝擊，比自然死亡更大，但可能不如謀殺那麼強烈，不過依然很痛苦。心理學家對它有一個專屬名稱，即創傷性喪慟。心理學家們了解，跟親人為自然死亡的家屬相比，非預期死亡的死者家屬的悲傷感受會更強烈，也持續更久。這些家屬與親友還容易出現其他憂慮情緒：

- 難以接受事件的發生
- 覺得自己對事件的發生有責任並感到內疚

・質疑自己的宗教信仰
・擔憂死者生前遭受痛苦
・憂心家人或摯愛的某個人也會遭遇不測

嬰兒猝死與兒童死亡

我們多常聽到有人說，白髮人送黑髮人有悖天理？在所有喪慟當中，最難承受的就是這一種，不過還是有不少人不得不面對這種狀況，即使醫療與救生技術已如此進步。

大約三十年前，西方各國便已知道嬰兒猝死症（SIDS）。當嬰兒在搖籃或嬰兒床睡著後，就再也沒醒過來，這類死亡便會被歸類為嬰兒猝死症。如今它已改成更精確的名稱，「嬰兒突發性非預期猝死（Sudden Unexpected Death in Infants，SUDI）」；它是一個含括更廣的類型，而嬰兒猝死症屬於嬰兒突發性非預期猝死當中的一種。

然而紐西蘭進行的一項研究顯示，各國在嬰兒突發性非預期猝死的定義有不少差異。

幸好澳洲統計局（Australian Bureau of Statistics）提出的數據顯示，自一九九〇年起，嬰兒突發性非預期猝死的人數便大幅下降，維多利亞省的事件數量更下降了百分之八十四之多。紐西蘭和英國的報告也發現同一時期的數量減少。這可能有一部分歸功於社區衛教方案倡導安全的做法，例如讓嬰兒仰睡、使用無兜帽或無袖的嬰兒安全睡袋、並確保嬰兒床內沒有柔軟的填充玩具等。

儘管採取了這些預防措施，嬰兒突發性非預期猝死仍會發生。而降低風險因子的衛教推廣成功，卻同時也加深了失去愛兒的那些父母的悲痛和內疚。

遇到嬰兒突發性非預期猝死的父母，可以向醫生，包括自己的家醫科醫生，或是社工、悲傷諮商師等求助。但當喪禮結束，震驚悲傷的親友和鄰居們都回到各自的日常生活，家裡只剩下痛失愛兒的父母時，就會是最需要親人與朋友支持與理解的時候。

當兒童過世

有「嘎嘎醫生（Dr. Quack）」之稱的露・波拉德（Lou Pollard），在雪梨的熊屋兒童醫院（Bear Cottage）為臨終兒童提供安寧關懷。這家醫院位於雪梨郊區的曼利（Manly），是專為提供喘息服務與安寧療護而創設的照護中心。

她如同受過專門訓練、前來熊屋醫院探訪的其他小丑醫師[2]一樣，陪伴過許多只剩幾星期可活的兒童；對他們的家長來說，知道自己的孩子在去世前與家人共享了珍貴的歡樂時光，也是一種慰藉。

兒童也能對死亡具有深刻的見解；在他們表達自己的想法時，會是給予他們安心和撫慰的好時機。有時他們跟別人會比跟自己的父母在一起時，更能夠坦誠訴說，因為他們有時會怕惹父母傷心。

「有個七歲小孩請我做角色扮演。他父母離開房間後，他要我躺在另一張病床上，假裝我死了，正躺在棺材裡。我不可以笑，因為我已經死了。」

遇到剛失去孩子的父母，我們能做什麼？該說什麼才妥當？有時我們會怕說「錯」話，所以什麼也沒說。沒人想被誤認為冷漠無情或麻木不仁，但許多痛失愛兒的父母親都曾遇過他人的親切寬和中，夾雜著震驚與失望的反應。

有時，一個擁抱是表達同情的最佳方式。一位著名的精神科醫生建議，「若你不知道該說什麼，那是因為不需要說出口。」

有時，最大的阻礙是我們怕在孩子過世後再見到那對父母時，會沒辦法控制自己的情緒和眼淚。這會導致人們避免碰到他們。儘管這些哀傷的父母迷失在自己的世界到一個程度，但他們的確會注意到哪些人在迴避他們，而那些人以前原本不會。這有一部分是因為深陷悲傷的人常會較情緒化，而且近乎過於敏感。

我的看法是，若你沒辦法控制自己完全不掉淚，也不算是最糟糕的。比較糟糕的是你刻意缺席。雖然沒人真能了解他們正經歷的一切，但他們能感受到你的感同身受，只要你能有足夠的自制力，確保見面時不會反過來變成他們得來關切和安撫你的情緒。（在這類情況下，痛失愛兒的父母承受的壓力之一，是得去安撫和寬慰別人，即使他們才是遭受喪慟的人。）

建議最好避免的是對他們說，「我懂你的感受。」即使你有過類似經驗，但你真的確定跟他們的感受是完全一樣嗎？或許比較明智的是少用絕對肯定的講法，而改說，「我想我大概知道你的感受。」

在說過世的孩子「已經在一個更好的地方」時，最好審慎斟酌。對方是否有宗教信仰？若有，問問他們是否相信這點，而不要把它講得像一件事實。即便出於好意，這樣的說法還是可能讓人排拒。就算是信仰很虔誠的人，也寧可自己的孩子還活著。不過若他們自己說孩子已經在一個更好的地方，那麼這個講法可能符合他們的心意。在不違反你的價值觀的情形下，你可以在他們表達這個想法時表示支持，鼓勵他們跟你談談為何這麼想。

說「我很遺憾」是可行的。

無論你說什麼，還是稍有可能對方會不領情。不過說錯話的風險並沒有想像中的大，況且也不會比只被人記得你什麼都沒說還要糟。如果你輕柔平緩的起頭，而且隨時準備趁恰當的接話時機推進談話，這樣你冒的風險就值得了。

多年前因嬰兒猝死症失去孩子的一位父親說，「以下是我的個人看法：最好保留空間讓悲痛的人說話。換句話說，傾聽會比跟對方說任何話都更有價值。我們怕陷入沉默，所以常會靠說話來填滿空白，如此反而常讓對方停嘴不說。」

澳洲的自然死亡禮儀中心創辦者贊妮絲・維拉朵（Zenith Virago）提醒我們，在現代，年幼孩童死亡相對來說很稀少，感覺彷彿聞所未聞，但它在古早以前一直很常見。她建議一種根本的做法，來培養對遭逢喪慟的父母的同理心。

「每天，一天一次就好，在你喝杯咖啡或茶的時候，思索和想像若你遇到自己的孩子過世會是如何。」她建議。「剛開始你只要想一會兒就好。然後等到你開始能夠懷著這個思緒坐著，時間就可以拉長，直到喝完那杯茶或咖啡。如果你有辦法做到這點，而且若你被找去協助有此遭遇的親人或鄰居，你就會準備得更周全，能夠陪伴他們走過這段歷程。這個訓練或許有助你別期待自己能讓狀況變得較不艱苦。」

如果你是常會跟對方見面的親近朋友，那麼你面對的會是稍微不同的一些問題。其中最主要的問題，是在遭遇喪慟的父母們準備好之前，提供支持的朋友和親人到了某個時刻會想繼續朝未來邁進，或者是認定遭遇喪慟的父母應該放下，繼續過自己的人生。親友會擔心喪子父母的悲傷開始出現負面影響。這種概念出自於西方社會文化、但如今受到質疑的一種認定，就是悲傷該有一定的期限。

有個麻煩的問題是，人們不再問起哀痛的父母近況如何，同時假定他們的悲傷期限已經「到了」。

友誼走樣了。有些人無法應對喪子父母的悲傷。如果你不想成為轉身走開的那個人，或許可以在初期較少跟他們聯繫或見面，接著再出現，過了更長時間後就持續固定出現。

我所說的「出現」，是指像偶爾打打電話之類簡單的事。你以前常會打電話跟這對父母聊天嗎？如果是，那就照做。如果不是，他們也不會希望你突然跟他們很親近。態度要一致。倘若他們開始談起過世的孩子，盡量別把話題引開。盡量別讓他們覺得有必要為自己、或是為他們想談談孩子的需求辯解，以免增添他們的傷痛。他們也許會常想提起他們過世孩子的名字，或敘述他們家的往事。這樣無妨。

瑪麗的小女嬰在三十多年前去世了，自此她的人生全變了樣。從那天起，每當她試著和她母親談起自己的女兒，她母親總會改變話題。這樣的反應，為她成年後的生活留下什麼？挫敗的母女關係及喪子之痛。

有時，當我們身邊有人因失去孩子而承受痛苦，我們無法提供解方。為他們提供支持最不易出錯的方法，應該是對這個打擊十分坦誠的表示，「我真的不曉得該說什麼。我只能想像你正承受些什麼，但我知道我不可能完全了解。不過我會在這裡陪著你。」

通常，我們並不需要說太多。只要你在他們準備好之前別轉身走開，就足以傳達我們的支持和同情。

我們也需留意，悲痛可能會與憤怒混在一起，而且憤怒有時會發洩在錯誤的對象身上。

若對方的悲傷會讓你感到害怕——怕你此時對於那個過世的孩子了解得「太多」，而死亡也許以後不知怎麼的會「傳染」到你的孩子，除此之外，你還得面對對方很不合理的拿你發洩怨氣——有時可能很難堅定不移的陪在他們身邊。

但你在此時能夠給予的支持，將會被需要它的人珍惜。

死產

我們直覺認為，出生與死亡分別處於一段人生的前後兩端。但當如此預期顛倒過來，往往會讓人驚駭莫名。胎兒未及出生就死亡，總是令人難以接受。但不變的是，對於直接面對如此徹底失去的人會遭受多大衝擊，仍理解得太少。對當父母的以及他們的親人來說，破碎的不只是希望與夢想，還有他們逐漸轉換的身分。從確知懷孕的那刻起，女性便開始揣摩即將當媽媽的念頭，而孕婦的母親也會開始將自己的身分定位調整成準外婆。家中的男性也會出現類似的角色轉換。

當胎兒在子宮中死亡，所有這些已做身分轉換的人，不只為失去孩子而傷心，也為失去新身分而難過。就漫不經心的旁觀者看來，他們的生活並沒有什麼改變，但事實遠非如此。他們正準備換成新的身分，而那個新生命將帶領他們轉換成功。

外人可能很難理解發生在他們身上的兩個重大轉變；首先是即將成為爸爸媽媽，接下來卻是陷入悲傷、哀悼、和絕望。就算是幾乎每天都會在通勤火車上遇見這名年輕婦女的人，也看不出她有什麼不同。有些外人會妄下評斷，認為反正沒生下來，就不算是失去一個生命。

如果情況發生在第二胎或其後的懷胎，那麼心理方面遭遇的問題會稍有不同，因為已經身為人母。然而遇到這個情況的許多媽媽表示，她們會被這種冷淡的回應傷到：「噢，別放在心上，至少你已經有一個小孩了。」

對於已有一個孩子卻失去這個孩子的母親來說，一個孩子的生命並不能用來彌補失去的另一個生命。

基於這三十到五十年間的重大改變，現在普遍認為，刻意淡化母親的遭遇，對這個家庭的傷痛是非常糟糕的回應方式。最先認知到這點的是婦產科。

若你的婦產科醫生和護理師似乎對你失去胎兒漠然以對，這是不能容許的。雖然很難在當下改變他們的態度，但記得，當今醫院的問責制度都有投訴的管道。這表示若你覺得他們對待你的態度或方式讓你難以接受，無論原因為何，你都有權投訴，你的投訴也應得到尊重，並且醫院方面也應告知他們對此事的處理措施。

幸好許多婦產科與他們的醫護人員，都會以理解與感同身受的態度，來應對死胎與早產夭折。

艾洛絲很開心她的女兒崔西懷孕，也非常期待寶寶的誕生。然而，因為併發症持續了幾星期，崔西不得不住進醫院觀察。遺憾的是，崔西在懷孕第十八週就破水了。

這代表崔西即將進入產程，若不立刻生產，那麼就要再過三週或四週。在懷孕十八週，若讓胎兒出來還太早，難以存活，但要定義為流產又太晚。崔西問醫護人員，如果能多留四週，週數不就長到符合早產的定義？他們難道沒辦法把它留到那個週數以上嗎？但醫生解釋，即使這時胎兒還活著，但能夠保護胎兒、並給予它移動和成長空間的羊水已流失，於是胎兒受到擠壓，使得它無法正常發育。雖然醫生沒有明說，但已足以推斷胎兒正在受苦，除非做處置，否則它還會繼續受折磨。醫生給了崔西兩個選擇，一是等流產在下個月的某個時刻自然發生，二是終止妊娠。如果她選擇後者，就會引產。由於胎兒的組織與身體結構還很脆弱，無法熬過引產過程強大的子宮收縮力道，因此會在過程中死亡。如果崔西選擇剖腹，胎兒的肺部與身體也還未發育好，無法存活下來。

不幸的是，孕期到了這個階段，已不可能做子宮內膜刮除術來終止妊娠了。這位年輕的準媽媽必須熬過引產，也知道結束後不會帶著一個活著的嬰孩回家。在極少數狀況裡，在這個階段生下來的一些胎兒會存活一小段時間，因而增添父母的傷痛。

如果崔西等到自然流產，她可能會出現併發症，因為到那時候胎兒已死亡，隨著胎兒身體分解，就可能在崔西體內引發感染。她決定接受醫院方面的建議做引產。

醫院了解崔西需要心理支持，以及這狀況可能對她造成的長期影響，因此安排崔西到產房做引產，將她視為一位懷著新生命的產婦。這樣一個重要的認可，也許有助她度過悲傷的過程。

護理人員都受過訓練，明瞭如何照料遭遇如此不幸的年輕母親——她不僅經歷首次生產，並承受所有情緒起伏和生理挑戰，還得準備埋葬那個胎兒。

通常，產婦的另一半會陪她經歷生產過程，但由於崔西失去了她的伴侶，所以提供支持的責任就落到崔西的母親身上。醫院允許她在崔西引產的前後，日夜陪在崔西身旁。崔西的姊妹白天也會來。她們在崔西設法接受令人傷悲的消息和做決定時，一起掉了很多眼淚，但也一起逗笑彼此。理解悲傷的年輕媽媽對人際互動的需求，這樣的認知相對較新，也極有價值。

醫護人員跟崔西解釋她的孩子看起來會很小，有半透明且色調很深的皮膚，因此崔西在看到時沒有感到震驚。當胎兒被引產出來，崔西用她為孩子選的名字喚它並跟它說話。醫院安排崔西與她的媽媽住在母嬰套房，並容許她想陪孩子多久就多久。她的孩子被包裹在嬰兒包巾裡，跟全家人拍了合照——證實崔西生了一個寶寶。

引產的兩天後，崔西已準備好讓寶寶接受解剖，院方便邀請崔西與她的家人一起讓寶寶安息。醫院為此準備了一個特別的房間，妝點得跟任何家庭的育嬰室一樣漂亮，還備有一個精美的搖籃。崔西將孩子放在搖籃裡，旁邊放著一隻泰迪熊和她寫的一封信，然後和她的家人們做了最後的道別。

崔西成為產婦和母親，以及不得不埋葬親生寶寶的這段經歷，參與其中的每個人不僅尊重看待，而且讓它變得真實。

接著是告別式。透過告別式的儀式，這家人能夠以莊嚴的形式，來彰顯及表達他們對這個小生命的尊重，並得以專注面對自己的悲傷，但同時也提供了一個著力點，讓他們可以由此繼續前進。

他們舉行了告別式，接著火化，並在一星期後，將骨灰撒在種植開花灌木做為標示的一塊地。

加拿大、英國、西澳、新南威爾斯與義大利在每年十月十五日，會舉行紀念儀式與燭光守夜，悼念未及出生和早夭的嬰孩。如今崔西的家人也參與這個活動。若想知道更多詳情，可至網站www.sands.org.au.。

終止妊娠

雖然可以做終止妊娠，而且必須做的原因各有不同，但無論基於什麼因素決定如此，終止妊娠可能會是造成準媽媽、準爸爸或其他人傷痛的主要原因。遭遇這種情況的父母所承受的悲傷，都應該得到尊重。

自殺

我熟識的一家人不斷自問，「為什麼？」他們疼惜的媳婦自殺了，使得親近她的每個人都悲痛欲絕。家裡沒人明白她為何這麼做。每個人都在回想跟她的最後對話，嘗試尋找線索，但沒有一件事嚴重到讓她非得這麼做。

跟她最親近的人感到憤怒。要承認自己內心很憤怒並不容易，但這是一種悲憤夾雜的極強烈情緒。他們憤怒，是因為沒有一個人曾有意傷害她，然而現在所有人這輩子都得背負各式各樣沉重的情緒重擔。

若你想幫助某個遭遇至親自殺的人，別怕提到那個人死亡的事實，也別怕開口問問你能幫什麼忙。最重要的是讓活著的人知道他們並非孤立無援。

明瞭以下這點會對你有幫助，那就是活著的人可能會感到震驚、憤怒、困惑、內疚與絕望。他們的憤怒和內疚，很可能會比非屬自殺死亡者的家屬所感受到的更強烈。

若要對承受自殺事件後續影響的家屬提供心理支持，最好記得，他們也會面對一般大眾給他們貼標籤、或是擔心被貼標籤的狀況。這點會增添他們的焦慮與悲痛。

在自殘的人當中，女性多於男性，但在澳洲、英國與紐西蘭，自殺的比例為男性高於女性。

在這個概括說法中，有些族群特別容易試圖自殺。但須記得的是，當我們明瞭任何人都有可能容易冒出自殺的念頭——從年邁婦女和年輕人，到光鮮亮麗、看起來似乎什麼都不缺的人等很多族群——那麼哪些人自殺可能性較高的統計，就幾乎無關緊要了。

儘管如此，有這類狀況的人較容易自殺：

- 罹患精神疾病，例如思覺失調症
- 曾嘗試自殺
- 有情緒失調問題（即情緒有時起伏很大）
- 有藥物濫用問題
- 可輕易取得如槍枝等致命器械

預防自殺的方法包括：

- 有心理諮商與治療的管道
- 保持跟他人、親屬、社區與社會單位的聯繫
- 擁有生活技能
- 擁有健全的自信，並且有目標或知道自我的人生意義
- 擁有不苟同自殺的文化、宗教或個人信念

預防自殺的方式，主要在於無論你年紀為何，都應確保自己有珍愛的人事物、有想做的事、對未來有期待。

我們全都有軟弱的時候，確是事實，然而在自殺議題上，有些特定族群需要我們更加關注和照應。

因為社會的汙名化，女同志、男同志、雙性戀、跨性別者與雙性人，普遍比其他族群遭遇較多心理方面的問題，出現自殺意圖的風險也較高。儘管現在對性取向的態度較開放，也有所認知，而且一些國家也容許同性婚姻。

「損害心理健康的這些後果，跟因身為ＬＧＢＴＩ[3]而遭汙名化、偏見、歧視與霸凌，有直接的關聯。」澳洲全國ＬＧＢＴＩ健康聯盟表示。

紐西蘭的ＬＧＢＴＩ社群最近指責紐西蘭統計局的二〇一八年人口普查，對性取向和

性傾向的提問未盡妥善周延，不足以探問出關於他們社群的準確資訊。若能蒐集到較準確的資訊，就會對LGBTI社群的心理壓力、抑鬱和自殺率等，有重要的深入了解。

退伍軍人也是自殺風險較高的族群。在年齡標準化[4]後發現，二〇〇二年到二〇一六年的退伍軍人自殺率，比全澳洲的男性明顯高出百分之十八。就退伍軍人來說，自殺風險高，跟年紀較輕、非自願退伍、服役時間短、以及未達軍官階級有關連。

當有人自殺，活著的親人歷經的感受，有時會被稱為「悲傷剝奪（disenfranchised grief）」。與自殺者親近的那些人，常覺得無法公開自己的感受、不能談論它，也常擔憂周遭人們的反應，因為自殺是禁忌；他們的悲傷無法得到認可。

「他們遭遇的喪慟無法獲得公開的認可，不能公然哀悼，或得到他人的關心與協助。」澳洲悲傷及喪慟中心（Australian Centre for Grief and Bereavement）執行長克里斯托弗・霍爾（Christopher Hall）解釋。

我個人得知的三個新近案例，自殺者都沒有留下遺書，因此也得不到解釋。其中的兩個自殺案例，是在跟家人發生小口角後，但事情沒有嚴重到不得不用自殺來做回應。另一例的自殺者看似什麼都不缺，在她的社交圈裡也是眾人羨慕的對象。三個案例中的兩例有可能的解釋；家屬在回想時仔細推敲，認為也許有更深的問題存在。不過這三個案例都沒有任何線索顯示自殺者生前曾計劃、甚或考慮自殺，而且每一個案例的自殺者，生前舉止都毫無跡象可循。

被他們撇下的子女、丈夫、妻子與父母，背負著沉重的困惑與內疚。「為什麼」這個問題，在哀悼期過了很久以後，仍會糾纏及折磨他們。

這每一個案例，若能有機會在他們生前再多聊一次，結果是否就會不一樣？致力處理各種心理健康問題的澳洲非營利組織「憂鬱防治協會（Beyond Blue）」表示，答案是肯定的。

住在澳洲惡名遠播的自殺熱點南岬（The Gap）附近多年的唐・李奇（Don Ritchie），將這個辦法付諸實行。在他於二〇一二年過世前，他靠著傾聽及聊天，成功阻止了一百六十個人跳崖自盡。

近年來，澳洲媒體不得不面對如何（或是否）在新聞報導中描述自殺事件的質疑。如果我們在媒體上談論自殺，真的會讓自殺率提高嗎？有些人認為，這跟其他領域的健康議題不同；社會大眾的討論會使問題變得更嚴重，而非改善。這個擔憂的根據，是一九九五年一項針對澳洲報紙與其他媒體報導的研究；它顯示，每當有自殺事件的報導，男性的自殺率便會增加，而且自殺發生的高峰，會出現在報導首次刊出或播出後的第三天。而其他研究已顯示，如果報導將自殺描述成白白浪費一個生命，並強調自殺糟糕的一面，而非美化它，自殺率便會降低。因此，現今的媒體報導都遵循嚴格的守則，例如不提自殺手法的細節，而且必會附上預防自殺的協助專線電話號碼。

但這又留給我們一個社會問題，就是這樣的措施，反而增添了自殺的神祕感。我們是否會因為看不到，就理所當然的漠視，因而停止發展更務實的方法，來解決這個心理健康問題？況且如果我們不開誠布公的討論自殺，是否代表我們就難以探究自殺發生的原因？

「自殺模仿」是一種相對較新的概念。這個理論認為，跟自殺事件曾有接觸的人較可能自殺。這裡指的接觸，並非從媒體得知自殺事件，而是指自殺者可能是那人認識的人、親友、或是家人。

澳洲的「希望之翼（Wings of Hope）」組織表示，每年自殺導致的死亡人數，高於交通事故的死亡人數，而且每一樁自殺事件，都會對八個或八個以上的人造成衝擊。

「已顯示直接和間接接觸自殺行為之後，會增加自殺高風險族群的自殺行為發生，尤其是年輕人與青少年。」美國衛生暨公共服務部（Department of Health and Human Services）說明。

社群媒體的使用，使得這個問題變得更嚴重。社群媒體是不斷變動和直接影響的，而且缺乏「良知」，還能快速的大幅散布訊息，尤其在青少年族群間。他們就如所有人一樣，很容易受到自殺事件的影響，但也特別容易因遭受網路霸凌而削弱他們的自信。

美國衛生暨公共服務部建議，為預防「自殺模仿」的發生，若往來密切的一群親朋好友當中有人自殺，那麼就應該對這群人做自殺風險評估。

男性自殺率相當高。澳洲的廣播名人葛斯・沃蘭德（Gus Worland）在二〇一七年製作了一齣名為《像個漢子（Man Up）》的電視系列節目，作為他對一位好友自殺的回應。沃蘭德對澳洲男性的自殺人數表示震驚，並問，「十五到四十四歲澳洲男性死因排名第一位的是自殺。為什麼大家都不知道？」

莫蘭德的採訪對象之一是約翰・哈伯（John Harper）；哈伯痛切陳明節省勞力的科技，使得現今農場雇用的工人較少，而他們也更少會跟農場的其他人配合。很久以前，農場會有六個工人在圍場裡一起工作，休息時間也待在一起。這讓他們有個談談各自問題的時機，就算是湊巧也好。但如今農場工人單獨一個人勞動，只能獨自煩惱自己的問題。他們一般都會隨身帶著槍，打死綿羊與無法繼續工作的牧羊犬。

「當你覺得自己一文不值時，就不是碰巧抽籤抽中舉槍打死自己的爛籤那碼子事了。」哈伯說。

自殺事件的實際數量，很可能多過死因裁判官通報的數字，因為死因可能是自殺的案件，被歸類到意外死亡，例如用藥過量、自駕車禍、墜樓、墜崖、或溺水。

有個持續出現在自殺事件中的模式，是自殺者生前遇到一連串問題，他們在為此苦惱的同時，又感到孤立無援。毫無疑問的，孤獨感在它以自殺行為做表現，還有因它而導致健康不佳與障礙時，都足以致命。

有更多的研究凸顯出目前自殺被認為是男性長者的致命主因。也有人質疑，是否有可能以前被認定為意外的一些男性長者死亡事件，其實是自殺導致。

討論自殺問題時，無可避免會提到「理性自殺」的說法；它常用來指一些自殺者，無論有沒有明顯的心理健康問題，決意自殺都被視為對其本身狀況，如頑固性精神疾病或身體疾病的一種理性應對方式。

就我個人而言，我無法苟同這個論點，因為如果贊同，就等於認同我們無法靠結合我們一切資源（智識、科學、心理保健與資金），來解決這個社會面臨的問題。但除非最後一塊錢、最後一個對策和解決之道，都已用在讓生活變得更美好的艱鉅挑戰上，否則我都會認為做得還不夠。

所以，當我讀到那篇文章——在網路上很容易搜尋到——提出老年人有權為解決他們個人問題而選擇自殺，讀來真是讓我不寒而慄。

1　譯註：原為「六度分隔」理論，認為世上任兩個互不相識的人，只需要透過六個中間人就能建立起聯繫，但現在據信已縮短到只需三個，故稱三度分隔。

2　譯註：clown doctor，又稱醫院小丑，有些國家的衛生保健單位設有這項方案，目的是讓受過專門培訓的小丑到醫院探訪，以幽默逗趣的方式來改善病人的情緒。

3　譯註：指女同性戀者（lesbian）、男同性戀者（gay）雙性戀者（bisexual）、跨性別者（trans）與雙性人（intersex）。

4　譯註：年齡標準化是一種技術，用於在人群的年齡分布差異很大時，對人群進行比較和分析。

Chapter 07

道別

Saying goodbye

我們學習如何道別。我們拋開浮語虛詞，說出真誠的告別——於是我們捨棄和重新運用，有時是重返舊俗，有時是離棄它。

告別的新觀念

規劃告別式——在你成為被人懷念的逝者之前，由你來做——這個領域近年來在觀念上已出現重大轉變，而且還會有更多改變出現。隨著人們跨出傳統模式，便有了創新。當然，若你不想採用舊方式，那麼告訴家人你想要的到底是何種「新」方式，將會對他們有幫助。

創新無所不在，即使是、或說尤其是告別式與葬禮。現在告別式和葬禮有很多項目，或許你會想從中選擇，而且也比過去有更多可能的選項。

傳統方式——老式且溫馨

在探究新方式之前，且讓我們先看看舊方式。古老的文化習俗或許能為我們提供、甚至直接告訴我們有用的東西。關於死亡，我們要學的太多，或者，我們需要重新探究？

在維多利亞時代，人們對死亡的態度非常不同。當時的人對死亡的著迷跟我們對性的程度差不多。他們會把死者放在前廳，也就是起居室（parlour），在那裡做入殮和葬禮準備；這些事都是在自己家裡處理。今日仍可從殯儀館（funeral parlour）這個名稱看出其中的關連。

他們對死亡是如此癡迷，因此當照相技術剛發明出來時，便被用來捕捉死者的形象，對當時還很笨重的照相器材而言，是很理想的拍照對象，因為他們不會動。人們還會訂製內鑲他們至愛逝者指甲的悼念戒指（mourning ring），以及藏有逝者一綹頭髮的盒式墜飾。婦女會自豪的穿上黑色喪服，用那個時代一種不言而喻的準則昭告天下——如果她們的行為有些古怪，都是悲傷造成的。

不過隨著告別式遺照的出現，我們的社會開始避免看到幾乎一切與死亡有關的東西。我們脫下了喪服，重新賦予起居室更好的用途，而隨著時間過去，我們逐漸省略了與死亡相關的很多儀式。

不過維多利亞時代喪葬儀式的一些習俗仍沿襲下來。比方說，以往經常不讓孩童參加葬禮，直到最近幾年才有所改變。今日很多人認為，不讓孩童參加會有不良影響。

克莉絲汀七歲時，她的父親弗萊德去世；她永遠忘不了這件事。有一種在她父親逝世很久後被放大的情緒是憤怒——不是因為弗萊德的去世，而是因為她被蒙在鼓裡。

「直到五十多年後我母親也去世，我才有辦法多少慢慢去解決我承擔的那一切。隨著媽媽的棺材緩緩放進同一個墓穴，跟我父親葬在一起時，我才終於能夠說，『現在我向你，還有爸，說再見。』」

目前克莉絲汀從事冥想教學課程。她家中牆上掛著她朋友畫的一幅美麗的曼陀羅；畫中的曼陀羅周遭，圍繞著奇特的外國文字。在我看來，那些字純為裝飾，但克莉絲汀懂得那個語言，而那些字是在描述愛。它們傳達了一個個人理念，而克莉絲汀以前常用來克服自己過去那些年承受的傷痛。

「那時我哥哥十歲，在教堂當輔祭，也在爸爸的安魂彌撒負責同樣工作。但當時我在學校操場玩。我記得那天我往外看，同時跟一塊玩耍的女生們說，『嘿，那邊的一群人看起來好像我的親戚。』她們回答我，『來吧，克莉絲汀，我們去籬笆後面玩。』

「人們出於善意，認為我還太小，沒辦法面對這件事。所以他們吩咐女生們分散我的注意力。他們告訴我爸爸去度假了，所以我以為他回去我出生的新幾內亞。」

克莉絲汀一直等她的父親收假回家，但又奇怪爸爸為何什麼都沒說就出門了。

「他們不相信孩子的韌性。但他們這麼做，對我的傷害多過好處。」

另一些人也談過被排除在外的類似經歷。之所以不讓孩童參與，是基於認定他們應免於悲傷的觀念，而且就算年幼的孩子已經知道真相，大人們也還是堅信不應該讓他們把絲毫注意力放在成人的哀悼儀式上。

五十多、六十多甚至七十多歲的中老年人，哭著告訴我，他們在小時候被否定了悲傷的權利。

但廣泛的講，現在很多人說我們早已擺脫維多利亞時代的儀式與癡迷，整個社會的態度和做法，也遠遠偏離那個時代的方向。伊麗莎白・庫伯勒・羅斯在一九六〇年代便是率先提出如此論點的人之一。

到了一九七九年，評論者觀察到，當代文化已從認為死亡是神聖的，轉為世俗、非關宗教的，因此我們的文化開始「崇拜」新與年輕，看輕年老。他們認為脫離宗教觀點的「世俗化」和否定死亡是攜手並進的。

探討我們的「集體自戀」（collective narcissism）[1]」概念的小說創作中，便包括湯姆・沃爾夫（Tom Wolfe）的《虛榮的篝火（The Bonfire of the Vanities）》。

我們西方文化對死亡的否定是目前受到廣泛討論的主題。

「幾乎所有人都這樣。」擔任學生輔導員的瑪格麗特・麥克哈格（Margaret McHarg）這麼說；她對人類學特別有興趣。她看到否定死亡的文化，在她的學生處於悲痛時造成多大影響。她認為，他們特別易於受它的負面衝擊所影響，因為死亡對現在的青少年來說，是極大的震驚。而另一個不同但有關連的問題是，他們無法從老年人那裡得到多少撫慰。她認為一部分是因為我們的文化不重視老年人的智慧，也不懂得從中獲得慰藉。

她認為凡是重視老年人的風俗文化，對下一個階段——她稱之為「祖先階段」，即死後世界——也就是死亡和永遠逝去，比較不會感到恐懼。

她指出，數世紀以來在大多數文化中，一個人的靈性存在或死後世界，遠比現世人生更重要，這點一直到近代才轉變。

「在現今的文化中，我們不想承認死亡的存在，是因為我們太物質主義了，也就是說我們只在乎物質生活。而且因為極度的個人主義，我們花太多時間瘋狂追求成就、讓自己忙碌。

「人生意義的核心是個人，而非群體或家庭，因此我想你也不會產生那種體悟，就如澳洲原住民與太平洋島民所認為的，『我死後將長存在我周遭人們的心中』，所以也就助長了對死亡的否定。」

不過經過重新改造的唯靈論，正出現復甦的跡象。有意思的事正在發生，這或許代表我們的文化正逐漸擺脫之前對死亡的否定。

現代社會的許多文化或人民，已找到保留古老儀式的方法，並覺得那些儀式讓他們感到撫慰和深深的療癒。他們更堅定的保留它們，而非拋棄。愛爾蘭裔澳洲人馬丁，以及兼有蘇格蘭與毛利族血統的紐西蘭人湯瑪斯（Thomas），便是兩個例子。他們過著很現代化的生活，儘管如此，或說正因如此，兩人都相當重視他們古老的文化傳統。

依愛爾蘭的傳統，當某個人過世，親人們會圍坐在死者身旁三天，直到葬禮那天。親人坐在前廳陪著過世者，鄰人則在第一夜或第二夜輪流守在過世者旁，因此曾在過世者生前照料、或曾在臨終時守夜的親人，便能稍睡一會兒。這個習俗保存到今日，轉化成總有人坐在過世者身旁的做法。馬丁告訴我，這個習俗是源自聖經——人們守著耶穌基督的屍身，直到祂在第三天復活。

圍坐在過世者旁的愛爾蘭友人至少會有兩三個，以互相陪伴，度過漫漫長夜。沒有人會失禮到坐在他人身旁——無論是死者還是親友鄰居——卻沒邀人共享一瓶上好的愛爾蘭威士忌。這樣的愛爾蘭式守靈，會如此持續到死者下葬為止。

馬丁之前回愛爾蘭參加他父親的葬禮。「我爸過世後，安葬前還停靈家中，感覺上比過去那類場合常有的氣氛還拘謹許多。

「做完防腐處理後，我們在家中他生前常待著看電視的前廳做小殮，然後將他放入棺材，但棺蓋開著，所以任何人都能過來致意。朋友、家人與鄰居陸續出現，我的表哥馬丁神父也前來唸禱詞。

「雖然我爸住在都柏林，但他曾在羅斯康芒（Roscommon）與高威（Galway）交界處買了一塊地，鄰近他出生與成長的地方。」

羅斯康芒葬儀社的社長在當地經營好幾項生意，包括加油站。他開靈車過來接大體，馬丁家族的好幾個親人開車列隊跟在他的車後，一路到羅斯康芒。

「我們在韋斯特米斯郡（County Westmeath）一個名叫莫特（Moate）的小鎮暫停，到一家酒吧餐廳吃午飯。

「葬儀社社長在廣場把靈車停好後，來跟我們一起用餐。我姊說，『這樣的話，爸爸怎麼辦？』我們異口同聲地說，『不管他在哪裡，都會好好的。』

「我的堂哥和他的兒子們事先挖好了墓穴。他們並不是做掘墓這行，不過愛爾蘭的傳統是由親人來挖墓穴。圍著墓穴禱告後，我們做了一件非常愛爾蘭風的事——棺材放進墓穴後，由參加葬禮的每個人將土剷進去。所有人都拿起鏟子，一鏟一鏟的將所有泥土剷回墓穴，並壓平壓實。儀式就這樣結束，沒花多久時間，頂多十分鐘。當我們把他放進墓穴，蓋上泥土並輕輕拍平，能幫助你感覺到一切劃下句點。」

這同樣是舊觀念恢復的另一跡象，並讓人想起猶太葬禮儀式中，送葬者也會輪流將土剷到棺材上。

馬丁說，因為教會對戀童癖神父的處理方式，讓人們對教會的指望逐漸破滅，因此愛爾蘭的傳統天主教儀式在近幾年大多已經轉變。「對宗教、甚至對葬禮的態度正快速改變，尤其在大城市。」

傳統的毛利族告別式稱為「tangihanga」，人們會為此聚在一起，舉行好幾天的儀式和祭典，通常會持續一星期，不過在現代可能會壓縮到三天。毛利族的告別式不僅撫慰活著的人，也讓他們得以表露悲傷的情緒，同時向死者致敬。

從過世到下葬，都有人待在大體旁。親人會聚在毛利人的傳統集會所「marae」，大體旁圍繞著過世者的直系家屬。哀悼者會在karanga這種特殊頌禱的吟唱聲中到達現場；karanga是為了召喚過世者的靈魂，由受過這種技藝訓練的女性吟頌。召喚有時會從家屬傳給賓客接唱，再傳給其他哀悼者，然後再輪回家屬吟唱。

「大多數毛利部落主要的公訂守則，是將大體的腳抬起來先跨進門，就像他或她還在世一樣。」湯瑪斯說。

「來致哀的每一群人或每一個人，都必須跟所有活著的人致意，先從過世者的親屬開始。接著他們會站在棺材的末端，跟所有人大致敘述關於過世者的有趣往事。

「告別式都會以一首waiata做為結束；它是扶助死者前去死後世界的一首歌謠或一首聖歌。我們離開墓地一定都會洗手，以洗去晦氣。」

在過去，毛利族的哀悼者會花一星期的時間，聚在一起唱歌、敘述往事、與過世者道別，不過有些傳統習俗是直系家屬不可說話。

在下葬的前一天，哀悼者會參加一場特殊的宴席。在經歷了那麼強烈的情緒宣洩後，人們便能拋開傷痛，很快調適過來。

「我們在那段期間盡情的表露悲傷，但也得到很大程度的療癒。這是非常強烈的情緒釋放，但同時獲得心靈上的更新。你離開時，會覺得自己像是參與了一場真正激勵人心的慶典。」湯瑪斯說。

尊重你的文化傳承很重要；雪梨大學博物館與遺產研究所學者麥特・波爾（Matt Poll）如此表示。

他指出，讓各族群能依自己的喪葬儀式去做，已被視為一種基本人權。這正是如今澳洲博物館致力歸還澳洲原住民遺骸的主要原因。

「無論那些人在多久以前過世，看到一個族群建立起尊重他們先人遺骨的自信，可以說是看到他們的成長。」麥特說。

對於澳洲最早住民的文化遺產，非原住民的澳洲人仍有太多需要學習。或許有天，我們將成為這樣一個國家：接納「較新」影響最好的部分，並完美融合被那些至少承襲六萬年的精神傳統所啟發的事物。這是一個強大又吸引人的概念。

來自西澳金伯利（Kimberley）地區、身為「傳統守護者（Nyikina Warrwa）」的安・波林那（Anne Poelina）博士，在她輔導澳洲原住民青年的工作中，面對死亡是日常的一部分。

「我大部分的工作，特別是為金伯利地區的原住民青年創造生存機會，以及提升他們生活下去的動力。他們是自殺風險最高的一群人，也被稱為『自我謀殺者』。殖民時期延續的衝擊具有很大破壞力，而且這些年輕人也幾乎沒什麼可以讓他們追求的希望。」她解釋。

「我對生與死的看法，是源自於我身為原住民的親身體驗，而且它們不是通用的原住民世界觀。不過我的確跟很多長老，也就是原住民部族的導師，分享其中一個看法，那就是我們必須要『把人們召到我們身邊』。把人們召到我們身邊，是我們的心理韌性、機智與靈性很重要的一部分。我們之所以為人，其中有一部分是透過培養出對人類及萬物的同理心——建立更偉大人性的一切關鍵要素，首先是自省，接著是憑藉他人的智慧。

「如果你是無畏的，那麼打從你出生那刻，就懂得把人們召到你身邊。這種無畏會帶你走過人生旅程，直到你準備好離世的那刻。我們都擁有心愛和具特殊意義的人，能讓我們召來幫助自己勇敢說出『等我們下次聚首時再見』。

「死亡確實是人生很重要的一部分，而且到了某個時刻，我們都將須到達這個命運終點。

「我相信，當某個人過世，他並沒有離開我們，他會持續與我們交流。我仍會跟已過世的一些重要人物的生命能量說話，而且我感覺得到、也相信他們會跟我交流，向我顯示『預兆』，並到我的夢裡，就像他們的生命力還延續著。」

我們很多人都相信應該記著過世的人。在一些文化的習俗中，依然保留隆重的紀念儀式。每年一到萬靈節（All Souls' Day）——後來逐漸演變成現在的萬聖節——墨西哥人會在小祭壇擺放骨頭形的麵包與糖做的骷髏頭等供品，以紀念過世者，並且阻隔對死亡的焦慮。然而身為母親的墨西哥婦女瑪麗亞指出，我們不能只因人們從這些儀式的進行當中獲得安慰，就認定他們不再承受失去至親至愛的傷痛。瑪麗亞的兒子在四個月大時死於嬰兒猝死症，即使多年過後，她仍為此感到悲傷。

澳洲人瑪莉亞的說法也很類似。她提到西西里人的喪葬方式。在葬禮結束後一個月，所有人會聚在一起做彌撒，一年後大家會再辦另一場彌撒。西西里婦女跟其他義大利人一樣，會依傳統從親人過世那天起，便穿著黑色喪服服喪。

「從一個人過世到下葬當天，無論總共是五天、六天還是七天，親屬與朋友都會陪著喪家。他們會幫忙煮飯、採購，每個夜晚都待著，有些還會在那裡過夜。」瑪莉亞說。

「葬禮前一晚會安排遺容瞻仰。這可以在葬儀社辦，或是將大體接到教堂。棺蓋會打開，讓人們可以前來瞻仰過世者。」

她知道有些移民社群會演變出自己的一套習俗；他們以為那些跟家鄉的做法一模一樣，但其實並不相同。

「義大利人剛移民來澳洲時，義大利是個很窮的國家，所以他們來到這裡以後，就會希望什麼都是最好的，因此他們希望大體保持完好。但在義大利，他們不一定都會這麼做；大體不會做防腐處理，而是直接下葬。不過這裡所有大體都會做防腐處理。所以在今天的澳洲，只要你去墓園，就會看到那些很大的拱頂墓室，而且現在住在澳洲的義大利人，傳統上都會要求大體做防腐。

「我們義大利老家的做法是，若遇到家人過世，就會穿上黑衣，而且一輩子要穿黑衣。這是你理應對過世者表達敬意的方式。澳洲人不懂這代表的意思，所以當我母親家的親友初次來澳洲，我母親的一位朋友總是穿著黑衣，結果我們的澳洲鄰居全都捐錢要替她買新衣服，因為他們以為她買不起。

「不過我不穿黑衣，因為我母親以前總是告訴我，『你要在一個人還活著的時候就尊敬他。光穿黑衣不能代表什麼。』我認為她說得對。」

新方式——輕快而激勵人心

有時我們會將舊與新融合在一起，打造出進一步的做法。在現代，我們有更多途徑去接觸不同的想法，並擺脫嚴格的宗教傳統。我們擁有更多的自由，以各自的方式來表達自我。

來自新南威爾斯省肯伯拉港坦德葬儀合作社的艾咪・賽格（Amy Sagar），是一項社區運動的熱心擁護者；這個社區運動所倡導的，是讓人們重新取回自行規劃臨終和喪葬儀式的掌控權，為自己創造獨一無二的特別方式。她表示，對於想參與自己人生最後一個必經儀式的人來說，這會是一種充實又激勵人心的體驗。

「在工作了十年後，我逐漸產生一種感覺，就是規劃告別式的人所呈現出來的，是過世者生前如何過生活，內容多由家屬取決，但感覺上似乎偏離了告別式以及向過世者道別的正面態度。」她說。

你希望怎麼做，最終還是視你的個性與生活經歷而定。

有些人認為，他們不必替自己的告別式做任何規劃，畢竟那對他們沒多大差別，反正人都死了。話是沒錯，對你是完全不會有什麼差別，畢竟你沒辦法去親身體驗。不過若有一小部分是你自己規劃的，即便只是口頭指示，都會讓你的家人辦起來容易些。

我已經決定，我希望我的告別式用不著考慮得太周詳。

當然也許它不見得會跟我想像中的一模一樣，但我想我不會像已過世的美國電影製片諾拉・艾佛隆（Nora Ephron）一樣在意。她生前為自己規劃了一個「為諾拉相聚」的告別式，鉅細靡遺的安排了它過程的一切細節，寫好並放進一個她命名為「出口」的檔案夾。事後，前來致哀的一些悼念者表示，他們不確定自己參加的究竟是告別式，還是雞尾酒派對。

我的告別式目前才略有雛形。我不會假裝我全想好了，不過要點已經開始成形。只是眼下我因為孫子女們很快的接二連三出生，所以分心了。最近我在姪子的婚禮上，聽到身上那件我最愛的粉紅色絲質洋裝腋下裂開的聲音。我買下它時，是希望它能永遠保持完好，但它沒有。我太喜歡它了，不想把它丟掉。不過我打算在我的告別式規劃裡加入一項，就是希望那件洋裝跟我一起下葬。那是一件大衣式洋裝，因此有望可以很輕易裹住我。

我喜歡這個身穿心愛洋裝回歸塵土的想法，而且我正開始寫出其他要點。

雖然好幾代人都聽過《耶和華是我的牧者（The Lord Is My True Shepherd）》這首聖歌；它做為輓歌時，被唱得悲傷又了無生氣，但它的歌詞卻是你所聽過最喜悅與樂觀的。所以我寫下這個要點：我希望它演奏得很輕快，就像塞爾特的基格舞曲（jig），會讓每個人有種想起身跳舞的衝動。我把幾個要點放在標示著「我的告別式」的電腦檔案夾，裡面還列出我希望播放的其他歌曲，包括齊柏林飛船樂團（Led Zeppelin）的《通往天堂的階梯（Stairway to Heaven）》，還有另外幾首。

或許結果不會跟我想像的一樣，但若有機會讓每個人在告別式結束、離開會場時，臉上都掛著笑容，我絕對希望他們好好把握。如果我已經選好我中意的歌曲，那麼我的子女就用不著猜想哪些可能是我想要的。如果他們沒能辦到，或是當天不知怎麼的諸事不順，那麼他們也不會責怪彼此，而會一笑置之，並且把那天出的錯全算到我頭上，這正合我意。

就考慮最基本、最必要的實質問題

雖然我們一般大眾習慣的做法，是仰賴禮儀公司來安排告別式，但在澳洲，並沒有法律硬性規定一定要這麼做。若要自己操辦，就需要協調一切該辦的事項，將所有要素整合在一起；有禮儀公司的人協助通常會比較輕鬆，因為他們可以立即擔當起類似活動策劃者的角色。

有些人不希望告別式很刻板拘謹。史蒂夫與相伴三十年的伴侶格蕾絲決定，等她過世後，就在家裡辦個小型聚會，只有親近的親人參加就好。格蕾絲生病後不久，就在家中過世。告別式沒辦在教堂，也沒辦在社區活動中心。史蒂夫和格蕾絲的妹妹簡單說了幾句，接著在場的每個人便以飲一杯香檳來禮讚格蕾絲的一生。

「格蕾絲不想辦正式的告別式；她只希望被親近的親人與朋友圍繞，那就是她想要的。她不想勞師動眾，也不想要任何儀式，我們沒有信教信得很虔誠，所以那些都沒什麼必要。她列了一份清單，列出她希望邀請的人，他們也如她所願來了。我們在自己家裡辦了一個聚會，我起身說了一段獻給格蕾絲的悼詞，講到她的一生，還有她有多完美。做這件事對我很艱難，但我還是談起她真的是多棒的一個人。」

那時，格蕾絲的大體已經火化，火化時只有史蒂夫與他們倆的三個子女在場。

另一個例子是茱蒂。她決定在一間優雅的活動會場，舉辦下午茶形式的告別式，由她的家人與朋友來禮讚她的一生。她的大體在茶會前幾天先行火化，火化時只有她的兩名子女在場。所以告別式茶會上沒有大體，只有她的兒子提姆發表了一小段談話，向茱蒂表達敬意。

不過對某些人來說，一個沒有儀式的告別式，讓他們感到被剝奪了有助他們繼續前進的儀式。

儀式是一項重要的心理工具。近期的研究指出，各種文化都會使用儀式，甚至每個族群與文化都各有不同的儀式。

有些人憂心我們如今跟維多利亞時代分道揚鑣的做法，恐怕矯枉過正了。能給予我們稍長一點時間依戀、建立緩衝、並幫我們低調的提示他人我們還處於哀痛中的，就只剩下很少的哀悼儀式或準則，而普世通用的更少。

我們的做法已經改變。我們揚棄了太多喪葬儀式，不過有些人認為我們有必要稍微恢復一些儀式，就算不像維多利亞時代那麼隆重。

儀式幫助很多人轉換情緒，因為每個步驟都含有外在權威的象徵。也許是某個特定步驟或集會，有助於人們轉換情緒。對傳統天主教徒來說，或許是下葬之前，神父在祈禱儀式中為過世者祝福的那刻，也可能是安魂彌撒、葬禮與守靈的累積效應。

然而儀式不必然與宗教有關，也不一定要墨守成規到完全沒有想像空間。荷蘭的霍夫曼杜加迪（HofmanDujardin）建築事務所，設計了一間全新風格的殯儀館，設計概念是打造一個優美的空間（優美的定義是結合當代與「綠色生活」的新穎呈現）。館內其中一個空間，整個牆面都是過世者生前影片與照片的拼貼，還有一個空間有一個擺放靈柩的中央區域，可供人們舉行哀悼會，另一空間則是接待室。令人印象深刻的，與其說是它的空間設計，不如說是它完全擺脫常令人聯想到葬禮的一切陰沉和了無生氣。這間殯儀館美得令人驚嘆，設計得好極了。

澳洲、英國與紐西蘭雖仍以基督教的文化價值觀為主流，但這點以及對宗教的態度都正在改變。我們生活在一個多元社會，許多人也正重新思考宗教對自己的價值。

傳統葬禮的幾乎各個層面都受到質疑。

穆斯林（與猶太人）依舊遵從死後盡快下葬的傳統習俗；一開始會有這樣的習俗，是為因應他們生活地區極度炎熱的氣候，到現在還是有很多人希望繼續這樣做。但對別的族群來說，等一小段時間後再安葬，不但方便住在遙遠國家的親友趕來，也能給予那些跟過世者關係親密的人一點時間，在正式葬禮前慢慢接受失去至親至愛的事實。在氣候寒冷的地區，隆冬之際過世的人可能得要等到春天才能下葬，因為土壤都凍硬了。有位英國人告訴我，這個做法在他家鄉的小鎮很常見。另一些人提到這類延遲也有可能是遇到令人為難的狀況；如果家屬心裡是想讓過世者入土為安、讓自己繼續前進，但過程中出現他們無法掌控的狀況，使得他們覺得自己被困在哀傷中，就會出現難以安葬過世者的問題。

現在一般會等一段時間再辦葬禮。理由跟氣候無關，較可能是為了配合家屬心理與現實上的需求。由於較好、較迅捷的長途運輸，以及較便宜的機票，親人居住的地方分散得更遠。不過很多人仍希望參加葬禮，例如馬丁的愛爾蘭親人們得從三個不同國家趕回去。有些人希望能多點時間穩定自己的情緒，在葬禮面對親友和致哀者時才不至於失態。有些人在親人過世後，需要多達十天的時間。

最近有個澳洲家庭延後他們父親的葬禮，等其中一個兒子從早已安排好的海外旅行歸來。因此他不用縮短他一家亟需的這個假期，而他不在時還是得辦的事也都處理好了。

他的兄弟姐妹很滿意，沒人介意葬禮延後。因為這不僅代表他們可以全聚在一起埋葬他們的父親，每個人的心境也更平和。

喪葬禮儀師（funeral celebrants）會提供各種類型的喪葬儀式服務，從宗教類型到非宗教類型，而且在除教堂以外的其他場所也能舉辦。

棺材不一定必要，防腐藥物也可以免除。隨著對喪葬儀式的態度轉變，其他細節也有所改變。舉例來說，紐西蘭坎特伯雷（Canterbury）[2]的「奇異鳥棺材俱樂部」（Kiwi Coffin Club），它的會員便自己設計、製作、上漆和裝飾個人的棺材。

在俱樂部的工坊製作棺材，幾乎像是一種社交活動。這樣不但一點也不怪異，反而讓人們得以敞開心胸，跟年紀和想法相近的其他人討論自己的告別式和葬禮。會員會把他們裝飾得出色亮眼的棺木帶回去自己保管，直到派上用場時。

除了為會員提供比他們過去所知價格更實惠的另一種喪葬儀式外，俱樂部的活動，也讓會員對個人葬禮所需的要素，保有較多掌控感。

這種概念現在已傳播出去，連同受紐西蘭模式啟發的棺材俱樂部，正在澳洲與英國等全球各地紛紛出現。

你想要傳統的葬禮嗎？你希望躺在一個老式的雪松木棺材裡下葬嗎？提出這些問題曾被認為是失儀，或感覺上不適當，但今天已非如此。

除非遇到有公共衛生和安全顧慮的狀況，人們正重新思考安葬的方式，大多是基於環保。例如現在可買到大多以回收的白報紙製成的可回收棺材。這種棺材在英國與美國已上市近十年了。

現在很多人會選擇「環保」或被稱為「自然」的葬法，不必用到棺材與防腐藥劑，以減少下葬對環境造成的衝擊，特別是減少碳排放。

大體安葬時，通常一旁也會跟著種下一棵樹，這樣大體自然分解形成的養分，便可滋養這棵樹。不過我會擔心如果那棵樹後來死了，我的家人會大為緊張，所以我不會建議這麼做。不過現在有些公司正在開發能讓樹木在室內生長的容器，不但能將大體緊緊包在裡面，還附有感應器來幫助維持樹木的生長。

環保葬的場地是一種特別規劃的墓地，被稱為「自然殯葬園區」，園區會提供對自然環境干擾最少的安葬地點。澳洲的倡議團體「自然死亡倡議網絡」（Natural Death Advocacy Network），倡導的是擴大選擇自然死亡與環保葬的機會；它可為想要環保葬的人提供相關資訊。

這個團體也支持「由家人主導」的葬儀，換句話說，就是不請註冊的喪葬禮儀師來主持。而且他們會代表家屬跟墓園協調，並幫忙墓園做適合的安排。

事實上，在澳洲大多數地區，我們都可合法的親自處理大體在安葬和火化前的準備工作以及葬禮，不過大部分人都不曉得這點。

繼續過日子

我們至親的人生跟我們交織在一起，永遠成為我們的一部分。不論周遭的步調變得有多快，我們仍一直保有想對逝者表達敬意和愛意的強烈渴望。即使有些人質疑宗教扮演的角色，但我們在心靈上跟那些讓我們悲悼的人之間，仍有著切不斷的連結。

麥洛六十八歲時死於腦瘤。去世前的一段日子裡，他寫了一篇關於葉子的故事。

「我直到如今才真正接受他過世的事實。」麥洛的遺孀雪瑞說。「那段日子好忙，發生好多事，所以我一直不願去想。」

「問題是，他從來不承認他就快死了，就算提到，也只是隨口說說。他從沒做任何安排，也從不想談論之後該怎麼辦，就是想要什麼樣的告別式之類的。他從沒問我，『你會怎麼處理？你覺得你會怎麼做？』他從不想多談。

「有天我在找東西，結果在他書房的一個格子櫃裡發現一個文件夾，裡面有篇他手寫的故事，是關於一片葉子。他宣稱那是他以前當證券經紀分析師時，在辦公室裡寫的，但我不相信。我覺得其實是他坐在那張長沙發、看著外頭庭院的樹葉時寫的。」

雪瑞直到麥洛過世前一個月才讀那篇故事。裡頭寫到那片葉子隨著季節的改變，感到自己的表皮變乾，就快沒氣力撐在藤蔓上了。

「在那之前，我從沒想到這篇故事是在講他自己；他是這樣看自己的。後來是到了他一週年的忌日，我看到掛在枝頭的一片葉子拍打著窗子。外頭有點微風，但它始終不停飄動、輕拍著窗。我真不敢相信它竟有如此毅力。

「微風捲動著，就像你知道的那種小氣旋，所以那片葉子就像在其他樹葉間跳著舞，但別的葉子都沒在動。它就那樣在小小的微風中跳著自己的獨舞，而它周遭的其他樹葉都完全靜止，只有它在動。我直接就想到麥洛。

「我沒有任何精神信仰；我是個標準的無神論者。但當時我就想，那絕不只是一片葉子而已。這非常意味深長。」

我媽住在安養院期間，我們仍常跟她玩拼字接龍桌遊（Scrabble）[3]。我媽跟這個桌遊形成一段最長久的連結。即使她喪失其他一切認知能力，包括短期記憶及認出我們每個人的能力，但她依舊保有玩這個遊戲的技能，不但是個很有競爭力的玩家，還有辦法獲勝。

在安養院時，如果只有我們兩個玩，我就得面對誘惑。有天，我低頭看著我的字母牌，立刻注意到「E」和「D」這兩個字母。它們可以搭出完美的橋樑，下一步就能幫我贏得三倍分數。我看了一下小抄，裡頭沒有「ed」這個字。我查了字典；它旁邊的小句點，代表它只是個縮寫，而不是什麼深奧的古英文字。

我媽過去認得很多艱深冷僻的單字，厲害到能質疑大多數字典。於是我就像以前一樣問她，是否准許[4]我用這個單字。

她張大眼睛望著我，眼中充滿信任，對我說，「當然可以，你能用這個字。」

但我辦不到。我不能趁她腦力衰退就渾水摸魚。就算玩拼字遊戲時，是可以用吹牛、擺撲克臉之類的策略，但若不誠實，就失去遊戲的意義了。

然而我媽慢慢開始喪失字彙能力的那刻，還是來了。在遊戲過程中，她擺出「quean」這個字，當我質疑時，她把那個字改成了「quena」。我決定不禮讓她。

「我認為那不是一個單字。」我說。

她撤回了她的字母牌。

但才沒過多久，她就靠「zoo」這個字拿到二十四分。整場遊戲我們倆都全力比拼，最終我以三百零九分贏了她的兩百三十九分。她並沒有因為輸了而不開心，反而因為玩了一場富挑戰性的遊戲而精神絕佳。之後，她坐著拿起一本書來看——在那段期間，這景象可是難得一見。

我從沒真的期待能像雪瑞一樣，感受到我至愛之人的靈魂回到我身邊，無論是化成一隻鳥、一片葉子或一根羽毛。但接下來，類似的事真的發生在我身上。我拿起一份紐約時報，有篇關於流行樂與南美音樂交織混融的文章吸引了我的注意。

圖片說明寫著「quena」是南美洲的一種笛子。所以毫不意外，就像我們以前一起玩的每場拼字遊戲一樣，我媽終究是對的。「quena」確實是個單字。此刻我驀然領悟，她竟是透過文字，拼字遊戲的一個單字，回到我身邊。

「嗨，媽媽。」我不禁微笑著說。

---

1 譯註：在一九三〇年代，精神分析學家佛洛姆及社會學家阿多諾提出了「集體自戀」的概念，指人對其所屬組

織、宗教或國家等群體的優越性擁有過度的信心。

2 譯註：位於紐西蘭南島的一個行政區域，主要包含紐西蘭最大平原坎特伯雷平原和周圍的山地。

3 譯註：一種文字圖板桌遊。二或四名玩家使用一百個字母牌，在一塊十五見方的方格圖板上拼出單字後得分。單字需以填字遊戲的方式橫豎排出。圖版上有不同顏色的格子，參加者可從中獲得額外分數，一次出完手中的七個字母便可獲得額外五十分獎勵。

4 譯註：正式規則中，拼出的單字不得為縮寫。若想用這類單字得分，需先得到對手的允許。

Chapter 08

應對悲傷

Coping with grief

當悲傷來襲，我們須找出新的應對之道——為了其他人，也為了我們自己。

起初，要舉起一隻腳，踏到另一隻腳前方，似乎根本不可能做到。往前一步又後退了兩步，還比較可能。有時，我們的床似乎是最安全的避風港。但接著我們來到能夠把床鋪好、躺在上頭的階段。我們有了進展。

失去至親至愛後的生活

我母親度過綿長的一生，在可預期結果的情況下過世。雖然我很哀傷，但還是克服了。跟悲傷夾雜的，是內心覺得她不用再受苦，也堅信她在漫長人生快到終點之際，已深深感到心滿意足。這是她的一生在疾病與慢性疼痛的陰影籠罩之前最主要的一部分。八星期後，當朱利安因機車車禍喪生，我出現的情緒大不相同，其中有些是我完全沒預料到的。

不久後，我創造了一個新名詞，叫做我的「哀怒」。回顧當時，我領悟到自己把因朱里安的死而對他人產生的憤怒，全發到我丈夫身上。我也發現我很氣朱利安沒能撐過那關，但感覺上承認這點是個忌諱，於是我很不明智的遷怒別人。關於這點，我是從一本溫煦平和的小書《應對悲傷（Coping with Grief）》獲得寶貴的深入見解。這本討論悲傷的書已成為經典，是我的朋友貝克看出我的需求送給我的。

我在回顧時體認到，為承受喪慟的家屬提供支持有多重要，無論是正式的心理諮商，還是來自親朋好友。

想找喪慟支持團體，可透過各種管道，但當下正心煩意亂的珍卻發現，她最近參加的那個團體對她沒多大幫助。不知怎麼的，所有人說的話就是沒有一句說進她的心坎裡。

有時，困難在於找到恰當的時機介入。書寫悲傷的作家朵莉絲・札格丹斯基（**Doris Zagdanski**）在二〇一八年再版的《葬禮這時已結束（Now That the Funeral Is Over）》一書中指出這點。

「我們在葬禮結束後回到家裡，所有人的生活理應回到正軌，但情況經常不是如此。當葬禮的一切忙亂結束，悲傷的人們被留下來單獨面對自己時，才是他們通常需要最大支持的時候。」她寫道。

「我們該怎麼做，讓他們好過些？這對我們所有人都是個難題。」

墨爾本的斯普林維爾墓園（**Springvale Cemetery**）正設法提供因應之道。這個墓園的關懷與健康中心提供瑜珈、冥想、悲傷諮詢，以及關於遺囑和遺產規劃的座談會。

「在現今的生活型態中，我們已不再保留過去曾擁有的儀式、祭典和傳統，因此人們覺得失落，普遍都有孤立感。」這個中心的主管黛安娜・李（Dianne Lee）對澳洲廣播公司的《生命之重（Life Matters）》節目如是說。

很久以前我們會說，墓園是最不適合尋求支持與協助的地方，但那麼做現在看來或許挺有道理，因為我們會在那裡遇見與交談的人，會理解我們正經歷的悲傷有多深。

這不是信口開河，況且要承認悲傷，可能也很痛苦，但關於悲傷的新理論（或者是老生常談？）告訴我們，痛失至親是讓一個人成長的契機。在我弟弟朱利安意外過世後，我個人的悲傷歷程，讓我陷入非常陰暗的境地——哀痛、沮喪、無法工作，並開始質疑自己的婚姻，因為我惱怒我的丈夫在面對我悲傷時的處理方式，家人之間的關係也出現根本上的轉變。當中沒有一項會讓我希望或要求再體驗一次。但透過個人的傷痛，我被迫去學習、摒棄舊觀念、改變自己的思維，因而讓我能夠找到新的方式，去重新過日子。我找諮商師輔導，學習正念。我閱讀書籍，並認識一些我從前不會去來往的人。我以一種想不到的方式成長了。

我體認到自己的生命被一分為二：朱利安過世前，與朱利安過世後。在前半段的人生中，每當見到一個老人走在路上，我看到的是凋零、衰老與枯朽。但這些日子以來，每當我見到老年人，我都會自問，他們曾勇敢地承受了多少次喪慟。我好奇他們參加過多少朋友和親兄弟姐妹的葬禮。我從他們身上看到令人敬佩的堅強與力量。我看到的是戰士。他們學會了放手，以及從放手中繼續過自己的日子。他們明白什麼叫孑然一身。

智者告訴我們，這是從失去至親至愛當中得到的積極正向。詳細提出來看，悲傷帶來改變的原理是這樣的：

- 人生換條路走，能帶來機運。這些機運不是你過去以為自己將會獲得的。你正在體驗的這個「新」人生，在你遭遇喪慟打擊前也許不會出現，不過弔詭的是，它會感覺較真實。
- 更具同理心，讓你與他人的關係更親近。在遭遇喪慟的親身經驗之前，我們在想到某些人或某些類型的人時，會有一點自鳴得意。如今這種躊躇滿志消失了，取而代之的是謙遜。我們不像過去自以為的那麼需要那些光鮮亮麗、金錢財富、流行時尚。事實上，它們可能看起來很空洞。我們更珍視的是真實可靠。
- 我們更加體認到自己的內在力量——我將會熬過這關，我有能力熬過這關。
- 我們更珍惜人生。一旦我們經歷過諸如至親至愛出乎意料突然喪生之類的不幸事件，而被迫面臨人生的低潮，會讓我們更珍惜美好的時光。
- 可能會產生心靈的覺醒。這個意思不一定是「找到上帝」。對一些人來說，其實是失去上帝，而這可能是心靈成長的一種形式。有些人會認為，失去對上帝的浪漫想法，但得到更務實的觀點，是信仰成長的一部分。

當處於悲傷最嚴重的階段——尤其是如果突然遇到、或短時間內接連遇到幾名親友過世——可能會讓人很難相信人生將有否極泰來的一天。不過知道大多數人終將擺脫絕望，或許能帶來極大安慰。人生是會跟過去不同，但你將會好轉。

心理學家如今談到在一九九〇年代出現的一個概念，即「創傷後成長」。這是指你不僅從個人的喪慟恢復，並繼續自己的人生，同時也因為它，而經歷個人的成長。

創傷後成長可能包含創作元素。澳洲作家蓋兒・瓊斯（Gail Jones）說，一般常猜想人們寫作靠的是豐富的學識和充實的生活。「但我們寫作靠的是喪慟。」她有次在雪梨的作家節（Writers' Festival）活動上這麼說；她認為喪慟與悲傷更能觸發創造力。

牧師葛雷姆・隆（Graham Long）的兒子詹姆斯在二〇〇九年中風過世，年僅三十一歲。牧師以他充滿情感又不流俗的方式表示，不論悲傷讓你多低落，「美好的事物都會降臨在你身上。」這是他對基督教靈性概念的詮釋方式，即絕望與哀痛能帶來成長。

即使可能很難想像悲傷能在喪慟打擊後，就馬上開始漸漸減輕，但拒絕讓過往的喪慟界定自己是很重要的。就如德國思想家與作家埃克哈特・托爾（Eckhart Tolle）所言，「過去無法支配現在。」

作家暨北卡羅萊納大學心理學教授理查・泰德斯基（Richard Tedeschi）曾寫過很多有關克服悲傷的文章；據他所言，至少有百分之七十五的人，會在人生的某個階段經歷創傷，而當中的三分之一會從這個經驗得到成長。開放、樂觀與外向，是能確保我們獲得成長的三項人格特質。研究者目前正探討這些特質有多少是源自遺傳。

不過無論他們的結論為何，我們都能度過並恢復。若說人生將變得更美好稍嫌誇張，但說我們能夠從經驗中成長，應該很合理——即使是非常哀痛的經驗。

這個主旨呼應了現世與死後「重生」的主題；重生正是構成基督教信仰中希望的基礎。不過挑戰、探尋與重生的概念，對各種文化中寓言傳說的「寓意」，是不可或缺的，而且早在耶穌基督誕生前便很明顯。傑森與阿爾戈英雄（Jason and the Argonauts）[1]的故事與其他古希臘神話皆是範例。傑森前去冒險、試煉自己、遭受傷害，而後倖存並取得勝利。他戰勝了自己。那段千錘百煉的經歷所帶來的回饋，是對生命更深的體悟。

男性與悲傷

無法表露悲傷的人更容易產生憂鬱，男性尤其如此。我們的文化對男性的期待是堅忍、強壯、可以倚靠，而這可能會讓男性在遭遇子女過世時特別痛苦。前文提過的葛斯．沃蘭德，便在他的電視節目《像個漢子》中，將這種男子漢典型放大檢驗，並發現這當中是有問題的。

他認為，在許多文化中被男性投射出來的硬漢形象，讓男性容易壓抑自己的悲傷，不去尋求足夠的援助。他的結論是，一個男人哭出來也不打緊，這不代表他的男子氣概會有所減損，況且在遇到諸如好友自殺之類的打擊時，尋求他人的協助並非軟弱的表現，而是堅強。不過根深蒂固的思維與行為模式，可能會拖慢改變的速度。

當一個家庭遭遇不幸打擊時，當父親的經常被忽略。男性承受及表露悲傷的方式常跟女性不同。儘管我們社會的改變，意味著為人父者對子女教養方面的參與更多，也期待他們比過去表露更多情緒。

「我們一輩子都被提醒要堅強、要顧好家人、要有能力養家活口。」東尼在一場關於男性處理悲傷問題的論壇中解釋。

「我們從自己的父親身上和學校那裡學到這點。但結婚後我們的妻子卻要我們表達情緒，只不過得在適當的場合，在她們需要的某些時候，恰如其分的表露出來。一下子要我們轉換過來會非常困難。這跟我們以前學到和知道的截然不同。女性在對彼此敞開心胸這方面早已有多年經驗，但對我們來說卻難太多了。」他說。

但對一個悲傷的父親來說，有時問題不在於他怎麼看自己，而是別人怎麼看他。

某些特定職業（如消防員、警察、或醫療工作者）的男性，會將自己視為保護者，以及在危機時刻負責指揮的人。在家裡，他們通常也是一家之主——有時就算只是揮揮烤肉夾——因為他們覺得大家都認定他們應該如此。這種心態或許導致他們在面對至愛過世時，出現唐突的行為，因此可能被誤解為憤怒；而沮喪和悲傷看起來可能會像憤怒。以我們目前社會的態度，加上對家庭暴力的敏感度合理的提高，男人的憤怒表現會產生問題。

在寫給《刺胳針（The Lancet）》醫學雜誌一封沉痛的信件中，失去一歲四個月女兒的年輕母親蕾貝卡・高斯（Rebecca Goss）寫道，「我和我的丈夫得到朋友和陌生人的善意關懷。不過在我們女兒的葬禮結束幾星期和幾個月後，我的丈夫卻常被問到，『你太太還好嗎？』」

那他呢？

眾人對待這位母親的態度，正如對待一個失去至親的人一樣，但那位父親所受到的對待，卻如同他只是失去了某個屬於他負責的人一樣；英國喪親兒童基金會（Child Bereavement UK）執行長安・查莫斯（Ann Chalmers）如此引用蕾貝卡的信件內容。

遇到一位遭逢喪子之痛的父親時，用如已故的加文・拉金（Gavin Larkin）所說的「你還好嗎？」之類的開放式問題問對方，會是表達支持的好方法，這樣不會讓對方覺得有非得向我們傾訴的壓力。

對繼續過日子的罪惡感

你會對自己無法放下並繼續過日子，而感到內疚嗎？毋須如此。

在心理學家佛洛伊德的年代，從悲傷「恢復過來」以及回歸正常生活，被認為是在遭遇喪慟的情緒重創後的治療目標，也的確是生活目標。對過世者久到不尋常的任何依戀或在意，在當時都會被視為異常，而且若持續有這樣的狀況，就會建議接受心理治療（至少對當時能接觸到這類治療的菁英階層而言）。

這導致把悲傷區分為正常與不正常的概念形成。

於是伊麗莎白・庫伯勒・羅斯在一九六〇年代提出了「悲傷階段」的概要。這些階段為拒絕、憤怒、討價還價、沮喪與接受。當初這個概要是設計用來幫助繁忙的醫護專業者了解，一個人在剛得知罹患末期癌症時的典型反應，以適時為病人提供支持。後來這個概念被應用於處理悲傷，所有類型的悲傷。

庫伯勒・羅斯的教義對我們所有人的幫助極大，因為死亡已經跟生命分道揚鑣。二次世界大戰後科技的快速發展，被應用在藥物開發及醫院革新，由此呈現出一種更訓練有素、事在人為的氣息，積極的對抗死亡。如今若有人過世，就會認為這是一種失敗，一個過失。美國尤其容易受到這種思維方式影響，而庫伯勒・羅斯先讓美國人、接著是讓我們所有人看到，死亡並非我們的敵人。

但她自己後來表示，當年一開始只是針對人們有哪些行為表現的這個觀察——即悲傷的五個階段——很遺憾到後來卻變成一種準則。

凱特・懷特告訴我一個經歷，正可說明用這種以準則為基礎的思維，用來處理悲傷問題會有多侷限。當年她在結束忙碌的護理師輪班後，坐在交班站，剛好看到幾個護理師走到一名正為生命快結束而煎熬的病患身邊。其中一名護理師說，「她還處於憤怒階段，她應該向前進。」

就如凱特・懷特所言，「事情哪有這麼簡單。」

指稱某個人有哪幾個階段應要度過，等於在暗示等到達最後一個階段，就會得到某種回饋。但哪會有什麼回饋？在我前往各個地方、傾聽很多關於悲傷的經歷時，我見到瑪麗亞，並跟她談；前文曾提到她敘述了家鄉西西里的傳統喪儀。瑪麗亞在很短的時間內，接連失去了她的父親、姪女、母親與丈夫。

「我的丈夫派特剛過五十四歲的生日就罹患腦癌。沒多久，我的父親過世。我沒有太多時間為他悲傷，因為派特每天都會抽搐好幾次，為了照顧他，我必須堅強。我父親過世後不久，我的姪女就突然過世，接著是我的母親，再來是派特。」她說。

瑪麗亞很愛自己的子女與孫女們，但她認為自己永遠無法從這些喪慟恢復過來。「我看著我的孫女們，用她們看待人生的方式看著她們；我看見她們的純真，那純真有多美。但我封閉了自己。」

她說她永遠也不覺得向前進就能得到回饋，而且每當有人建議她該這麼做，她便會感到憤怒。

在現實中，人們會跳過一些階段，有各自的做法，並表現出他們是一個獨立個體。於是五個悲傷階段的概念被撇到一邊，讓位給新思維，並承認因至親過世引發的悲傷相當複雜與棘手，不過相關的理論在幫助深陷悲傷的人這方面，仍占有一席之地。

探究悲傷的專家現在已不再從悲傷會有可預測的行為表現，即它會經歷從開頭到結束的階段這樣的角度來討論它。

儘管心理學家及我們的社會，大抵都希望鼓勵我們回歸充實快樂的人生，然而我們有權對此謹慎估量，等自己已經準備好時，再回到原本的生活。

何時為自己的悲傷尋求援助

人們剛遭遇至親過世的打擊時，現在的心理學家看到的不是出現哪幾個悲傷階段，而是看到他們在情緒反應（崩潰、哭泣、無法下床、又是「糟透的一天」）以及實事求是的反應（繼續過日子、出門走動、返回工作崗位，每天達成一些小目標、接著是大目標）之間切換。

現在已知人們會在這兩類反應之間隨機且無特定順序的快速切換。一般來說，如果人們正朝著重新建立有意義的人生——不一定是從前的那種——進展，那麼心理學家此時就會相當有把握的認為，他們終將度過悲傷期，進展到較平靜穩定的心境。

如果健康但內心悲傷的人不想要、或不相信自己需要悲傷諮商，那麼現在已知，就算把他們轉介給諮商師，也沒辦法協助他們處理可怕經歷導致的悲傷。有些專家甚至認為，把自認正在克服悲傷的人送去諮商，反而可能有害，同時也浪費時間與金錢。

我們當中有百分之十的人，會出現持續六個月以上極度悲傷的反應。若這種「延長性喪慟（prolonged bereavement）」持續超過十二個月，便會被認為異常。

它跟今日心理學家常用的名稱「複雜性哀傷（complicated grief）」是同一回事；只是後者表達出來的感覺較中立，也較能精準反映一個人的悲傷方式所牽涉到的許多因素。

一個在短時間內先後送走親姊、母親與孩子的女性，跟遭逢一位至親過世的另一名女性相比，遇到的一系列狀況會較複雜。

心理學家也提到持續性哀傷障礙（prolonged grief disorder，PGD），也就是人們因延長性悲傷逐漸導致心理及（或）身體的困擾。這些困擾包括睡眠障礙、高血壓，以及罹患癌症和藥物濫用的風險增加。至親過世多年以後，這些困擾會演變成個別出現在他們身上的生理或心理問題，而各個案例都可回溯並直接連結到多年前遭遇的喪親之痛。

許多人也關切悲傷問題被「醫療化」[2]。如果悲傷被視為一個有必要處置的問題，那麼這是否意味著我們未來將使用製藥廠供應的最新藥物，來「解決」這個問題？

有時，以藥物解決情緒障礙絕對可行。不過仍有許多人爭論是否談話治療的成效可能更好。雖然有研究警告，找不適合的治療師，會比未多加考量便直接開藥更糟糕，不過最近針對許多研究所做的檢討，得出一個結論，就是總的來說，藥物與心理治療在成效上並無太大差異。不過新近一篇評論的作者提出一個論點，即我們應該謹慎，因為服用抗憂鬱藥物的一般病人所受到的醫療照護，遠不及藥物試驗階段的受試病人來得縝密。

是否應該用抗憂鬱藥物治療悲傷？當然治療師會以不同於治療憂鬱症的方式來治療悲傷，同時加以監看，以確保它不會演變成不正常又有害的延長。

這是個棘手的問題，只有跟醫生配合治療的病人本身才能判斷。不過，跟美國的同行相比，澳洲的專科醫療者更常建議用談話治療，而非藥物治療，在因應悲傷問題時尤其如此。

那麼宗教方面的問題呢？蕾貝卡・高斯在她刊登於《刺胳針》醫學期刊的一篇文章中，討論到人們對於她丈夫的悲傷所抱持的態度。「有種潛在的負面看法，認為悲傷是一種罪，是一種應予懲罰的軟弱跡象。」她說。

現今的心理學家在經過好長一段時間後，首度討論到一個概念，就是適度充分的悲傷不一定非得涉及「放下」過世者。若想維持他們跟過世者的情感牽絆，是否可行？學者與研究者對此的答案並不一致。儘管如此，或者說正因如此，幾個研究都顯示，有多達百分之五十的人，在被問到是否相信過世者在死後可能「還在」，答案都是肯定的。

很少人會承認他們感覺到某個過世者還在，因為我們的文化認定這是無稽之談。不過這是否可能是某種療癒機制，即便我們對這方面的了解甚少？

克里斯托弗・霍爾指出，現今的心理學家較清楚認知人們跟過世的至親間的牽絆——無論是用回憶來表達，或是堅信導致他們如此哀傷的那位過世者從未離去。

我的弟媳瑪麗在我弟弟朱利安過世很久之後，提起她曾看到朱利安，事實上，到現在她還是會看到朱利安。一開始我覺得毛毛的，無法接受。但如今我願意把它當成幫助她因應朱利安過世的方法。瑪麗是個非常虔誠的教徒，而且為朱利安的死找到了意義，也就是相信他一直引導著她、她的家庭及其他人，克服各自的問題，尤其是在婚姻方面。

相信他仍在她身邊的這種強烈信念，在朱利安剛過世的那段日子裡，幫助她因應自己的悲傷。這個信念堅定不移，並持續形塑她的人生。

另一個程度較輕的例子，是布萊恩和他的妻子珍。他們的女兒琴在二〇一七年過世。布萊恩認為他在應對女兒逝世一事上做得比珍好，因為他相信琴還在。「她沒有真的離開，我時常跟她說話，她也會回應我。上星期我照鏡子時，琴對我說，『爸，那條領帶好難看，把它拿掉，換一條。』所以我照做了。」

許多人表示，他們這輩子都想繼續談談過世者，無論過世者離去多久。每當我們在這些想談論過世者的人身邊變得侷促不安時，他們都會感到自己被批判。在一些例子中，這會讓他們傷心或憤怒。我們有必要認知到，想讓過世者彷彿還在身邊的表現，並不會被專門研究悲傷的心理學家認為是瘋癲或愚蠢。話雖如此，心理學家認為憂鬱與悲傷是兩回事。儘管這兩種狀態看起來可能非常相似，而且悲傷可能會演變成憂鬱。

關鍵的問題是，那個人看起來是否能依自己的步調，找出方法去理解自己的經歷。這是一個很難表述的概念，不過有時悲傷會引出一種對生命的全新領悟。從事件發生，到深入理解我們回想到的一切，進而得到內心平靜的這段期間，或許會令人恐懼並感到孤獨，無論自己身邊有多少人陪伴。但如果人們能夠替自己體驗的悲傷賦予意義，將有助他們恢復。

有很多需要斟酌考量。不過以下是為悲傷的人提供支持的幾個簡單關懷：

- 如果對方看似沒有「比較平復」，毋須過於擔憂；別覺得你應該催他們加快速度。

- 如果你很擔心他們儘管已經心情低落了非常之久，卻還是無法放下，就該懷疑他們的悲傷是否已轉變成憂鬱症。不妨留意他們是否拒絕讓你設法替他們換個環境。
- 陪伴他們。

如何跟陷入悲傷的人談談

以下是心理與情緒健康網站helpguide.org提供的一些好建議：

- 別因為怕說錯話或做錯事，而阻礙你伸出援手。
- 讓悲傷的親友知道你願意隨時傾聽。
- 理解每個人的悲傷表現與持續的時間都不一樣。
- 提供實質的協助。
- 在告別式和葬禮後持續提供協助。

部落客莎拉・帕門特（Sarah Parmenter）在她貼在LifeHacker.com.au網站的文章《沒人告訴你關於哀痛的二三事（The Things Nobody Tells You About Grief）》中，提到幾個很有用的觀點：

別說些像是「只要有什麼我能做的，就找我（或打電話給我）」之類的話。不妨主動提出你能做什麼，什麼都好。最好是一些很實質的事，例如「我可以過去喝杯咖啡嗎？」、「我能順便替你從超市帶些什麼嗎？」之類能付諸實行的事。聽到有人說「只要有什麼我能做的，就打給我」，你會解讀成「我不知道該說什麼，也沒打算真的做些什麼」。所以別讓自己也成為那其中一個。

她的提醒稍做整理歸納後如下：

- 明瞭你目前面對的是一個心亂如麻的人。
- 每一件事，任何一件事，都可能把悲傷的人拖進情緒漩渦。通常聊聊他們失去的至親，是最能帶給他們平靜的方法之一，但人們往往避而不談。
- 談談他們的情緒觸發點。通常悲傷的人都有跟死亡有關的觸發點。會勾起我個人悲傷情緒的觸發點之一是看到救護車，或是聽到救護車的鳴笛聲。但這不代表你在他們身邊就該隨時小心翼翼，或過度保護他們，而是這樣你就能理解為何一有觸發點出現，他們的行為表現便會改變。
- 如果悲傷者嘗試告訴你，他們的行為為何會改變，或者是他們察覺到自己應對悲傷的方式出現什麼不同，不妨專注傾聽，並聽懂他們的弦外之音。
- 理解他們也可能看起來完全如常。
- 哭泣；大多數人會覺得它讓人不知如何是好，對吧？曾有個人在其他人都靜靜坐在我身旁聽我說話、遞面紙給我時，卻抓著我的肩頭搖晃我，說我應該振作起來，學會放下（這事發生在我媽剛去世三星期）。學會設身處地去想，這樣當有人在你面前哭泣時，會有助你知道該如何對待他們。

- 最好記得，友誼可能因一個人的悲傷經歷而出現改變。處於悲傷中的人，感受與以前不同。遭遇喪親的沉重打擊後，他們可能會對完全不懂那種感受的人缺乏耐性。對一個處於悲痛中的人來說，他人的生活可能顯得瑣碎不重要。

遭逢喪慟的人會憤怒嗎？有時他們會氣上蒼帶走了他們所愛的人，氣全世界的人沒像他們一樣悲傷，氣這個地球還是持續轉動，氣其他人還是繼續過日子、沒顧及他們的失落，而最痛苦的是氣那個過世的人。最後一項是最難處理的，因為別人若聽到他們表示這樣的憤怒，可能會很震驚。

有時，陷入悲傷的人會同時感受到以上的所有憤怒。

這類憤怒考驗每個人，包括悲傷者與設法陪伴他們的人。有些關係會因此變質，有些會不再來往，有些則會變好。夫妻之間若對悲傷的反應不同，可能會使關係產生變化。

這其中還有另一個人應該考慮，那就是知道自己不久人世、因此死前就已處於悲傷的那個人。要開口跟他們談談，也許是最艱難的。

他們的歷程很痛苦，可能會讓我們個人生活中的煩心事看起來很傻。不過當我的朋友海倫娜快過世時，她總想跟我聊聊我們以前會耿耿於懷的舊事。她說：「我想聊那些事，我想念聊那些事的感覺。」

隨著我們開始從悲傷恢復過來，卻發現傳統上約定成俗的支援變了：我們在後院晾衣服時、籬笆另一邊也出來晾衣服的鄰居，還有準備提供我們所誠心信靠的禱告與祝福的好心牧師。我們能用什麼取代這些？

不妨在我們自己的社群中，尋求一個傳統的解決之道。雖然現在對社群的定義已經改變，但對它的需求並沒有變。過去，我們會應同一教區的教堂信眾之邀，去參加社區辦在教堂活動大廳的手工藝班。今日，也許你可以透過應用程式或手機，找到手工編織班。

社群媒體有時可能會讓人敬而遠之，尤其當我們看到它在未經我們同意就挖掘個人資料，或是當我們看出它有可能被政客用來操縱輿論時。然而我們可以讓它成為一種成就好事的有力工具。反過來說，我們能利用它來建立有意義的社群。例如stitch.net是一個專為五十歲以上人士設計的社交網路社群。雖然全球皆可使用，但這個網站的目的是為人們建立在地連結。

還有一個網站叫Meetup，成員可藉由這個平台，邀約他人參與活動。比方說，你可以上meetup.com搜尋週末單車遊的社群、共同進行馬拉松訓練的社群、或是一起學習廚藝的社群。

如果你希望更在地一些，不妨去你家附近的圖書館看看他們提供什麼活動。很久以前，圖書館只跟書本與「保持安靜」有關。如今，圖書館已被公認是重要的社交中心，常透過圖書館組織的不僅有讀書會，還包括其他社團。

你會遇到來自不同地方的人，接觸到的想法也可能出乎你的意料。不過你能在此透過參加活動，得到跟他人一起成長的機會。應用程式並沒有取代人際交流；它單純是個提供途徑的工具。不妨記得，別把連線與聯繫混為一談。

兒童的悲傷

過去以來，人們相信應該或能夠保護孩童避免悲傷所帶來的後果，但這個想法如今受到質疑。事實上，一個有力的論點指出，給孩童愈多機會談論他們所愛之人的過世，會讓他們愈有能力因應悲傷。

作家朵莉絲・札格丹斯基在她的著作《死亡的意義（What's Dead Mean?）》中指出，成年人常不知該跟孩童說什麼，因為他們自己心裡也不清楚。

她提出以下幾點：

- 家長通常低估了告知孩子的必要性。
- 有必要讓孩童參與家人的哀悼。
- 有機會參與告別很重要。
- 孩童悲傷時會提出很多疑問——只要他們有足夠的安全感，就會開口問。
- 學校能提供協助，不過可能須在事前建議教職員該如何做。

- 孩童在經過多年後，仍會記得至親過世的相關細節。
- 成人看似停止悲傷是因為有其必要，例如需返回工作崗位，但這時孩童會感到迷惑不解。

孩童最可能會問的兩個問題是：什麼是死亡？為什麼人會死？最合適的答案會是很單純的那些，例如「當一個人死了，他們身體裡的一切都會停止。」我們需要用簡單、具體的詞語，並要有心理準備，因為可能得不斷重複我們的答覆。

青少年的悲傷

青少年處於一段快速發育的成長期，生理、情感、和心理上皆然。我們在這段時期中，一邊應付一個個冒出來的成年人責任，一邊還得顧及自己內心那個小孩的需求。這是一段很激烈的時期。

「青少年進入一段試驗與探索未知的時期——這些試驗和探索中，包括性、毒品，有時還有同儕的死亡——這一切可能使他們的體悟加深和增廣。」贊妮絲・維拉朵解釋。

當遇到某個青少年不明智的探索過了頭，維拉朵會在那孩子的告別式與葬禮時給予他的同儕心理支持。當有些大孩子在嘗試實驗和突破極限時出了錯，我們應該容許其他青少年有自己的機會從中學到教訓。

還有其他青少年，及一名即將成年、卻遭逢喪父重大打擊的孩子，如何面對悲傷的經歷。

我的姪子伊凡還不到十四歲，就因那場改變我們全家人人生的機車意外，失去了他的父親。那時伊凡的哥哥克里斯提安十七歲、姊姊克萊兒十四歲，全都年紀輕輕就得面對如此喪慟。如今十九歲的伊凡仍對他父親過世那天記憶猶新。

「當有人告訴我他遇到車禍時，我第一個反應不是驚慌。」伊凡說。「我印象中是他在鎮上某個圓環被撞到，斷了一條腿。當我媽和我哥克里斯提安去那條路看過父親，一回來就匆忙抓了幾條毯子又走。我以為是因為他會冷，但其實是因為他一直流血。」

他直到最近才能夠開口跟克里斯提安說出這件事。

「我不明瞭情況有多嚴重，直到我們抵達醫院。當有位護理師告訴我，他有些微的機率可能會死，我慌了。」他說。

時間彷彿在那刻凍結，但當中有些片段他記不得了。

「後來在醫院的等候室裡，我們家的一個朋友和其中一名醫生各握著我的兩隻手臂，然後媽開始哭喊，接下來的十五分鐘就是這樣。那時候就像一場夢，非常超現實。」他說。

得知消息的立即衝擊，令他一時迷惘昏亂，同時又掛心著父親，並承受這個不幸的強大力道。等他好不容易回過神來，他開始意識到他可能會失去父親，但與這個認知相對抗的，是擔心別人會怎麼看他跟他的家人——他開始想到自己將會受到很多關注，而他不知該怎麼面對。這點又為不幸遭遇增加了一個他沒料到的層面。或許成年人在處理青少年的哀痛時，能夠留意這點。

「我擔心大家會知道發生了什麼事，包括我的所有朋友和他們的家人、所有老師，還有全鎮的幾乎每個人。」他回想道。「我能猜想到接下來會如何。告訴別人就像等著再挨一拳似的，而且會一次又一次重複發生。每一次我都覺得胃在翻攪，每一次都像被勒住脖子，只能等那一刻過去。」

「即使到理髮店剪個頭髮，都像參加喪禮。理髮師問我在哪裡上學，當我回答她，她就說：『你知道你們學校有個老師出車禍去世嗎？』我回答，那是我父親。一開始，她沒聽懂。

「『他是你的美術老師？』

「『不是，他是我爸。』

「她皺起眉頭並道歉。那一刻太難面對了。她很難過，當下變得真的很尷尬，但我得強自鎮定。」

在伊凡只想溜出去剪頭髮、放空自己、別那麼明顯陷入不幸的那時候，他仍感到自己受到密切注意。他很快便發現這種狀況會不斷發生。「我只得一次又一次經歷同樣狀況，並一次又一次看到同樣反應。」

每回遇到時，他看著別人不知如何應對，都會覺得像在提醒他失去了父親。然而他如今對當年周遭成年人的處理方式抱持正面看法。

「我想躲起來，但我也知道這麼做會更糟。因為躲起來，我就沒辦法看到人們有何感受，他們也沒辦法讓我知道他們很關心。」

即使他父親去世至今已經六年，他依然感到心痛。「真正最讓人傷感的都是些小事，例如擺餐具——桌上總是少了一張餐墊、一副刀叉。」

「悲傷不會消失。但它會變好一點；雖然我覺得這樣形容不算恰當。」伊凡說。有些事改變了。我記得伊凡那時說，他覺得大人在談話時總把他排除在外，也很氣他們認定他還太小、無法面對。如今他的看法改變了，而且不同意自己當年的想法。

「那整個狀況本質上就夠糟了，所以周遭所有大人跟我的互動真的很有幫助。我想不到還有哪些事能做得比當時更好。

「那時，我不想要有人來特別照顧我，而且我最不想要的，就是被當做剛失去爸爸的小孩，成為眾人關注的焦點。但同時我明白我需要這種關注，知道人們一直關心著我。

「當時做的頭一件事，是去我媽當護理師的那家醫院看兒童悲傷諮商師。那時我真的很難對她打開心房，因為一個半大不小的男生跟這種不幸遭遇，是很彆扭的組合，再加上正值青春期初期的青少年所遇到的其他一切問題。

「我覺得雖然爸爸的過世，迫使我的哥哥姐姐很快長大，但我卻是相反。我變得很沒安全感，什麼都怕——我以前的一切恐懼，在爸爸過世後都被放大了。我很怕去做任何事，也很依賴我媽。我那時的心態是只要我什麼都不做，就不會受傷害。我不想嘗試新事物，不想去沒去過的地方。我被爸爸的遭遇嚇壞了。

「因為爸爸是我學校的老師，這又多了一個影響因子。為此，我經歷了實實在在的自我認定危機，覺得我之所以無法建立自己的身分認定，就是因為學校裡的每個人都曉得我是『萊斯老師的兒子』，而我爸過世後，我得作為『已故萊斯老師的兒子』繼續過日子。在那樣的環境，我完全沒辦法擺脫它。

「因此我的感覺很複雜。我覺得自己像個展示品，周遭所有人都小心翼翼，身旁的每個大人和小孩都被叮囑不能惹我傷心，如果講不出什麼得體話，就別跟我說話，但這感覺有點假。打從一開始，我就能感覺到。

「現在回想起來，我認為沒有人做錯了什麼、搞砸了什麼。畢竟遇到的是那種狀況，所以也免不了。

「進入青春期、成為一個獨立個體的同時，悲傷也持續到慢慢自然減輕。所以對我而言，逐漸長大成人，以及努力面對和熬過爸爸過世的打擊，這兩者是同時並進的。因此我一直好奇，如果爸爸沒出事，我會有什麼不同。

「對那些遇到相同處境的人，我想說的是，你想成為什麼樣的人、你將變成哪種人，那一切都會因一個事件徹底改變。這是免不了的，不過你唯一能做的就是順其自然。你的成長過程會受這個事件的影響，不過盡量別太恐懼，就讓它自然發展，但別感到絕望。」

1 譯註：希臘神話故事，描述傑森王子率領阿爾戈號船員尋找金羊毛的冒險故事。
2 譯註：是指將非醫療的問題定義成醫療問題，當成疾病來處理。

Part 02

當輪到你時

Chapter 09

為自己的離世做規劃

Planning for your own death

我們事前規劃，將個人所學應用於實際的步驟，以幫助自己和他人。

陪伴臨終者到過世之後，情況變得不一樣了。我們此時較有餘裕思考自己的離世——我們已較有準備，去做關乎自身的一些實際規劃。

為自己的離世做規劃，也許感覺很矛盾，因此我接下來要說的某些事，或許會令你感到不舒服。不妨讓自己平靜下來，給自己倒杯茶，每讀幾個段落就暫停，安撫一下心情，也許甚至跟朋友談談我下面幾章將探討的內容。

為離世做規劃，會開啟很多艱難的大哉問，諸如你相信什麼，以及你想怎麼過自己的人生。不過它會從家務管理式的清單起頭，所以我們就先從較實際的問題開始。

製作一份非關醫療的清單

說來矛盾，為了簡單瀟灑的走，為了在合理範圍內能盡量多由我們自己掌控的離世，我們就必須超前部署。正如十七世紀法國詩人拉封丹（Jean de La

Fontaine）所寫的，「死亡永遠不會讓智者措手不及，因為他總是隨時準備離開。」

有些人會排斥為自己的離世做規劃的概念，或甚至連想到死亡都不願意。這很合理。不過如此態度可能會製造問題。我認識的一對老夫妻就不喜歡談到自己有天會故去。以我們的文化來說，他們那一輩很多人都是如此。不過正因為他們避談死亡，所以也沒辦法計劃任何事。有些人也不喜歡規劃或思考未來的財務狀況；這是過日子的一種方式，但也可能因而容易出現財務缺口，或更糟的，造成持續的壓力，而這一切都是可以避免的。為善終預做規劃，可以跟好的財務規劃一般達到類似的目的，也就是避免不必要的麻煩，以及成就個人目標。

什麼時候該為離世做規劃？哪時候就算太早？凡是佛教和尚或終身致力性靈修為的人都會說，什麼時候都不嫌太早。

但我們並非全都那麼專注於修身悟道，所以對一般人來說，什麼時候做最好？最適當的時間，會比任何人願意去想的還要早得多。

提前計劃是第一步；因為稍加前瞻思考——有時需要多很多——是必要的，以便讓每一步都接續進行。這個討論中的其他要素，都是以提前計劃為基礎。

我們可能會因意外事故或非預期的疾病驟逝。正因如此，所以建議應該至少保留一些書面交代，無論有多不正式，都不算太杞人憂天。幸好由於我們今日可藉由電腦和其他電子裝置取得所需資源，因此我們只要坐在自家書桌前，就能用網路做大部分的閱讀、研究和規劃。我們可以把中意的概念剪貼到自己的檔案，然後上幾個網路連結搜尋和瀏覽。如果你不太會用電腦，也不成問題，還有其他途徑能收集到你所需的資料。

我們的規劃筆記要寫哪些項目，視每個人的性格與選擇而定。不過你寫得愈清楚，你身故後留下的朋友和親屬若想遵從你的心願，就愈容易處理。

預先規劃會讓那些為我們處理身後事的人輕鬆一點。留下一團混亂，會被視為我們的遺物兼遺害的一部分。有些人不在乎這點，但其他很多人會寧可他們走後，能讓留下的家人親友日子過得輕鬆些，而非更煩亂。

當凡妮莎的母親被診斷出絕症，便告訴家人，所有相關文件都放在她的可掀式書桌最上層的書架。等到她去世，並且得要找出那些文件時，家人仍感到驚訝和哀傷。

「我難以形容她把那些文件整理得井井有條，對我們是多大的恩賜。當我打開書桌，裡面沒別的東西，就只有那些必要文件。她早已將一切重要資料都放在同一處。她等於在那刻，就把我們的艱難任務和責任中無關緊要的一切都排除掉了。

「我是全家族裡得負責跟他們配合的那個人，而她把這件事變得直截了當。」凡妮莎說。「我曾有朋友遇到類似變故，但因為所有資料都亂七八糟，結果他們花了好幾星期熬夜，設法把一切理出頭緒，才能開始辦接下來的事情。我好感激我媽過世前的這個重要舉動。說到要把所有文件歸在一起，聽起來好像挺無趣又雞婆，可是每當我坐在那張書桌前做事時，我都能感受到她的愛。」

遺產繼承律師蜜雪兒・強森（Michelle Johnson）表示，我們可以留下一些訊息，而且它們可能很重要。那不只是諸如財務之類的實用資料，還有別的，比較溫情的那類。

「留下訊息的重要性有兩個層面。從法律層面看，詳盡的資料對遺產管理的幫助不可小覷。這的確避免了家族成員和其他人在應付強烈情緒反應的同時，還得費心費力找尋所有資料和紀錄，才能辦好死亡登記與遺囑認證。他們會知道東西放在哪裡。

「在準備喪禮的同時，得搜找資料並為此分神，可能感覺上不太恰當。因此先為你的家人做好這件事，對他們很有價值，也很有幫助。

「不過還有另一個層面，那就是情感方面。」蜜雪兒說。

「令人安心和撫慰的話語會非常受珍惜，而這些想法和寬慰可能永遠也不會被低估。」

蜜雪兒說，透過她的工作，她常注意到榮民留下遺物的方式，通常都非常井然有序，這點讓她很感動。他們身為隨時可能投入戰場的軍人，常在年紀尚輕時就被迫思考自己喪生的機率。

「從他們留下的東西，通常還包括一張紙條，開頭寫著『到那時候』、『如果你看到這張紙條』、『以下是你該知道的事』，我往往就能由此分辨出他們是屬於澳洲皇家空軍（RAAF），還是英國皇家空軍（RAF）。

「他們不只是詳細交代財物，還有愛惜的收在最上層抽屜，或夾在自家聖經內的物品，包括指定的安魂曲、悼詞與守靈事宜。

「戰爭博物館收藏了年輕飛行員寫給家人的動人信件，凡是讀過的人，就能理解他們給予家人多少安慰。

「一位年輕人寫道，『若我在飛行任務中死去，我不會後悔再做一次。而這次，我將以最純粹的自由在空中遨翔。』」

蜜雪兒的繼父便留下了這類字條。「我會永遠珍藏它，因為那張字條讓我明白，我們的情感對他有多重要。」

整理你的文件

我們來列出一張你的家人將會用上的文件清單。將它們分別歸到兩個標題或兩層之內，會是個好方法；一個是一般資料與紀錄（外層），另一個則是跟你的身後事直接相關的文件（內層）：

外層：

- 出生與結婚證明
- 房產契約或租屋合約
- 保險單

・貸款
・銀行帳戶
・投資（包括退休金）

內層：

・你的遺囑
・授權書
・替代決策人——其姓名與詳細聯絡方式
・你的預立醫療指示

如出生與結婚證明、房產契約或租屋合約、保單、銀行帳戶細目、其他投資或債務等重要文件，應該全部歸在一處。

將所有重要資料歸進同一個檔案夾，並放在同一個地方，不僅能讓他人在你過世後很容易就找得到，把它們整理好歸檔，對你也有好處。萬一你臨時得馬上找出某幾份資料，拿著趕去辦事情，它們會是哪些，放在哪裡？

不妨自己製作檔案夾，並依據你的需要來設計。也可以去文具店買現成的；像Kikki.K[1]之類的設計師文具品牌，還推出註明類別的文件夾，例如：

・證明：出生證明、結婚證明、護照
・醫療：疫苗接種紀錄、就醫紀錄
・房產：所有權、租約、保險
・財務：銀行帳戶、股票、退休金
・職業：合約、履歷、介紹信
・教育：學歷證明、畢業或結業證書
・遺囑：法律紀錄、表格
・稅務：退稅、公會證明、稅號

你必須確認對你很重要的人知道這些檔案夾放在哪裡；這也是你專屬的「垂死的藝術」計劃的一部分。

檔案中附上一份你所有財務記錄與保單的清單，把清單的一份副本給你的伴侶，或者是你希望在你過世後來負責處理你個人事務的那個人。同樣的，這樣在你自己需要用到時也很方便。

這份清單千萬不要列出任何密碼，尤其是網路銀行的密碼。但要寫清楚目前存在你的銀行往來紀錄的所有帳號，例如你的銀行帳號與銀行代碼（但不是你機密的ＰＩＮ碼！）。

也最好加進下列幾項：

- 稅號
- 公司行號註冊號碼

如果把這兩項都列進清單，會更方便相關單位協助查明你的資產與負債。

清單中還需包括你的所有保險，例如職業險、人壽險、房屋險、財物險、車險、第三方責任險、公共責任險等，還須寫明它們的到期日。若你沒有為定期繳費辦自動扣繳，列出繳款截止日也會幫助你記得按時繳款——這是把它們一併列入清單會很便利的另一個原因。

這份清單還要列入退休金與其他貸款的細目。雖然如個人貸款之類的一些貸款，會在你去世後失效，但大部分的債務，包括信用卡欠款，都會透過某種形式轉移到你的遺產繼承人身上。因此，為避免替你處理財務的人日後碰到天上掉下來的債務，在清單內列清楚，確實會很有幫助。有擔保人共同簽署的那些貸款——即文件上還有另一人簽名作保的貸款——在你過世後，尚未清償完的欠款，將由這名保人承擔。

除了每份保單的名稱外，寫明保單所屬的各家保險公司跟你聯絡的業務員姓名，以及他們的電話專線，會更為完備，這樣你的親人就能在需要時，盡快找到他們。

不過你應留意個人資料的收藏方式是否安全。如果你把所有重要文件都收納在同一處，但又擔心被人冒充你的身分盜用，你也許會想將它們收在比你的書桌大抽屜還更隱密的地方。那麼放在雜物櫃的中間抽屜如何？只不過若你這麼做，就必須讓你親近的某個人知道，這樣在他們有需要時才找得到。有些人會把這類物件放在銀行保險箱，不過現在這樣做的人已經不多了。

你也可以將這些資料的備份上傳到雲端儲存。但要這麼做時，最好先確認你的電腦操作環境是安全的，而且你的電腦也安裝了穩妥的安全程式。

如果你對個人資料的安全性有疑慮，無論是紙本還是電子版，你可以跟你那區犯罪防治單位的員警談談。在新南威爾斯，這些員警會被派駐在各個不同地點，他們會很樂意跟個人或團體討論。

為讓你安心，派駐在某個忙碌的新南威爾斯指揮中心的犯罪防治官表示，闖空門的竊賊通常目標不在文件（而是金飾與金條）。況且大多數的個資竊賊會在網路上進行交易，而非兜售實體文件。

你過世時該通知誰？

列一份清單，寫明你想通知的人、單位、或機構。對你的家人來說，要想出該通知哪些人，可能會很艱難，尤其若他們之前從沒親自料理過親友的身後事，再加上在悲痛之際，辦這件事可能難上加難。一邊承受哀傷和喪慟，一邊安排喪葬事宜時，他們心裡也許會覺得這件事沒那麼要緊，或是可以最後再處理。

然而讓適當的人和機構得知你的死訊，可避免他們日後繼續寄送不必要的郵件，以及打來無用且擾人的電話。你的家人或許需通知如銀行之類的一些機構，這樣他們就能讓家屬提取存款或透露重要訊息。澳洲的銀行通常有一位過世者遺產管理和家屬關懷專員，能跟在世的配偶討論相關事宜。如果臨終者在去世前還有足夠的時間，或許甚至希望在那刻來臨之前先安排，看看銀行專員會告知他們哪些訊息。

這些機構通常會要求書面正式文件來確認你已過世，例如死亡證明。

需要通知你的死訊的其他一些機構包括：

- 信用卡公司
- 雇主
- 健保局
- 保險公司
- 戶籍所在地的戶政機關
- 公共事業，例如電力公司、瓦斯公司和電信公司

這些看似囉唆又非必要，尤其當我們不想分神去處理時。但它確實很重要。

我的朋友克莉斯汀告訴我發生在她朋友的朋友身上的一個經歷。我們無法分辨它是不

是一則都市傳說，但不要緊，總之它描繪出一種極大的恐懼。據說一對蘇格蘭夫妻決定去歐陸旅行，在出發前一刻，八十歲的梅貝兒問他們她能否同行。他們一行人開車到了多佛[2]，打算連車一起搭渡輪，橫渡英吉利海峽，這時才發現，梅貝兒沒帶護照。於是他們一致決定，讓梅貝兒躲在後車廂。但等到他們抵達加萊（Calais），梅貝兒卻死了，因此他們立刻返回英格蘭報警。但正當他們還在警局時，他們的車竟被偷了。於是梅貝兒的遺體就此消失，也從沒找到那輛車。

我個人從這個故事看到的重點是，一樁死亡事件發生，卻無從記錄。它看似不太可能發生，但這類傳說一直沒斷過，卻指出一種深沉的恐懼——我們的死亡會沒有書面載明、沒有紀錄，於是我們就這樣人間蒸發。不過想想這若要發生會有多難，就沒什麼好擔心的。

你的遺囑與授權書

你如何規劃過世後留給家人的東西，可能會對他們造成極大影響。你的遺囑必須在你人生非常早的階段就納入你的規劃。最理想的是在你開始成為全家的經濟支柱時，便規劃初步的遺囑內容，然後這輩子定期每隔一段時間就更新。以這種方式進行，到你年老時不僅不會增添壓力，反而成為你已習慣、也泰然處之的一件事。

你的遺囑是一份具有法律約束力的書面聲明，當中會明列你想在過世後贈與財產的人名。你的財物與其他資產，都可以在沒有遺囑的情形下進行分配，不過若你立了遺囑，你便已明確決定你希望如何分配你的遺產，而非任由它依照司法系統所訂的的一套規則處置。

你的遺囑必須是你自願立下的——也就是說，你是在未受脅迫與不當影響的情況下所立——而且它必須由你本人在通常兩名的見證人面前簽名，同時見證人也須簽名，以證明他們確實親眼看著你在遺囑上簽名。見證人不可為遺囑受益人，否則遺囑就會無效。

遺囑可藉由附加條款（對原始遺囑的修訂）的方式修改，或是另立新遺囑。

為確保你的遺囑具有法律效力，最務實的方法是諮詢律師，並遵循他們的建議。立遺囑時，要考慮的問題很多，例如未來的遺囑法定執行人是否合適、資產的性質與所有權、對未成年子女的照顧與喪葬指示等。

不妨將你的遺囑交由負責草擬的律師保管，因為正本很容易搞丟。以往遺囑常會放在銀行的保險箱裡，不過如今較少這麼做，因為現在銀行的業務多半透過網路進行。記得你自己也要留一份副本。

你的遺囑執行人可以是你指定的一個人或幾個人；他們依法必須將你在遺囑中列出的所有意願付諸實行。他們可以是你的家人，也可以是遺囑受益人。這點似乎無庸置疑，但在你立遺囑之前，有必要先詢問未來的遺囑執行人是否願意承擔這個任務，因為等到你過世後，他們可能得代你處理許多事務。

你也應給這些人一份遺囑副本，因為當你過世，便會召請他們開始執行。他們的第一個任務，就是找出你的遺囑正本。

請記得，一旦你立好書面遺囑，隨時間過去，你很可能會想更改。可別以為光打打電話就能辦好。當你告知律師你想更動遺囑，而他們建議你到他們的辦公室一起討論，這是有其必要的，所以別覺得麻煩，或認為他們是以此當藉口，想再賺一筆，就像最近有人對我這樣講她的律師一般。

你的律師得確定你的神智清楚，無論這份遺囑是你最初擬定的，還是多次修改或重擬後的最後版本。他們得經過幾次跟你面對面會談的過程，才能完全認定你的心智狀態是否具有簽署遺囑的「行為能力」。評估你是否心智健全，是他們在遺囑訂立過程中的重要職責，而且無論之前你見過他們多少次，每一回重寫遺囑，都應縝密周全，以確保你的權益及遺囑具有效力。

行為能力的意思，可能比乍看這個名詞所想到的還要微妙複雜。這要檢視的是一個人在法律、心智、還是生理上的行為能力？一個人或許有能力去他家附近的購物中心採買食物，但未必有能力進行股票買賣之類的金融交易。

有關行為能力與某人是否具備足夠行為能力的爭議，在法庭上屢見不鮮，而且有些案件會一路上訴到最高法院；這代表許多律師對此看法不一，因此切實的答案不太可能非常顯而易見，否則兩造也不會為此花大錢打官司了。不過在大多數案件中，卻可能相當清楚明瞭，而且在遺囑立好、授權書簽好、法定監護或替代決策授權文件也辦好之前，就需釐清，以在我們變得易受影響時，保障我們的權益。

基本的問題是，這個人是否理解自己正在做的那件事的性質和意義？只有心智能力、記憶和理解力皆健全的人所立的遺囑，才具法律效力。立遺囑的人必須理解遺囑訂立行為的性質和意義，並且清楚知道自己所擁有的資產，以及很明白自己在遺囑中指明要把物品或財產留給哪些人。

如果律師難以斷定，那麼他們可以徵詢在地大醫院的精神科醫師、高齡醫學專家、或老年護理評估小組（ACAT）等各類醫療專業者的意見。

遺囑認證屬法律範圍；它決定了遺囑的法律效力，並管理過世者遺產的分配。當過世者把財產留給親屬，例如一棟房子，那麼透過法院監督與管理的遺囑認證程序，便會確保房契從過世者名下確實轉移到指定的繼承者名下。

遺囑爭議

關於遺囑的爭議多得令人驚訝，因而使遺囑認證成為了熱門的法律範疇。之所以如此的原因是，舉例來說，兄弟姐妹們會期待父母親的資產分配公平，但他們之間對何謂「公平」的看法不一致。

澳洲、英國與紐西蘭的律師都指出，遺囑爭議的案子增加，主要因素是再婚的情況變得較多，使得家庭的組成在繼子女加入後，變得較多元；一個家庭中可能包括了同父母以及同父異母、或同母異父的兄弟姐妹。而修改後的法條，例如《二〇〇六年新南威爾斯繼承法（NSW Succession Act 2006）》（二〇〇八年修訂），也更強調保障受扶養的第二任妻子的權利。

律師提醒，遺囑爭議會為家庭造成很多紛擾痛苦；如果你的遺囑寫得不夠周詳，你的子女因遺囑引發爭議的可能性就會較高。

一般來說，子女，包括上了年紀的成年子女，根據繼承法的規定，都具有獲得「維持適當生計、教育與改善生活」之供養的權利；這便是所謂的「家庭供養」。但若是過世者的兄弟姊妹，則不具這個權利。

全澳洲的遺囑法規提供了架構，以供符合資格的人向法庭提出聲請，主張有權分得遺產當中的一份或較大份。不過各省的法規並不統一，所以最好查一下你所在地的規定。

新南威爾斯省是受《二〇〇六年新南威爾斯繼承法》所規範。根據這個法條，符合受供養資格的人包括過世者的配偶、子女、前任配偶、過世者扶養的人、以及過世者家中的成員。

紐西蘭在家庭供養這方面，率先於一九〇〇年立法予以保障。這等於撤銷了先前「遺囑自由」的見解——它是指男性可依其意願，將自己的財產留給他指定的任何人。在女性無法外出工作的那個年代，當男性過世，遺囑若寫明不給予他的配偶和子女遺產，他們就非常容易陷入貧窮的困境，因此那些法律就是為了確保為人父者負起扶養子女的責任。之後澳洲與英國也採行類似的法律。

你遺囑中的財產是你的子女本當有權獲得的，還是他們應將其視為一種贈與？對於許多所費不貲的遺產利益官司，這個問題正直指核心。如果你因為某個子女對家庭沒有貢獻，或跟家裡斷絕往來而使你傷心苦惱，於是決定過世後不留任何東西給那名子女，那麼你可以在遺囑中加入一個條款，說明你們的關係疏離，以保障你的決定。「疏離」是法律用語；當法院在判決是否介入、以改變你的遺產分配方式時，會將它納入考量。[3]

然而有少數幾個非關法律的問題值得思考。你做出那樣的決定，將會在你的子女間造成新一輪的分裂與心傷，這跟你在世時就已存在的家人對立不同，因為遺囑的任何更改，都勢必影響他們能繼承多少財產。

這種性質的官司所費不貲，但所獲得的金錢利益大於這項花費嗎？然而更重要的是，對大多數家庭而言，金錢利益會大於家人情感變淡薄的代價嗎？

將某個子女排除在外的決定，另一方面也會在有些子女因遺囑獲得更多財物時，讓分到較少的其他子女覺得不公平。新南威爾斯的出庭律師[4]特蕾絲・卡坦薩里蒂（Therese Catanzariti）把認定父母對另一名子女過於大方的人，都視為她的潛在客戶。但她在仔細審查情況時都屢次發現，父母會分給經濟狀況差很多的那名子女更多遺產。她認為從法律的角度來看，這一點很合理。

「這正是我所說的『熊媽媽』情結。如果我有一個孩子日子過得很舒服，另一個孩子生活過得很困窘，等我過世後，我就沒辦法再關照那個過得比較差的，也沒有別人會顧他。那麼我最後能為他做的，就是給他多一點遺產。

「如果那個人的兄弟姐妹一輩子勤奮工作、積累財富，也希望自己的父母肯定他們的努力，這麼做就會跟他們的期待有落差。」

她表示，假使人們能把因遺囑繼承到的任何東西視為意外之財，就會好得多。

「有時人們會覺得被父母背叛了，因而怪到自己的兄弟姐妹頭上。我得提醒他們，這是他們父母的決定。」她說。

授權書

授權書有二種：普通類授權書與持久類授權書。其差別在於若授權人喪失行為能力，持久類授權書仍持續有效。

授權書是法律文件，你可在授權書內指定某個人，處理你的法律與財務事務。這個人會在你的生活中扮演非常重要且有力的角色，因為當你因年邁和（或）失智而喪失行為能力時，通常他們會負責掌管你的財物，而且屆時他們不可以跟你商量或要求你參與。凡被你指定擔任這個職責的人，必須是你完全信賴的人。倘若你找不到這樣一個人——這種情況令人意外的常見——你可安排將這個任務託付給國家的公共受託人或監護人。

另一種情況是什麼都不做；這樣通常會讓人們處於被任意安排的狀態下。例如父或母把PIN碼或信用卡直接給某一名成年子女，或讓他成為帳戶的有權簽名人。這或許行得通，但也可能出問題。能動用帳戶的那名子女，可以巧妙或迅速的拿走帳戶的控制權與處置權，讓年邁的父或母不確定財務方面做了哪些處置。這也可能讓其他人，通常是那名年邁父親或母親的兄弟姐妹，對那些安排感到不安。

如果你希望盡量減少你的被扶養者之間的不信任感，具有較透明準則的正式書面安排，以及更改授權書的機會，將可較有效率的達到你的目的。

近親

近親是指你在住進醫院時填在文件上的人。雖然在美國的幾個州，這是用於繼承關係的法律用語，但在澳洲、英國與紐西蘭，這個詞不具法律意涵，而是慣例，指的是在你發生緊急醫療狀況時，你希望聯絡到的人。這個人不一定非得是血親，也可以是親近的好友。如果醫院需要有人來你身邊陪伴，他們就會聯絡他或她。如果院方必須限制訪客，近親可擁有優先探視權。因此要謹慎挑選擔負這個職責的人。

在理想狀況下，別填寫你覺得**應該**要寫的那個人，而是填寫你真正希望能來陪你的那個人。不過要務實點。如果這個人跟你的替代決策人並非同一個，最好他們要能夠相互配合。比方說，你的近親也許是你的丈夫，但你的替代決策人是你的長子或長女。替代決策人的角色在後文將會細談。

近年間發生一些非常悲哀的狀況；有些獨居者過世，卻沒人知道他們生病，或留意到他們已有段時間沒出現。新南威爾斯省警方為因應這個情況，便鼓勵獨居者登記他們的近親，這樣若發生緊急事件，或警察擔心你出什麼狀況，就可以聯絡。

社群媒體

擁有網路生活圈的人，該如何事先安排在過世後退出社群媒體？對這些人來說，優先要做的一件事，是建立一個讓別人取得他們社群網站帳號密碼的機制，這樣才能夠關閉那些帳號。

不過兩難的是，你不希望很多人知道你的密碼。或許解決之道是你把你選用的社群網站，如臉書之類的帳號密碼，給你信賴的人，例如你的伴侶，或是某位密友或親人。等到那刻來臨，對方就可以進去關閉你的網站，或是貼一個通知。

臉書的政策是：當使用者去世，根據要求，可將該帳號留存做為紀念，或是刪除。一些敏感資訊，例如狀態更新，會從用於紀念的帳號裡移除，並將檢視個人資料的權限，限縮到已確認的臉書好友。然而這可能比我們希望的還難辦到，一部分是因為使用者、他的好友或相關人等若想關閉帳號，都必須透過臉書的電子服務中心，而且得自行辦好。臉書的工作人員不會承擔完成這些任務的責任，也不會幫你辦理。

臉書的紀念帳號，是可供人們在原使用者過世後貼懷念文字的網頁。臉書表示，紀念帳號的設定也有助於維護它的安全性，以防有心人登入。根據臉書的說法：

「若臉書得知某位使用者去世，我們的政策是將該帳號轉為紀念帳號……請記得，我們即使在這種情形下，也無法為其他任何人提供登入資訊。登入另一人的帳號，向來有違臉書的政策。」

即便是離世的規劃，也要做到「減量、重複使用、回收」

及早思考死亡，早到感覺像是人生中始終存在的一部分，是很多形式的宗教與心靈信仰的一個關鍵環節——一種意識到生命循環的認知。不過它也可以非常務實。

作家瑪格麗塔・馬格努森（Margareta Magnusson）在她的著作《瑞典式死亡清理的溫柔藝術（The Gentle Art of Swedish Death Cleaning）》一書中指出，抱持著擺脫所有物的目標持續清理，而非隨年紀增長一直囤積，是全然的解脫，並且讓人對人生充滿希望。對我們許多人來說，這會需要在思維上做一個大轉變。從容放手，需要練習。這正是馬格努森之所以將它視為一種剛步入中年、便該接受和培養的人生哲學，而非等到晚年才突然採行。

在愈加意識到人類對環境的衝擊、人們也正努力縮小個人生態足跡（Ecological footprint）[5]面積的這個時代，制止自己不再囤積，是個挺吸引人的概念。

對我們當中的很多人來說，囤積那些捨不得扔掉的物件，是因為它們是我們跟舊日美好回憶的聯繫。但當我們陷入困境時，這可能會從好事一樁，漸漸轉變成煩惱的來源。

喬治是位年邁的紳士；他保留一盞燈好多年，即使電線磨損極為嚴重，可能危害安全，他還是不願丟棄。原來他真正捨不得的是那盞燈的燈罩，因為那是他的妻子親手做的，可是他整盞燈都不願意丟。對於那盞燈代表的意義，他從沒去質疑自己的認定是否有問題。結果他過世後，給他的妻子留下了令人生畏的任務，那就是得把它和其他很多類似物件，從他充當儲藏室的自家車庫搬出去。

為了擁有太多東西該怎麼處理、該如何收納而操煩，會耗掉太多心神，而這些精力大可用來活在當下。

伴隨全家人成長的飯廳擺設，的確是個重要象徵；它代表著全家人共享的每一餐，而這些時刻，把孩子塑造成未來將成為的那種人。但這是否就代表應該把那張桌子連同六張餐椅，全塞進安養院小小的房間內？僅保留其中一樣是否就能達到同樣作用？

我正在訓練自己質疑物件有助保存回憶的論點，只保留幾樣物品，例如我的結婚戒指。（我認為我絕不可能像寫出《怦然心動的人生整理魔法（The Life-Changing Magic of Tidying Up）》一書的日本收納專家近藤麻理惠〔Marie Kondo〕那麼厲害。）

今日，我們能用如照片等許多不同形式，來保存自己的回憶。在可用手機捕捉勾起回憶的物件和影像、並存在雲端的這個時代，我們能辦到的更多了。但我知道我必須謹慎，別只是把問題轉移到另一個介面，結果儲存了一大堆我這輩子再也不會去看或忘記去看的照片。

為何現在是史上最適宜生活或離世的時代

你有時會聽見人們談到現代生活的壓力，以及當前的生活壓力有多大。但對生活在西方民主國家的人而言，從健康的角度看，我們從沒擁有過比現在更好的生活條件。我們擁有乾淨、適合飲用的水源，以及充足又優質的食物。醫療照護精良，遭到感染也有抗生素可醫治，並可預期我們的孩子出生後都能順利存活五年以上。平均壽命延長，因此我們能預期自己的歲數會超過聖經中所說的七十歲。

當然，挑戰是讓這些優越條件遍及全球，這樣全世界的人都能受益。

有時人們會擔心網路帶來的弊端——社群媒體讓我們變得更孤單，大家坐在咖啡廳裡只顧滑手機，而非彼此交談。或者是政客藉此獲得新機會，遂行操弄和控制，因而顯示出我們得要面對、以及在某些狀況下需與之對抗的政治挑戰。

但事實上，網路已創造出更多、而非更少的連結機會。

倫敦的皇家三位一體臨終照護之家（Royal Trinity Hospice）更將技術推進一大步，試驗利用虛擬實境設備，讓因病重而無法旅行的病人以虛擬旅行的方式，體驗他們夢想前往遊覽的地方。根據他們的報告，這項方案為臨終病人帶來愈漸增加的愉悅感。

據說科技甚至正改變我們悲傷的方式——讓它較不那麼痛苦。用以傳達我們需求的溝通方式，每天都有令人興奮的新發展。如何駕馭它們，取決於我們自己。我們正逐漸接近一個境界，那就是你可以在某一地生病和步向死亡，但身在另一地的人，仍有辦法針對你的需求，做出明確又迅速的反應。

雖然無法想像臨終者所需要的——他人的觸碰、撫慰的聲音、溫煦的微笑——從此消失，但更先進的科技，讓我們可以將臨終關懷服務設在遠地，然後在需要時即刻送達。

在當今這個時代生活或臨終，還有另一個真正的好處，那就是鼓勵我們提出疑問、尋求解答。距今才沒多少年以前，我們從不認為可以質疑從事醫療工作的那些權威。如今，每當我們感覺到自己身處的醫療院所或照護機構內，在「法律」和「政策」間存在重大、甚或很細微的模糊混淆時，我們便可以提出疑問。這同樣適用於我們在陪伴病人期間，察覺到情況不對或看起來出問題時。

狀況已經改變。現今，優質的安寧療護，包括臨終照護，已是醫院提供的標準項目——不是出類拔萃的標準，只是平均的一般標準——而醫院會就此標準來監測和細察病人的體驗。例如某家醫院將設立一個臨床督管部門，負責統籌社區參與、病人聯繫、病人安全、投訴程序、品質管控及風險管理。如果你的醫院沒有臨床督管部門，或過去以來在這方面的紀錄不佳，你如今可以把你的問題告訴你的家人、看護、醫生和個人照護助理員。你能利用書面的資源、指南和網站，來提供你更大的力量和自主權，而這是過去跟你同處境的人從未擁有過的。

就治療與結果而言，有較多年長者接受如心臟疾病等的治療與手術，而我們現在也比以往更了解如何避免這類疾病。心臟疾病曾是主要的致命疾病，如今已非如此。雖然仍有一些社區的公共衛教方案，如健康飲食，以及最重要的菸害宣導，依然不夠普及，不過死於心臟疾病的人數已開始逐漸的明顯減少。

我們現在擁有新的機會保留我們的獨立性，儘管我們還是必須有勇氣，做出諸如專為離世預做規劃的決定，來保有自己的獨立性。

你的替代決策人

如果你無法說出自己想要什麼，該怎麼辦？在這種情形下，你需要仰賴某個人，即替代決策人，來代表你說出你掛心的事。這個角色也稱「臨時授權人」、「法定醫療代理人」或「持久監護人」，視你的居住地而定。如果你喪失行為能力或無法溝通，這個人的職責，就是在你的病床旁針對你是否該接受某個治療，代替你交涉協調。

現實是，無論他們認為那個醫療決定有多無關緊要，都是由替代決策人代表你拍板定案，例如是要保留還是撤掉你的維生設備。

根據「澳洲臨終法（End of Life Law in Australia）」網站針對「停止治療」的討論，全澳洲每年在做出保留或停止治療的醫療決定後死亡的成年人人數，約有四萬人。

因此，在你為自己的善終做計劃時，你首先要思考的人之一，就是一名或數名替代決策人（可分擔職責）。

今日，替代決策人的角色比過去更活躍，這是因為罹患失智症的年長者愈漸增加；而如此情況是基於一個明顯的不對稱，即現代醫療能讓我們活得更久，但在我們更長壽的同時，醫學卻還沒有進展到足以幫我們維持腦力。

人們常以為替代決策人跟授權人的角色是一樣的，或至少部分相同。但兩者是截然不同的。就如前文所述，授權書是一種法律文件；你在授權書內指定一名授權人，在你到了沒有能力照管財務與法律相關事務之時，代你處理。但替代決策人是被指定來斟酌你的醫療意願，尤其在你正步向生命終點時。不過就像「授權書」一般，指定替代決策人的文件，也必須當著律師的面簽名。這個人會替你跟你在醫院遇到的陌生醫療人員聯繫和接洽，並代表你做醫療決定，以確保你得到適當的療護。這個人應該要能做出他認為你同樣會做的決定。

因此這需要一個你真心相信能在臨終時正確解讀你意願的人，一個真正理解你所認定的善終是何意的人。你有必要時常跟他或她對話和溝通，這樣能較容易讓他們知道，你當下的想法是否有改變，而不用得透過正式或尷尬的會談。此外，你挑選替代決策人時也應務實。如果你因為跟你最偏愛的姪女關係好，就指定她當你的替代決策人，但她住在英國倫敦，而你住在紐西蘭奧克蘭，那麼你就該想想，她在你遭遇突發的緊急醫療狀況、需要替代決策人在場時，是否能迅速的及時趕到你身邊，提供你實質的協助，或者在你身心各方面能力都逐漸緩慢喪失時，她能否在場。

在澳洲，每個省份和地區對替代決策人的定義略有差別。例如在新南威爾斯，根據《一九八七年監護人法（Guardianship Act 1987）》，持久監護人同時也是被指定的替代決策人。請留意，並非每個省份都承認該省以外地區的替代決策人在法律上的資格。

在新南威爾斯，持久監護人的指定，必須在律師見證下進行，由律師證明你是在神智清楚的情況下簽署這份文件。就如立遺囑和授權書一樣，若律師認為他們得到的資訊，不足以判定你是否具有行為能力，就會跟你的醫護專業者，尤其是醫生，討論和確認。

如果你有律師幫你處理授權書與遺囑事宜，那麼他們很可能也會拿出替代決策人的辦理文件建議你做，因為這三種文件通常會歸入同一檔案。

你所指定的替代決策人必須知道他們被賦予了這個職責，也接受持久監護人的任命，並簽下這份記錄此任命的法律文件。

在必要情況時，就算你沒有簽正式的法律文件，替代決策人也可以代表你。醫院會指定一個人來負責這項任務。如果你的所有家人和伴侶都同意由那個人來擔任，就會很有幫助。不過他或她只得靠臆測來猜想你的意願。

預立醫療指示

只是提醒一下相關定義：廣義來說，預立醫療指示是一種特定文件，而預立醫療自主計劃是根據預立醫療指示所做、涵蓋較廣的一個過程。

凡是具有複雜醫院體系的地區，都正在推動預立醫療指示，也愈來愈普遍施行。預立醫療指示是一個特定的醫療方向；它在你因失能而無法表達意願時，讓醫療專業者及你的家人知道，你希望得到何種照護和治療。

如果我們能簡單說預立醫療指示是一種具法律約束力的文件，在你必須進醫院接受醫治時，便已預先指明你同意接受哪些治療，就好了。不過事情並沒有那麼直截了當。它是目前的構思所希望達成的目標，不過各省的成果和名稱稍有差別。

預立醫療指示在不同的司法管轄區有不同的名稱，例如「生前意願」、「書面預立指示」或「意願陳述」。在英國，預立醫療指示被稱之為「預立決定」，較正式的稱法為「預立拒絕治療決定（advance decision to refuse treatment，ADRT）」。在紐西蘭則常被稱為「預立指示」。

最明顯的是，你的預立醫療指示應該盡可能直截了當、清楚明確，含括你不想做的所有醫療行為，也就是你會拒絕的任何治療，即使若拒絕就會導致死亡。促使這類指示發展出來，是基於非常真實、但就人類歷史而言相對全新的恐懼，那就是得要靠機器延續生命。

在澳洲，只有百分之五的人辦了書面的預立醫療指示。但隨著大眾更普遍知悉它的優點，比例也開始逐漸增加。

預立醫療指示已有很大的進展。十年前，對於預立醫療指示的相關辦法還不是很完整，醫生常會對提出預立醫療指示、並具法律背景的人抱持懷疑，而律師也不願與醫師溝通。醫院對於醫病之間的對話，是否比一紙文件更具意義，看法也不一致。

如今，醫生和醫院較能接受提供指示的書面文件。大家的共識是，最重要的一環依舊是你──即那個生命快到終點的人──跟你的家人之間，都已充分討論，以確保你的家人理解你的渴望。而商討的結果，應得到你所指定的一名或多名替代決策人支持，並以書面的預立醫療指示做確立。此外，你應把它的一份副本放在你的包包或皮夾內，這樣若你突然被送到醫院，便可立即派上用場。

必須知道的是，預先寫下你希望如何被治療，在澳洲、英國與紐西蘭都具有法律效力。但何謂「寫下」，不同地區和國家對其定義略有差異。例如在澳洲的首都特區，只要有兩名見證人，其中一名為醫生，那麼你就可以做口頭的「醫療指示」。但如果你要做書面的，就必須使用專用的「醫療指示」表格，否則就會無效。

這些差異此刻看來或許微不足道。但你應該不會希望只因為選擇了在你所在省份或地區無效的方式，或因為遵守了在你的居住地不具效力的流程，而害自己被困在一堆繁文縟節中。

在新南威爾斯，根據二〇〇九年的一個普通法判例，凡寫下且其用意明顯是預立醫療指示的文件，都具有法律約束力。立此先例的案子，是亨特與新英格蘭地區醫療服務局（New England Area Health Service）訴A先生一案。判決闡明，在新南威爾斯，凡當事人已預先寫下醫療要求，而且其用意明顯是醫療指示，即使只是寫在信封背面，都等於告知他人，當事人若失去意識，他希望接受或拒絕哪些治療。

A先生是耶和華見證人[6]信徒；他不想接受洗腎治療。當他被送進醫院，不僅陷入昏迷，而且出現腎衰竭，於是醫院便為他洗腎。沒過多久，A先生一位同為耶和華見證人的朋友，要求醫院停止洗腎，因為這違背了A先生的宗教信仰。這名友人帶來一份手寫文件，當中A先生表明他不願接受輸血和洗腎。

當醫院向新南威爾斯省最高法院要求釐清，法官裁定，由於A先生已寫下他的意願，且沒有任何證據證明他曾改變心意，因此即使不算是非常正式的文件，但A先生的預立醫療指示依舊成立。

如今新南威爾斯的醫院已要求醫護人員，凡是病人已寫下臨終醫療指示，都必須遵守。為了使其具有效力，寫下這份指示的人必須具有行為能力，也明瞭它的意義，而且年滿十八歲以上。

一份書面指示，能讓醫護人員確信臨終者正受到他所想要的照護。甚至更佳的是，這份指示得到一位替代決策人背書，而這名替代決策人的態度積極主動，早已在病人狀況良好時就徹底討論其心願。這跟完全沒為此狀況做準備的家庭（因為是突發意外，或他們從沒討論過這類事情）成對比；他們在極度擔憂的情況下，會說這類話，「盡你一切力量、用所有方法來救，因為這是我的母親（或父親、姊姊等）想要的。」

新南威爾斯的判決產生了連鎖反應，讓澳洲大多數省份與區域開始重新定義和思考預立醫療指示的角色。

但即使人們窮盡一切，為他們的預立意願尋求法律上的保障，但還是可能在沒有任何人問過他們是否有預立醫療指示的情形下，被送進加護病房接受全套治療。

不過，如果有愈多像你我一樣的普通人，會跟我們的醫療團隊談談自己的預立醫療指示，以後的情況愈有可能改變，一切也會變得較容易。

在剛要辦預立醫療指示的階段，病人常會檢視或設想可能發生的一連串情境。這點有時會導致預立醫療指示很冗長或很簡短，難以執行。畢竟，根據你的記憶所及，例如當年你的父母過世時——通常是很多人都有的經歷——可能會促使你鉅細靡遺寫出你想接受與避免的，只不過到最後卻發現自己處於迥然不同的情境中。

你冒的風險，是你可能勾勒了兩千種不同狀況，卻不巧碰上墨菲定律[7]，結果讓你進醫院的竟是第兩千零一種狀況。

急重症加護醫學專科教授肯・希爾曼教授解釋，目前有一種新方式來幫助你做預立醫療指示：「我們要求人們檢視自己的價值觀，以及他們不希望自己被困在哪種長期的情境中。例如你可能會說，等你上了年紀、失去行為能力、患有失智症，也已持續了一段時間，那麼在這種情況下，你便不想在加護病房裡裝著呼吸器維生。」

根據研究指出，預立醫療指示有個更廣泛的好處，就是它不僅能幫助臨終者，也能讓家屬為其過世而承受的壓力、焦慮、和哀傷，比起沒辦預立醫療指示的人來得較輕。

網路上可找到許多關於預立醫療自主計劃的資料。其中最棒的一個是在www.eldac.com.au網站裡的《老年臨終照護指南（End of Life Directions for Aged Care，ELDAC）》。來自澳洲全國的醫院與學術團隊，集思廣益構思出一套統一、標準化、容易上手的預立醫療指示工具，並在二〇一八年推出這套預立計劃文件，任何人都能取得，尤其是年長者。它在預立醫療照護的相關討論中指引使用者，並找出適用於其居住地的預立照護文件。（這些預立醫療指示相關資料，可參見ELDAC網站：www.eldac.com.au/tabid/4971/Default.aspx.）

隨著ELDAC資源與編輯工具的推出，澳洲全國的使用者愈漸普遍，再加上從網路下載很容易，讓包括在安養院、照護機構及偏遠地區等地的年長者，都得以自主。

這項新成果令人振奮的其中一點，是它將會運用IT系統來收集資訊，以確保人們不會被照護系統忽視，我們也因而更了解並回應人們的需求，尤其是獨居的年邁長者。

訂立自己的醫療指示

填寫預立醫療指示表格時要考量到許多因素。比方說，若你正在接受心臟疾病治療，但腎臟也有問題，該怎麼辦比較好？若你不願接受骨髓移植或化療，是否也代表你不想接受輸血？

以下是你或許該考慮的幾個問題：

- 若我因某一疾病病危而接受急救，那麼當我因其他疾病或重傷命危，也會同意急救嗎？
- 該如何為自己安排最適合善終的環境？我是否想在醫院加護病房過世？還是希望在家裡過世，有家人陪伴在側？或是在安寧療護病房，或在安養院？
- 我的經濟狀況是否負擔得起，還有我的選項是否會因財務問題而受限？
- 如果我可能快要過世，如何能讓我安適的離去？
- 對於為延長性命所做的治療，例如動心臟手術，以及能讓我較舒服並減輕疼痛、但無法醫治疾病的治療，我是否了解這兩者之間的差別？

有些人將他們的預立醫療指示寫得鉅細靡遺，例如他們會寫明，「我不要穿特殊彈性襪。」其他一些人可能只簡單寫著，「如果罹患絕症，我不想接受延長性命的治療，我只想接受安寧療護。」

安寧療護將會是這個討論相當重要的一部分。以下是世界衛生組織對此一醫療領域的定義，深得我心。它指出安寧療護是：

- 為疼痛及其他痛苦症狀提供舒緩方法
- 肯定生命，並視死亡為一個正常過程
- 不意圖加速或延遲死亡
- 同時兼顧病人心理與心靈層面的照護
- 為病人提供支援系統，以幫助病人盡量活得正面積極，直到過世
- 為病人家屬提供支援系統，幫助他們因應病人的病痛及本身的喪親之痛
- 以團隊的方式因應病人及其家屬的需求，包括在需要時提供喪慟諮商
- 增進生活品質，同時可能也會對病情帶來正面影響

然而，無論你想寫的指示是非常概略還是精細，都最好跟幾個人討論一下，尤其是對這些情況有經驗的醫生和護理師，還有你自己的醫生，畢竟他最清楚你的身體狀況和疾病。

跟家人討論你的預立醫療指示很重要，因為你寫下的內容，可能跟他們以為你想要的——或是認定你**應該**要的——有很大的差距。況且他們可能一邊估量你的心願，一邊想到它們可能帶來的結果，因而覺得壓力很大，比方說，若你提到在某個狀況下，你希望撤

掉維生設備。

而且謹記，只要你想要，你就有權要求急救和延長性命的醫療處置。如果你身邊所有的人都建議停止一切治療，但那並非是你真心希望的，那麼預立醫療指示可以在眾人與你意見相左時，給予你安全感。

不過了解這點很重要，那就是預立醫療指示不保證有些事情會完全照你所希望的去做。醫療團隊想積極拯救重病患者，但若那個人顯然瀕臨死亡，可能會出現病患仍有呼吸（依靠呼吸器）、但監測儀顯示已無腦部活動的情況。病患絕無可能好轉，也不可能甦醒。即使病患的預立醫療指示表明，希望無限期使用呼吸器，但醫生並無法律義務開始或繼續無實質效益的醫療。雖然他們不會輕易放棄，但終究還是會做出抉擇，即使有預立醫療指示。

請注意：預立醫療自主計劃有略微弔詭之處，也就是凡是書面寫下的，都有影響力。當你喪失說話或溝通能力、無法表達你想要什麼，或是陷入昏迷時，就很需要你在預立醫療自主計劃寫下的東西。不過除此之外，你仍有權拒絕治療，無論這項治療有沒有紀錄在預立醫療指示內。

因此，只要你神智清醒，就可以藉由如拒絕你原先說想要的治療等方式，推翻自己的預立醫療指示。但須記得的是，醫生沒有法律義務開始或繼續他們認為無效的治療。

但為了每個人、尤其是為了你著想，最好不要模糊不清、猶疑不定——因為這時候最容易出錯和產生誤解。所以最好記得，你可以在任何階段更新和改變你的預立醫療指示。

你的家人、看護，或是在醫院、安寧療護病房、自家或安養院照料你的人，都應該具備一套方法，讓你得以檢討與更新你的指示。你可以詢問他們這方面的事，以確定你可以照自己的心意，去選擇自己也許需要的更改項目。

所以請記得，預立醫療自主計劃是一個過程，而非只是一張有簽名的紙。醫療自主計劃的範圍較廣泛，預立醫療指示則是一份範圍特定的文件。

你的替代決策人應該要知道你是否有預立醫療指示，因此當你填好你的醫療指示表格，就給他們一份副本。若沒有書面寫下，你的替代決策人便會照他們本身對你意願的了解來處理。

到這個階段，有一點需要注意。有些家庭曾遇到指定的替代決策人主導和掌控了整個過程。其中一個案例是一名替代決策人的兄弟姐妹認為，被指定的這個人利用自己的身分，對他們的母親不當施壓，迫使她搬離家，住進安養院。她在法律上已經喪失行為能力，但依然能跟旁人互動得很好。他貶低和看輕她的理解能力，接著執意利用替代決策人的身分，來監視和控制她與他的手足間的互動。

雪梨一位處理遺囑認證案件的律師說，這類情況經常發生。他認為，隨著愈來愈多人會指定替代決策人，指控濫用這個角色的情況也會增加。他表示，為人父母者到了人生這一時刻——也可能會持續個幾年——維護子女之間情分的辦法，是至少指定三名子女（若有這麼多子女的話！）來擔任替代決策人，迫使他們非得彼此討論父母接下來發生的事該如何處理。

如果你有子女，而且你正趁著自己現在身強體健、家庭運作良好時做這些安排，那麼不妨把那些可能發生的麻煩放在心上。採取預防措施，是很重要的一步。

雖然有人會認為，為保障弱勢者免於受欺凌而發展出來的措施，可能反而被濫用，導致虐待，但這不應該成為反對人們多加運用如替代決策人等角色的論點，因為它們的設計是為了保障你的權利。況且這是提示我們去確認自己身處的這個社會，是否發展出預防濫用這些權利的辦法，還有是否發展出揭露制度中的錯誤及個人濫權行為的對策，如此我們即使到了年邁並接近生命終點時，仍能夠保有自身的權利與機會，而且這兩者也都受到保障。

你的健康狀況

我們對自己的健康狀況了解得愈準確，擬定的預立醫療自主計劃就愈周全。要了解最可能致命的健康狀況惡化，我們就必須查明年老、多病、體弱及它們的影響，同時弄清楚如何取得相關資訊，又不至於失去樂觀。

即使有健康方面的問題，但仍認為自己擁有積極充實的人生，是一種健全、正面的心態，有助我們保持身體健康與活得積極，並持續到老年。然而活得積極，並不等同於否認我們有天會故去，所以就不用為此做務實的規劃。這是現今很多人抱持的態度，有時甚至連他們自己都沒發覺。

有些人會認為，如果我什麼都不講，等到最後快過世時，再賭賭自己的運氣，而不是設法掌控醫療行為發生的方式，或許這樣最好。畢竟，到時候我人都走了，也沒機會去為發生的事遺憾。按照這些人的邏輯是這樣想的。

不過，就算對你沒什麼差別，但你事先收集好資訊及做出決定，絕對會讓你的家人與（或）你所愛的人更容易面對你的過世，也會讓他們有較充裕的時間，好好為你哀悼，並努力度過這段時期。

另一個需考量的重要因素，就是對可能發生的事情缺乏認知，而這會讓原本能夠簡單明瞭的情況變得很複雜。

雖然真正死亡只佔一個短暫的片刻，但在那之前的臨終，卻是一段時間的過程。它可能隨時間的推移出現，除非你是遭遇突發的意外或致命疾病。而且你可以做到的是把握機會預先安排，讓過世前的這段特定時期感覺較舒適、平順、壓力較少，而不是讓自己在臨終時除了承受病痛，還加上其他恐懼所引發的困惑混亂、壓力以及不當的管控和處置。

針對這點的第一步，是客觀思考你的病況。聽起來似乎很可怕？這是可以理解的，但不妨考慮從另一個角度看待它。說不定自己做功課與思考這些，並不會比不去思考它同樣讓你反感和畏懼。

你的「衰弱指數」——可靠的死亡率指南

在此你要做的，是一件簡單但不尋常的事：忘掉你的年紀。年紀跟為善終做規劃無關，是基於兩個有力的理由。

首先，你有可能比預期還年輕便過世，而非等到年老時。還年輕時別計劃太多挺合理的；我們有權相信早逝是有違自然，是我們社會應該避免的。在蘿莎琳・布萊德利所寫的《有關生與死：與你分享智慧的六十個聲音》一書中，牧師戴斯蒙・屠圖（Desmond Tutu）引用了瑞典政治家戴格・哈馬舍爾德（Dag Hammarskjöld）的話：「不要尋找死亡，死亡會找到你。」我頗有同感。你不希望太常思索死亡，但保留少許的想法和注意力在恰當的事情上，當死亡找到你時將會很有用。

其次，更明顯的理由是生理年齡不完全算數。現在，有人在八十歲做生平的第一次跳傘。你到九十歲說不定依然能像我的父親一樣滑雪與打網球。我們活在鼓勵我們保持健康、挑戰自我和突破生理限制的時代。我們想死皮賴臉的變老。有何不可？

不是年齡讓老年人較容易死亡，而是你的身體有多**衰弱**。

高齡醫學專科醫生利用衰弱指數，來預測一個人何時可能死亡。他們的工作涵蓋了其他醫療專科，包括急重症加護醫學。急重症加護醫學專家肯・希爾曼教授，曾研究並撰寫臨終預期餘命的相關專文；他談到自己當初突然靈光乍現，領悟到他的高齡醫學專科同事們所用的工具有多重要，那就是在病人住進醫院前做的衰弱量表。量表中的九項指數，可供他預估他的急重症病人是會撐過手術，還是會發生嚴重的命危狀況。他也解釋他發現衰弱指數在預測死亡上，有高達百分之九十以上的準確率。

他與他的同僚通常使用臨床衰弱量表（Clinical Frailty Scale）；它很容易判讀與理解，而且從網路就能取得。另一個好用的工具是愛德蒙頓衰弱量表（Edmonton Frail Scale），也可在網路上找到。

事實上，目前有幾種不同的衰弱量表，不過任何人都看得懂前述兩種，也能夠思考它們代表的意思，進而善加利用，而不用非得具備醫療知識。運用這些量表，你就可以為自己弄清楚幾個重要細節，而非等到別人告訴你你很虛弱。

愛德蒙頓量表藉由關於認知、總體健康狀況、情緒和營養等類的各種情況的提問，判定衰弱的程度（等級從〇到十七）。如果一個人的得分接近十七，就可能會有以下單獨一項、或是綜合好幾項的問題：

- 認知能力很差，也就是說他們的理解過程非常緩慢
- 在過去一年間曾因幾種原因多次住院
- 生活無法自理，換句話說，就是需要有人幫忙洗澡、餵食、以及如廁
- 需要他人為其購買飲食
- 正因好幾種疾病在服用多種藥物

- 無法正常飲食，或是不想吃東西
- 大小便失禁且需臥床
- 這所有狀況讓他們非常抑鬱

若有人具有綜合這些永久性衰退狀況，便表示他們的生活品質非常低落。

此外，得分愈接近十七，就代表身體愈衰弱，而且愈可能捱不過下一次重大手術或危急狀況。事實上，即使沒有遇到需要醫療的其他問題，身體也已極為虛弱。

知道這些指數代表的意義，也得知自己的衰弱指數很高，對任何人來說都是很難聽得下去的事，要開口明講也不容易，所以很多醫生不會跟病人直接討論這件事。

不過對我來說，知識就是力量。我想了解自己的衰弱程度，以及它對我代表的意思，這樣我就可以跟我的醫生和家人討論。

如果我們能在落入「衰弱」的類型前，也就是身體尚佳之時，就鼓起勇氣要求知道我們的衰弱分數判讀結果，將有助我們在把它代表的意思，解讀成累積在我們身上的後果時，能夠因應隨之而來的情緒衝擊。我不知道自己會處理得多好，不過我的計劃是及早接觸，這樣我才能夠揀選出一些見解，幫助我面對以後的某些現實，或是在我有機會時盡量設法減緩衰退。但最主要的是，我希望它將協助我知道自己的選項及實際狀況，而這對於我在做預立醫療指示時，以及我若面對手術等重大醫療處置時該如何回應，都將會是一個實際的依據。

或許你屬於不想知道這類資訊的人之一。另一方面很矛盾的是，你或許也是相信了解衰弱評分對自己有好處的人之一——你相信多了解自己的衰弱分數，就能提升替關乎健康的各項細節做選擇的能力，讓你對自己的處境有更多主導和掌控力，也更有尊嚴。

我相信這在你對住院的思考方式上，及你與他人談論此事的態度，都會產生正面的改變。

需留意的是，在評量衰弱指數時，不會要求你說明自己的疾病，因為評量的重點在於它們導致你目前處於什麼樣的狀態，而非疾病本身。但話說回來，你的疾病最終都會是討論中重要的一部分，所以留待後文再回頭談。

至少，如果你知道自己的衰弱評分，在看到醫院與醫生的註記時，你就能夠用跟過去不同的方式解讀，也能夠較精確。假使那些註記說你「健康、年紀很大」，意思是你已年過八十，而且你身上的所有疾病雖是進行性的，但不至於危及性命。（若你現年八十二歲、才剛打過網球大師賽，卻被形容為「年紀很大」，可別覺得被羞辱。這只是醫學上常用來形容年過八十歲長者的用語。）

但如果註記寫的是「衰弱、年長」，便表示你年過六十五歲，並且需要依賴他人協助日常活動。

既然你現在知道什麼是衰弱評分及如何運用，何不更進一步？何不自己告知醫生你的衰弱分數有多少，而不是等醫生告訴你？這麼做能讓你處於主動，在評估自己的風險時也能自主掌控。這樣等於向醫生示意你希望參與一個非常重要和務實的討論，即使最終這會討論到死亡。

現在，有必要在此提醒你注意的是，任何人都不是用一個數字就能代表一切。如果某個人的衰弱評分很高，並不表示他們就該被解雇，只因為他們太虛弱，可能會死。了解這些，是為了給你更多資訊，這樣你就可以在討論你的健康、設想及未來可能狀況時，提供更有建設性的見解。

比方說，拿以下兩個人的狀況做比較。一位是年過九十的男性，儘管患有慢性肺病，使他有時會喘不過氣，但他能走很久，而且心臟強健。另一位則是七十多歲的女性；她由於體重超重，難以做運動，所以隨時間變得愈來愈少活動，並且動作遲緩。她還患有糖尿病，使她腳部的血液循環不良，而且痲木。這代表她不敢確定自己能夠走稍遠的路，因此反而讓她更不想動。光看他們的年紀，你會想最虛弱的是那位男性。但從他們的衰弱程度來看，真正衰弱的是她。至少，她絕對比他更有可能跌倒，並摔斷一條腿或手，光這點就能讓她的衰弱分數遽升，比他慢慢變嚴重的肺病所導致的衰弱，還要快很多。

這兩個人都有權說自己還想再活很多很多年。但他們的預立醫療指示可能看起來大不相同，而且在辦理預立醫療指示時，也會得知他們各自不同的病史。

如果你的評分高於你所認為的，那就抗拒它；如果你不想被它界定，就抗拒那個定義。畢竟，不是從你的年齡、而是從你的衰弱程度去想，就正是拒絕被一個數字界定。如果照料你的醫療團隊給你一個評分，而你覺得他們結果把你當成一個數字、而不是一個人，使你想離開、再也不回來，那就這麼做。

你的疾病清單

現在我們往下一個步驟走，來細看導致你衰弱的原因：你的疾病。這些會讓你知道你將可能接受哪些治療和住院醫療，或是你到了哪個階段會說，「別再做了，我不想再接受任何治療。」

這是一份列出「多項疾病」的清單，而不是只列單一疾病的清單，因為當我們過世，通常是多重疾病同時作用的結果。例如死於缺血性中風的某個人——也就是供應腦部血液的血管被堵住——可能也有慢性腎衰竭、進行性心衰竭、以及癌症。死於心肌梗塞的某個人，可能在世時也有癌症、高血壓、以及腦部血管受損。某個人自行入院摘除腹部一個無癌變的大腫瘤後，卻可能出現休克，並死於心肌梗塞。

這所有疾病的交互作用，導致我們喪失行動力、有認知障礙與無法自理，因而提高我們的衰弱評分。但這並非一夕造成。初期的疾病模式會把我們慢慢帶上這條路，而這個緩慢的過程，讓我們有機會做務實的規劃。人生最後一年間困擾我們的大多數疾病，早已跟我們共處好一段日子，而不是突然出現。它們屬於長期的慢性病。當它們被診斷出來，醫生便知道它們不會痊癒。令人訝異的是，有很多身患長期慢性病的人，並不知道它們最後可能會害他們送命——除非發生其他意外狀況。他們之所以不曉得，或許是因為醫生沒有告訴他們。但也有可能醫生已告知，但他們沒領悟到醫生所說的有多要緊。

當你被診斷出罹患任何疾病時，不妨詢問這是否為長期的慢性疾病。請醫生解釋這個疾病會隨時間對你造成多大影響。如果你希望有所掌控，並了解之後一直到你過世為止、可能會面對哪些治療或手術，別怕提出這個問題。如果目前你怕得不敢問，不妨把問題寫下來放著，給自己一段時間準備，同時記得做心理建設，直到你準備好。不能面對慢性病的影響，有點像指望自己還只有廿一歲。這是活著的方式之一，只不過非常不務實。

每種疾病都不一樣，而且每一種在每個患者身上的表現也各有不同。

然而，許多臨終的年長病人所罹患的各種慢性病，都循著可預測的入院模式，因此醫生能夠針對疾病的可能進程，以及這會為你帶來什麼影響，給予你務實的建議。

大多數人隨年紀增長，會罹患幾種慢性病，而使問題更嚴重。多了解一點這些疾病的共通特性和衝擊，將能讓你看出它們將在你人生終點時如何影響你。知道這一點，將有助你提早很多年就更了解、並因而更能掌控臨終時會遇到的狀況。

採取積極的對策，取得掌控。

我撰寫這本書時採用的是澳洲二〇一七年最新的主要死因統計。這些數據在各個富裕國家及各個年份的變化不大，不過你可藉由網路來更新你所在地的死因統計，甚至可以將這些數據加入書籤，這樣你便能隨時察看，及思考其中的任何變化。

澳洲二〇一七年主要死因為：

- 缺血性心臟疾病——心肌梗塞（一萬八千五百九十人）
- 失智症，包括阿茲海默症（一萬三千七百廿九人）
- 腦血管疾病——腦部血管病變（一萬零一百八十六人）
- 慢性下呼吸道疾病（八千三百五十七人）
- 氣管、支氣管及肺部的癌症（八千兩百六十二人）

為讓我們以另一不同角度來看這個統計，我們應該多加點說明。若我們把所有癌症致死人數加在一起，那麼癌症就是主要死因的第一名。因此癌症是我們討論的重點之一。不過，癌症造成的死亡跟其他疾病的過程稍有不同，所以我打算將它分開來談。

把所有癌症致死人數加在一起，而不只是像氣管、支氣管與肺部的癌症那樣，根據發生部位將它們歸在同一組，那麼所有癌症的致死人數總計占全部的百分之三十左右，而且不只是澳洲，幾乎世界各地皆如此。（二〇一四年，全澳洲死亡人數總計十五萬三千五百八十人，當中有四萬四千一百七十一人死於癌症，占總數的百分之廿八點七。二〇一三年，全紐西蘭死亡人數總計兩萬九千五百六十八人，當中有九千零六十三人死於癌症，占總數的百分之卅。英國癌症研究基金會表示，英國二〇一六年癌症致死比率占死亡總數的百分之廿八。）

這些數據令人沮喪，不過倒也有少數值得一記的好事。澳洲被診斷出癌症的人當中，有百分之六十九會存活至少五年。這些人當中還有很多會活得更久，而且數字持續逐年增加。

若癌症的治療成功——成功率一直都在增加——你將不需要因快死於癌症而住進醫院。你能夠過著健康充實的生活，直到晚年才因其他原因過世。根據每年的平均統計，每八人中有一人死於癌症，而剩餘的七人終生將與癌症共處。

但要為善終提早規劃，我們就應考量罹患癌症的可能性。我們能夠去了解醫院看診事宜，以及若我們會因癌症過世，將可能遇到什麼狀況，還有如何聯繫醫院及安寧療護。

1 譯註：由Kristina Karlsson創立的瑞典風格文具品牌。

2 譯註：Dover，英國肯特郡一個海港，橫渡英吉利海峽的渡輪由此地往返法國加萊港。

3 譯註：台灣的法律規定與澳洲不同。根據民法第一一四五條，有下列各款情事之一者，「喪失其繼承權：一、故意致被繼承人或應繼承人於死或雖未致死因而受刑之宣告者。二、以詐欺或脅迫使被繼承人為關於繼承之遺囑，或使其撤回或變更之者。三、以詐欺或脅迫妨害被繼承人為關於繼承之遺囑，或妨害其撤回或變更之者。四、偽造、變造、隱匿或湮滅被繼承人關於繼承之遺囑者。五、對於被繼承人有重大之虐待或侮辱情事，經被繼承人表示其不得繼承者。前項第二款至第四款之規定，如經被繼承人宥恕者，其繼承權不喪失。」

4 譯註：或稱大律師。沿襲英格蘭普通法制度的國家或地區，如澳洲、香港等，只有出庭律師方能在上訴法庭上替當事人辯護或進行訴訟。

5 譯註：指支持每個人生命所需的生產土地與水源面積。

6 譯註：是不承認三位一體的另類新興宗教派別，被傳統基督宗教視為異端；其信徒基於信仰理由，堅持不接受輸血的醫療方式。

7 譯註：墨菲定律的原句是，如果有兩種或兩種以上的方式去做某件事情，而其中一種選擇方式將導致災難，則必定有人會做出這種選擇。

Chapter 10

我將在哪裡過世？

Where will I die?

在需要前先想像我們希望在什麼地方過世，這樣才能設法讓它實現。

平均有百分之五十左右的人在醫院過世，另外百分之卅五的人在老年安養機構過世，還有百分之十二在家中過世。我將在本章探討每個地方，以幫助你想像哪一處會符合你的需求。

在醫院過世

在醫院過世的那百分之五十的人，在重病入院時往往都非常虛弱。如果某個人身強體健、衰弱指數為零或很低，並且是自行入院接受選擇性手術，那麼他們在醫院死亡的可能性就很低，因此這類情況不會使得在醫院過世的比率提高。

當你踏進一間繁忙的醫院，無論你是院方人員、新來的病人、或是某個住院病患的家屬，都能很快看出這所醫院有多年以來建立的規章，和處理事情的程序。要挑戰如此制度化醫療照護的智慧與權威，感覺有點傻氣。面對如此力量，我們感覺自己渺小又無知。對我來說，這讓我回想起在看著大水從大水壩的洩洪閘奔流而下時，感受到自己有多微不足道。

這在很多方面是好事。畢竟，正當我們不知道自己會活下來、還是會死的那刻，我們只希望自己或我們的至親受到的醫療照護是最好的、已經過實測和檢驗的。我們會希望醫治我們的人懂得我們不懂的知識。在醫院裡，這常被解讀為接受最先進的治療。無論你的背景或教育程度為何、是學者還是卡車司機，都可能會對我們不理解的這個領域生畏。

因此，在這樣的環境，面對我們不熟悉也不懂的事物和狀況，我們得同時顧及自己的權利與需求。最好的處理方式之一，就是建立自己的病識感，讓我們得以跟醫療專業者進行有意義的討論。

選擇性手術是事先安排好的；它可能是摘除膽囊，甚或是做心臟繞道手術。無論醫生何時要你到醫院接受選擇性手術，最好養成習慣提出一系列問題。當中的頭一項問題是：「就我的病史來說，這個手術對我有什麼風險？」

醫生在手術進行前，必須先取得你的知情同意（informed consent）。當要安排手術，也就是早在你接受手術之前，就應該在醫生的診間跟醫生討論好。你的知情同意須涵蓋兩個問題：這個手術的目的為何？可能會有什麼副作用或併發症？

凡是盡責的醫生，都會在手術前給你很充足的時間思考。他們會在之前就鼓勵你提出想問的任何疑問。不過如果不知怎麼的一時想不出要問什麼，你可以問這些問題：

- 這是什麼手術？請告訴我它的正式名稱。你能否幫我寫下來，讓我可以上google搜尋一下？（別因為承認要上網查它的意思而覺得丟臉。Google在這個時代就像圖書館一樣。）

- 是否有其他處置方法，能讓我不用動手術？
- 如果我什麼都不做，會出什麼問題？
- 出現併發症的機率是多少？
- 由你執刀的手術，出現副作用與併發症的機率有多少？
- 如果出現某個併發症，是否需要再動一次手術？

併發症跟手術風險不同；風險跟我們個人體質及病史相關。而出現併發症的比率則跟執刀的外科醫生本身、及他們對比其他醫院別的外科醫生在這項手術的成功率相關。

儘管保險公司、私人醫院和某些專業機構，會收集這項資料及保留準確的數據，但這些都不會向大眾公開。我們一般人也不太擅長提出這類問題並要求解答，因此即便知道這個訊息很重要，但也可能很難靠自己去查明。

但願在態度改變的壓力下，再加上一般大眾提出新的疑問，這點將會有所改變。同時，也不妨向你的外科醫生提問，對方也許會給你很好的解答。況且若你能夠把這類主動提問和對話變成持續一輩子的習慣，等到你較年邁、較虛弱之時，就會覺得開口問是自然而然的一件事。

當我們年邁體虛、又得考慮要不要動手術時，該怎麼辦？不妨記住前文提過了解本身衰弱程度的方法。請你的醫生、家醫科醫生、和外科醫生跟你討論你的衰弱程度。詢問他們這會對你的手術造成多大影響，並跟他們說明你希望比較務實的安排。

如果你的外科醫生未理會你的擔憂，也沒跟你討論，就應有所警覺。如果你已經思考得很清楚，並勇敢提問，你就理應被認真看待。你或許可與當初讓你轉診的家醫科醫生討論；這也是在醫院以外尋求其他形式協助的一個機會。

再次提醒，若你確實想接受手術，你的醫生也支持，而你也信賴那位外科醫生的資歷，那麼你大可對手術有信心，無論你年紀有多大。

在救護車上過世

若我已簽署放棄心肺復甦同意書，但被送上了救護車，該怎麼辦？不管你年紀多大，只要是被救護車送往醫院，就代表無論如何，你都已被交到一個以挽救性命為首要任務的團隊手上。別人會叫救護車，正因為他們希望有人採取行動，救你一命。

如果你已失去意識，便會自動認定你對於被送往醫院一事「默示同意（implied consent）」。由於你已不醒人事，無法告知你處置方式，所以不可能取得你的「知情同意」。這表示你無法拒絕。知情同意在法律上沒有含括緊急狀況。就算你身上刺了拒絕急救的紋身，或戴著有此字樣的手環，在緊急狀況下也不具法律約束力。你必須有能力開口表明拒絕。

當一個人需要接受心肺復甦（CPR），那麼法律的依據很單純，那就是有其必要。

在一些地區，若你不想接受心肺復甦，也已在預立醫療指示中註明，還是必須由你的醫生告知救護車急救單位。做法是填寫「授權之安寧療護計劃（**authorised palliative care plan**）」，然後向救護車急救單位登記。

療護計劃裡除了包括不接受心肺復甦術的決定之外，還有一項聲明，指示救護車的急救技術員不插呼吸管、不給氧、不進行鼻咽抽吸、不打點滴施予藥物。這份計劃也載明，救護車的輔助醫護人員會給予挽救性命的藥物，除非有書面證明文件要他們不可這麼做。

然而一位安寧療護專業者強調，我們必須清楚認知急救能做到什麼程度：「在電視節目裡，設法急救後有百分之七十的人會活下來。但在現實生活中，比例只有將近百分之五。」

因癌症在醫院過世

就如前文所述，當你因末期癌症住進醫院，處理方式會跟其他原因住院稍有不同。

跟癌症共存

我們就來談談因癌症住院。正如前文提到的澳洲主要死因排名，可看出一個模式。一個人的健康開始走下坡的同時，會愈來愈常住院治療，直到過世。

相對的，癌症會用上殺光癌細胞的治療（若可能辦到的話），以維持你的健康，避免癌症發展到末期。這不用非得住院，只是你會有段時間相當虛弱，不過跟常需住院的年長者比起來相對較短。

你的癌症治療方式，以及你因此住院的模式，將視你罹患的是兩百五十多種不同癌症中的哪一種而定。住院可能是為了動手術、做化療、做放射線治療與其他治療，以抑制或殺死癌細胞。

有些癌症可以用非常積極的治療，成功率也很高。但若碰上另外一些癌症，就沒這麼幸運了。例如目前被診斷出罹患早期乳癌的婦女當中，有百分之八十到九十的人存活五年以上，但被診斷出罹患卵巢癌的婦女當中，只有百分之四十四的人存活到五年。

早期發現，對癌症治療結果有極大的影響。乳癌在腫瘤還只是一個小硬塊時就檢查得到，而且也已為此開發出乳房篩檢的方法。相對的，有類似一般腹脹或腸鳴聲等症狀的卵巢癌，常比乳癌還要晚很多才被檢查出來，目前也沒有早期篩檢的方法。

癌症發現得早或晚，差別非常明顯，因為癌症出現的時間愈長，就愈有可能擴散。以外行人聽得懂的話來說，癌症的發生，是因為異常細胞和它們的生長，躲過了身體免疫系統的監測。身體沒辦別出這些成長中的細胞有何不同，因此沒對它們發動攻擊。隨著癌細胞增加，這些微小的細胞複製並擴散到身體其他部位的機率便增加。我們的淋巴系統與血液系統配合，迂迴遍布全身，如同血液循環系統一般，藉由淋巴管運送被稱為淋巴液的這種清澈液體。淋巴系統就像吸塵器，在免疫系統打敗感染、疾病、和其他任何威脅後，清理剩下的廢物與殘骸。問題是，除了沒能偵測出癌細胞的不同外，淋巴系統還會把它們帶到全身，朝心臟而去，讓癌細胞搭順風車到遙遠的未經之地。

醫生用一種分期系統界定所有癌症的發展程度。除了少數例外，這個系統對於各種癌症都代表同樣的意思。第一期屬於早期，如果在這個階段被檢查出來，例如前列腺癌，那麼你很幸運，此時癌症還是一個封閉的小腫瘤；它在成長，但還未擴散。這時候只要動手術就可以切除，而且成功率很高，因為這就像把包在豆莢裡的種子挑掉一樣。

下一個階段是第二期；癌細胞已擴散到腫瘤外，在其他組織中游移和落腳。如果癌症已經轉移，那麼其他組織也必須切除。如何劃定這個組織的範圍，是目前針對癌症處置與治療的很多研究的目標。為你治療癌症的專科醫生，對於那種癌症最可能的擴散模式，具有長期累積的深入了解和知識。因此，例如在切除已達第二期的黑色素瘤時，他們知道要找的是成長得像植物根部的癌，然後將它連同周遭一定範圍的皮下組織一併切除。

你的善終計劃中的主要重點，是若你想積極減少死於癌症的機率，目前最好、也最簡單的做法，就是及早檢測。你可以利用篩檢一些最常見癌症的方案，例如前列腺癌、子宮頸癌、皮膚癌、大腸癌與乳癌篩檢；如今要做這些都很容易。像是現在的數據收集系統，能讓你不必自己去記哪時候該做定期檢查，只要先登記，之後每回該做檢查時就會聯絡你。

你也能採取進一步的方式，就是在還來得及時便預防。研究人員一直在研究與開發免疫療法或疫苗，來防止癌症發生。子宮頸癌的罹患人數如今逐漸減少，就是因為開發出人類乳突病毒疫苗。而對於預防黑色素瘤在第一次手術後擴散到身體其他部位，也出現新的希望，那就是運用一種稱為「疫苗」（它並非真的疫苗，而是作用跟疫苗類似）的治療方法。

不過這些都比不上降低罹癌風險的行為還有效，例如不抽煙、飲酒不過量、和維持適當體重。雖然無法絕對保證，但據統計，持續每年控制這三項的人，就有可能替自己多爭取一些免受癌症侵襲的機會。這麼做也能明顯降低罹患心血管疾病的風險，而這類疾病就如前文所述，是主要的致命疾病。

在下一個階段，也就是第三期，癌症已轉移到淋巴系統，也侵襲到淋巴結。淋巴結位於人體許多不同部位，如腹股溝與腋下。若把淋巴系統形容為用來運輸廢物的水路，那麼淋巴結就是高效率的淨水與蓄水站，負責把濾淨的淋巴液送回血液。癌細胞在擴散到身體其他部位前，常會在淋巴結集合。如果你的執刀醫生打算切除淋巴結，目的就是阻止癌細胞擴散。

到了第三期，癌細胞隨著淋巴或血液系統擴散，甚至以一次一兩個細胞的模式擴散出去。到第四期，癌症已擴散到全身或出現轉移。每種癌症的表現都不一樣，有些會在體內不同部位產生腫瘤。

將這些部位的腫瘤切除，可能是很有效的辦法，雖然不能完全清除體內的癌細胞，但會保護個別器官，以爭取多一點時間。外科手術爭取到的時間有多久，會隨不同癌症，以及個人的不同體質與狀況而有所差異。不過我聽過有名罹患卵巢癌第四期的婦女，在連續接受幾次手術後，從確診至今已存活了十年，而且她堅決要讓自己活更久。她體內的癌細胞並未完全消失，但她跟癌症共存。她可不是讓自己捱過一天又一天，而是四處旅遊、享受人生。

正是治療後，從短期存活延長到長期存活的這一系列微小差異，大大提示和啟發了安寧療護的重新定義。

安寧療護在發展初期，被視為提供給瀕死者的一種照護。但隨著癌症的治療方式日新月異、存活期愈來愈長，癌症緩和照護也擴展了它的範圍。醫學不斷挑戰疾病的界線，因而重新界定安寧療護的意涵——在醫學努力消滅疾病的同時，盡可能給予病人好的生活品質。罹患各種不同疾病的人，從這樣的改變獲得了助益。不過壞處是，很多人以為安寧療護只用於癌症，而沒有認知到它適用於所有疾病。

在安寧療護階段，有些癌症即使無法治癒，但對化療和放射治療的反應很好，甚至緩解多種症狀。另外一些癌症則不然。癌症專科醫生會根據癌症的類型及你的身體狀況，提供療護與建議。他們會將你的年齡納入考量，但同樣的，你的身體狀況和體力，對於你的治療是最至關緊要的。這點也凸顯出保持你的衰弱得分很低有多重要。

如果你是個身體素質還不錯的病人，那麼你對化療的耐受性就會較好。倘若你極度衰弱，也就是說你長期臥床、體力很差，而且很有可能是你罹患的其他疾病所導致的，那麼你的醫師可能會說你恐怕承受不了化療，因為副作用會害你喪命。無論醫生有沒有為你做正式的衰弱量表評估，你就他們所觀察到的狀況愈虛弱，他們就愈不會讓你接受強到讓你可能捱不過去的治療。

當你因癌症快要過世

即使已度過那麼多年，但當某些癌症轉成末期，便可能來到不得不承認病人會死於癌症、而非另一疾病的那個時刻。當某個人的癌症達到末期，從病人的生理和心理能力開始衰退、直到死亡之間的時間，相對較短。

這時候的努力重點，便從嘗試治療，轉換到消除你的疼痛，以及處理隨之而來的心理靈性方面的任何症候群。

每一種癌症都有不同的可能治療方法。如果你被診斷出罹患不太可能治療的癌症，例如進展很快的肺癌，而你表明，「我不想接受任何治療，不要化療、放療、手術，我只想接受照護，只想被照顧得舒舒服服」，那麼你會得到周延的心理支持。

不過，即使是經常預後不佳的肺癌，化療也可能讓情況出現很大轉機。比方說，假使你罹患的是廣泛期小細胞肺癌，化療無法達成治癒你的目標，但可以改善你的症候群以及生活品質。

倘若不做化療，你會在大約六星期內死亡。不過做化療及其他支持療法，你或許會多活兩三年以上，而且大多數時間活得相對不錯，直到它反撲。

相對的，化療和（或）放射線治療對於已轉移的第四期大腸癌——表示癌細胞已經轉移並擴散全身——也許只能讓你再活最多三個月，而非三年。

因此對於不同癌症，化療與放療延長性命的效果，很大一部分是取決於癌症的類型、癌症的惡性、以及它在你身上的哪個部位。

考量這所有可能性，癌症治療已不只是一門科學，而是一種藝術。對我而言理想的治療，會跟你認為的理想治療不同。

但知道要問什麼問題，還有治療會讓你存活多長，在你決定要不要接受治療時至關緊要。

在這個末期階段，癌症疼痛可能是因為組織發炎或壞死、腫瘤侵襲身體別的區域，或是手術、放療或化療後的疼痛。

骨骼疼痛是癌症疼痛的主要特定原因之一。骨腫瘤或癌細胞擴散的病人當中，有高達百分之八十五在罹癌期間有時會出現劇烈疼痛。這點跟淋巴癌與血癌患者不同；這些病人當中，只有不到百分之十會出現骨骼這類型的劇烈疼痛。

麻醉科醫生開始在減輕癌症疼痛方面扮演重要角色；他們會運用緩解疼痛的方法，例如神經阻斷術，在造成疼痛的神經周圍注射藥劑。麻醉科是醫學中較小的一個次專科，不過它的重要性正與日俱增。

希望

好消息是，現在已有嚴謹的癌症治療，提供了很多希望。你可以像我的朋友荷莉一樣活得很好。她當初被診斷出罹患肺癌與轉移到腦部的繼發癌，而繼發癌已先切除。重點在她的肺部；外科醫生等那些繼發癌清除後，才處理她的肺部腫瘤。「在經過幾回很強的化療後，」荷莉說，「醫生打電話告訴我，『這是我們所能得到最好的結果了。』我聽到這消息真是太開心了。

「醫生切除了我左肺的上葉，四個月後，我帶著一團人去了不丹，一行人還爬到老虎的巢穴。」這已是七年前的事。

你同樣擁有法律權利，決定完全相反的作為，告訴醫生你不想做任何治療，只想回家陪伴家人，然後你想要盡可能最有效的止痛藥，這樣在瀕死進行期開始時，你就完全不會察覺到。

每一種癌症都有各別的治療過程。癌症研究持續進展，我們也在進一步學習什麼有效、什麼沒用。為此投入的資源極多。研究最多的疾病是最吸引我們注意的那些，並促使公眾意識到那當中的每一類型癌症，並展開相關宣導。這意味著有其他一些癌症的研究不足，因為它們沒有受到大眾的關注，或是太罕見，以至於能供研究的病例太少。我們對這些癌症的了解，進度緩慢得令人痛苦，少有突破。

「突破」是個讓醫生們心情低落的詞。每當他們的病人聽說有什麼「突破」，就會不斷要求得到那種治療，即使它完全不適用於病人所罹患的癌症類型。然而，的確有實際的突破與發展出現，能給予人們很多希望。

因此，你的善終計劃的一部分，可以含括追蹤及觀察可能對你的疾病有所改善的進展。這樣的做法是為了讓自己保持希望，以激發你所規劃的善終計劃，會是設法讓自己好好度過每一天。面對預後不佳時，保持希望可能不是一件易事。但我們可以面對最糟的現實，同時也懷抱著希望。有能力同時乘載相反的複雜思緒與情緒，是身為人的天賦之一。

目前癌症研究中最令人充滿希望的領域之一，便是免疫療法。這種療法是激活與增強免疫系統，這樣免疫系統便能偵測到它原本沒察覺的癌細胞，並予以清除。癌症會成長，是因為我們的免疫系統無法偵測到它們是變異的，因此不會發動攻擊。

用免疫療法來治療癌症，發展至今已二十年，不過近年的進展顯示，可能很快就會有運用上的革新；用以治療癌症的免疫療法，正值即將出現革命性重大突破與發現的時刻。這些新的免疫療法利用特定的抗體，增強人體的抗腫瘤反應。它們的運用，已能夠讓病人的存活時間變長，甚至提高愈來愈多病人治癒的可能性。

罹患晚期及轉移性癌症的病人，因這些療法而得以存活，這是以往所無法想像的。二○一八年有科學家提出，一名病人罹患了轉移性乳癌——也就是癌症已至晚期，並擴散全身——在經過免疫療法治療後，如今體內已沒發現癌症跡象。

為讓你了解這些發展有多新近，美國聯邦食品暨藥物管理局（FDA）在二○一四年批准nivolumab與pembrolizumab這兩種標靶藥物上市，而澳洲在二○一五年開始，可使用pembrolizumab來治療黑色素瘤，澳洲健保藥品補助系統則在二○一七年納入nivolumab，用以治療晚期與轉移性的非小細胞肺癌。

目前全球有將近四百個臨床實驗正在進行，以了解這些藥物在其他各種癌症治療上的效果。

因此這又把我們帶回到一開始針對癌症的討論——提醒一下前文已談過的：雖然每年總計死亡人數中有三分之一是癌症所導致，不過每年也有很多人發現罹患癌症，接受治療並康復，於是患者就此繼續過著快樂充實的人生，直到因遇到其他狀況而過世。

此外，有太多新療法足以為我們帶來希望。這可不光是報紙報導，而是研究者們說的。

年邁體衰——再度住院時

當不得不住院控制慢性病已成為你的日常，就到了一個儘管為難但實際的時間點，需開始跟你的家人及醫護專業者討論臨終時你想怎麼做。何不把同一年的第二次住院視為一個轉捩點，一個不光思考也討論你希望如何安排、讓自己得以善終的時機？別等你的家人開啟這個話題。基於各種文化傳統的因素，大多數人都會等你自己開口跟他們提。

在大多數的家庭，如果奶奶因中風與髖骨骨折住院，或因髖骨骨折入院後卻發現她罹患肺癌，親人們會找人談談自己有多擔心奶奶恐怕不久人世，或是希望她能早點過世，以免受痛苦折磨。但很少人會真的跟奶奶本人討論這件事。（澳洲安寧療護協會的資料顯示，「百分之八十二的澳洲人認為，跟家人討論他們希望臨終時得到什麼照護相當重要，但只有百分之廿八的人曾付諸實行。」）

當然，如果奶奶之前已經跟家人提過，這類討論就會簡單多了。

新南威爾斯的衛生資訊局（Bureau of Health Information）在《二〇一七年死亡率的臨床研究差異》報告中考量了七種狀況，非常坦白的揭示人們在住院那一年過世的原因。這項研究並沒有為了要公開發布而經過美化。

表格如下頁所示。

表格列出的，是老年人除意外事故之外最常見的住院原因。因為統整和評估了如此大量的死亡數據，因此它們能告訴你關於死亡率的很多資訊，不只是在新南威爾斯省的狀況，全世界凡是生活型態相近的幾乎所有國家亦同。

狀況	住院三十天內過世的人數	每一百個住院病例當中的死亡人數	平均死亡年齡	住院人數	過世前的一年之內也同時患有其他疾病的人數	出院後三十天內過世的比率
出血性中風（腦血管破裂）	1855	33	74	5659	5.8	24%
充血性慢性心衰竭	3793	14	80	27,484	6.0	41%
缺血性中風（腦血管阻塞）	1861	12	74	15,475	7.0	43%
肺炎	5037	11	71	47,133	4.8	38%
慢性阻塞性肺病	3160	10	74	30,525	4.3	43%
急性心肌梗塞（心臟病發）	2108	7	70	30,488	4.8	32%
髖骨骨折	1093	7	83	16,193	9.4	53%

竟有這麼多人在出院後三十天內或三十多天內過世，引人深思。

雖然讀起來令人不舒服，但這份報告揭示了幾個要點：

- 因腦血管突然破裂而中風（出血性中風）的人當中，只有三分之一的人存活。
- 心臟與心血管損傷仍是主要的致死原因，儘管死亡人數少於心肌梗塞。
- 肺炎是住院的最大原因（很久以前，肺炎被稱為「老年人的朋友」。在讓人失能的所有嚴重疾病當中，肺炎是最可能致死的。病人會在發燒、昏迷、和感覺不到疼痛中過世）。
- 髖骨骨折的病人通常身體還有至少九種不良狀況。因髖骨骨折住院、身體虛弱的老年人，在三十天內過世的機率有百分之五十三。

除髖骨骨折以外，在三十天的住院期間過世的人，全都是因為慢性病加上長期累積的影響。

好消息是，過去十五年來，出院後三十天內的死亡率大幅下降；三十天內死於出血性中風的比率下降了百分之十五，死於心肌梗塞的比率則下降了百分之四十一。這顯示若你因以上任一狀況住院，存活的機率愈來愈高。

不過這麼多的死亡人數，甚至到現在依然讓我吃驚。我曾在許多公共衛教講座中聽過，但等到自己看到這份表格的數據，感覺又不一樣。不過我從這個統計中學到最重要的一課，當然，是非常貼近個人的。

癌症的確可能會襲來，讓你的人生立刻出現翻天覆地的改變。不過我有高血脂的傾向，而我母親在快八十歲心肌梗塞後，做了一次三條冠狀動脈繞道手術。她平日吃得比我健康，膽固醇數值也比我低。（早在我耽溺的豐盛美食隨處可得的年代來臨前，她的味覺就已經定型了。）因此我得竭盡所能維持心臟的健康，包括運動與飲食控制。

但更重要的是，我如今懂得在自己的臨終規劃中考量心血管疾病的後果。心血管疾病致死的平均年齡為七十至七十四歲，但我也知道，就算我想追隨我父親的腳步，沒得心血管疾病與失智症，一路活到九十四歲，而我母親活到八十八歲才死於癌症，我還是得設想我可能會比這個年歲早廿四年罹患心血管疾病。

但令人困擾的是聽到一名在醫院工作的醫生表示，出院後三十天內的數據是做好看的。

「為什麼看的是出院後三十天內？那個天數是學院派挑的。如果我們看的是出院後六十天內的數據，真的會讓人更沮喪。」

看來該思考的還很多。

你是否上了年紀，又常因肺部或心臟疾病惡化等狀況住院？這跟為選擇性手術住院大不相同，因為你愈來愈常依賴醫院為你緩解症狀。

在這種情形下，你和你的家人應該向醫療人員傳達你的意願與期待。就以一名因慢性肺阻塞或心衰竭多次住院的女性為例；隨著她年紀增長，每一次住院的間隔便愈來愈短。住院的原因是為了減輕症狀和不適，但無法康復。她不想在醫院裡過世，所以她的難題是如何跟醫生與護理人員解釋，好讓她能協助他們跟她配合，一起找出符合她需求的另一種辦法。

從因某個疾病而經常住院，變成即將走到生命終點的臨終病人，這種轉變並非頃刻之間發生，而是一種漸進的過程。雖然聽起來可能很奇怪，但積極的治療和安寧療護是可以同時進行的。

為非常年邁的老人進行髖關節置換手術便是一個好例子。替因為摔倒而髖部骨折的老年人做髖關節置換手術，是常有的事。即便他們可能（根據新南威爾斯省的數據）有百分之七的機率會在入院後過世，有百分之五十三的機率會在住院三十天內過世，但他們並不會因此就去忍受髖部骨折的痛苦折磨。

另一個例子則是為治療小細胞肺癌所做的化療。它無法治癒這種癌症，但它讓病人得以有較多時間不受疼痛折磨。

轉到安寧療護

在理想的世界中，從治療你疾病的專科醫生轉到安寧療護團隊，會是無縫接軌的。不幸的是，現實並非總是如此，各家醫院的其他團隊對於安寧療護抱持的態度差異很大，有些醫療團隊的成員可能會拒絕「把你交出去」。

此外，尤其在澳洲很多鄉村地區，可能沒有完整的安寧療護團隊能夠照料你，也許只會配有一名安寧療護護理師。

澳洲老年照護素質與安全皇家調查委員會（Australian Royal Commission into Aged Care Quality and Safety）於二〇一八年十月頒布議案，委員會從此將會審查未達標準的臨終照護，但願此後這個問題終能獲得解決。

當你的病況和處境開始改變，以下是你或你的家人或許會想徵詢醫護人員的問題：

- 我感覺自己的狀況正出現變化，它代表什麼意思？
- 我的疼痛是否從此會愈來愈嚴重？
- 從現在起，有誰會固定來診視我？我怕目前診治和照護我的人從此不來了。
- 我的家醫科醫生此後會負責我哪方面的事？
- 此後會是誰幫我控制疼痛？
- 你認為我現在需要接受安寧療護嗎？

如果照顧你的醫療團隊在你提及安寧療護時，態度有些排斥，那麼你可以自行跟這家醫院的安寧照護團隊或你所屬科別的社工談談。如果這些人似乎對你的要求支支吾吾，不妨告訴這家醫院的病患聯絡專員（Patient Liaison Officer）。

如果這麼做讓你不自在，或者你已病重到無法自行處理，不妨跟家人，還有務必包括你指定的替代決策人，討論這個狀況。你需要時若他們剛好沒空，就跟你的家醫科醫生談談。

當你的病況轉變到末期，醫生們會更清楚哪些治療不會對你有益；事實上，它們只會徒然造成你的不適和負擔。過程通常是漸進的，先是每次治療都看到成效，接著成效愈來愈差，就這樣直到一點效果都沒有。

接下來，治療你的醫生會評估你的治療是不是「無益醫療」（過去通常被稱為「無效」醫療）。

「無益醫療」這個詞對你的醫療團隊有其含意。它可能包括觀察，即使是像量體溫或測血壓這樣的小事，還有手術、X光和超音波檢查、以及開立的藥物。它可能還包括透過鼻胃管輸送營養和水分。

家屬可能會開始質疑醫療團隊之前或此時所做的治療有沒有效。美國在二〇〇五年的一項研究顯示，當病人接了呼吸器，而且治療沒有成效，希望繼續治療的家屬只占百分之廿四，但希望繼續的醫療人員比例卻有百分之七十六。諷刺的是，有時這是因為醫療人員以為家屬想要如此。當然，有些狀況是家屬確實希望病人獲得「不顧一切代價」的醫療，即便在病人存活機率微乎其微的情況下——這一種狀況常讓醫生感到為難。

這顯現一個在這個時代才會遇到的挑戰。

醫院如今能藉由過去無法辦到的方式讓人活著。正因如此，我們常以為能夠做就應該做。就像貝納黛特・托賓醫生所指出的，這點有時被稱為「技術上不得不做」。

「隨之而來的是我們文化中所存在的一個誤解，也就是只要有任何機會能延長性命，都應該去做，如果沒做就會有罪惡感。」她說。

多年來，許多研究都顯示，當治療沒有益處，可能該停止時，醫生會覺得很難跟家屬溝通這個狀況。二〇一六年昆士蘭省發表在英國《醫學倫理學雜誌（The Journal of Medical Ethics）》的一份研究，便探討了這個問題。它採訪了來自加護病房、安寧療護、腫瘤科、腎臟內科、一般內科、呼吸系統科、外科、心臟內科、高齡醫學科以及醫務行政部門總計九十六名醫生。這些醫生被問到為何會為臨終病人做「無效」醫療，他們說他們這麼做是因為：

- 希望治癒病人
- 談到死亡會讓他們不自在——通常因為他們還很年輕和缺乏經驗
- 擔心若不提供治療會有法律糾紛
- 家屬難以溝通
- 迫於家屬要求進一步治療的壓力
- 自己也不確定治療會有什麼結果
- 不清楚病人本身的意願

其他原因則跟醫院有直接關連。醫院內級別較高的專科，能夠提供的常規檢測和治療也會較多。而且將病人從醫治轉為安寧療護，醫院內部也有阻礙。研究人員注意到兩個主要因素，即來自家屬的壓力，以及醫生覺得自己受制於醫者的角色。

也許這代表家屬有必要給醫生多一點肯定，讓醫生知道他們沒有期待奇蹟出現。這同樣又回到我們該如何跟醫生溝通這件事情上——當中也包括我們的家人，因為若我們已沒有能力親自跟醫生溝通，很可能就需由家人來做。

即使你依然神智清明，也無疑有能力自行決定，但為確保你關於臨終的意願能被認真看待，最好在你住院之前仔細思考清楚，並寫下你的想法。

放棄心肺復甦

是否要遵從放棄心肺復甦同意書的指示？若答案是肯定的，那麼就必須在你的預立醫療指示裡說清楚（這種狀況會需要你的醫療指示，而非只有醫療自主計劃）。須注意的一點是，過去傳統上通常認為手術中或手術剛結束時，**不用**遵從放棄心肺復甦同意書的指示。

在理想情況下，我們會在手術前，跟麻醉科醫生與執刀醫生非常清楚的討論自己不想接受心肺復甦的意願。不過麻醉科醫生對這類討論的參與仍不夠。我們必須把自己的思緒整理得很清楚——要有辦法清楚說明我們想動手術，但若出問題，我們不想做心肺復甦。

這會引出另一個問題：若把你救活了，有可能你之後會活得很好，那麼醫生是否仍會認為你放棄心肺復甦的決定是合理的？假使醫生認定把人救回來，之後能恢復得很好，你大概會覺得你的放棄心肺復甦同意書等於白簽了。他們臨床的責任感，會壓過他們所認為你可能想怎麼做的疑問。醫生若強烈相信狀況不在「最佳臨床實踐」的範圍內，他們便沒有義務堅守放棄心肺復甦同意書的指示。在這種情況下，就必須雙方在事前經過討論並達成共識。

還有另一種狀況值得思考。如果你的放棄心肺復甦同意書已簽好一段時間，但現在你不是真的想完全照辦。在這種情況下，又將要動這個手術，那麼就要先跟你的醫生及家人說清楚。

通常，「放棄心肺復甦（NFR）」及「勿嘗試心肺復甦（DNFR）」同意書的指示，僅限於在病人心跳或呼吸停止時，決定不做心肺復甦，也就是不讓心跳恢復。但在急重症加護病房或遇到緊急狀況，還會採取其他行動讓一個人活下來。舉例來說，醫護人員可以接呼吸器幫助病人呼吸，或是在病人的氣管放置一根管子（氣管插管），以保護他們的肺部，或可能用鼻胃管餵食。

你須確定自己已經把這件事徹底想得非常清楚，而且治療你的所有醫生以及你的子女也都理解你的立場。隨著你的子女長大成人並各自生活，他們對這件事的態度會出現細微及有時不那麼細微的轉變。所以最好確定你的立場清楚明確，沒有誤解的空間。

如果討論你的死亡，甚或你的健康狀況，在你家被視為一個禁忌，那麼你就無從得知或明瞭家人之間對這件事的看法可能的分歧對立。你有權不把病況的每一個新發展告訴你的家人，但若你先在平日偶爾提及這個重要話題，並以此做為起點，這樣就不會讓你的家人只能靠臆測，之後又為了你可能想怎麼做而爭論。

家人為這件事起爭執很常見，而你的子女之間因從小力求表現、以爭取關注所埋下的嫌隙與對立，可能也因而引爆。會為此事發生衝突，是因為你的決定茲事體大。

倘若你的文件都辦妥，那麼你的家人就只有照你已經決定的去做了。

在家中過世

茱莉・F非常確定把父親諾曼接回家，讓他在家過世的決定是對的，即使她得跟父親入住的公立大醫院「抗爭」，才得以把他帶回家。她解釋，有那麼多人就是因為一旦住院就很難出院，所以只能在公立大醫院裡過世。

茱莉的經歷顯示，只要有安寧療護團隊的協助，在家過世是有辦法達成的目標。

由於她年邁的母親得了失智症，所以都是由茱莉做一切決定。諾曼覺得自己在公立醫院沒受到重視，便告訴茱莉他想回家。

「我竭盡所能用『我們想要居家安寧療護』這樣的話跟他們說，」茱莉告訴我。「可是那個年輕醫生不是沒理會，就是不斷告訴我醫院能為我父親做更多。

「『我們能夠把他照顧得比你在家還要好，因為我們這裡的設施一應俱全。』可是我一直說，『他想死在家裡。』我開始用『死』這個字。他們很不喜歡我這樣，但我就是不改口。」

經過一段讓她覺得很不合理的拖延後，安寧療護團隊終於跟他們聯絡。諾曼一出院，安寧療護團隊便成為他們家的後盾。諾曼被安排住在茱莉家的起居室；那裡是整個家的中心，常會有人進出走動。

「安寧療護團隊曾說，『如果安排他住在臥房，通常房間都位在屋子最裡面，這樣他就會很少跟別人接觸，可是他還是需要與人來往。』」

諾曼那時有大小便失禁的問題。

「我們會替他清理。家裡都是成年人，所以無論是我哥哥、我兒子、我姪女或是誰在家，都有人幫他清理。」

諾曼過世之前的十天都住在家裡，神智清明又健談。

「他會說，『可以給我點檸檬水冰塊嗎？』等他含完冰塊，我們就會坐在那裡聊天，通常是聽他交代我要好好照顧媽媽。」

檸檬水冰塊成了這樣一種不可或缺的東西，因此在家為諾曼辦守靈會時，家人準備了檸檬水冰塊招待前來參加守靈的親友，以此做為緬懷他的方式。在諾曼最後的時日，茱莉依照社區安寧護理人員的教導，為他施打嗎啡。諾曼睡著的時間愈來愈多。

「但當他醒著的時候，他是真的清醒。

「他開始說，『我想死。』我回他，『沒關係。如果你想死，不要緊。我們都能接受，我也會照顧好媽媽。』因為他的神智一直到最後都很清楚，所以我相信他會選擇、會決定哪時候要走。我告訴我哥，爸爸會決定什麼時刻最合適，他會知道的。」

某天大清早，茱莉和她的哥哥反常的醒著。他們已經在父親的床邊坐了好幾小時。清晨五點時，茱莉的媽媽走進來加入他們。這也很反常；因為她通常整夜都在睡，而且對周遭發生的事幾乎渾然不覺。

「我們跟她說，『過來坐吧。』於是我讓媽媽坐在我跟哥哥的中間，我也坐下來。我開玩笑說，『爸，我們三個人都在這裡，而且沒有吵架喔。』他露出微笑。

「大概半小時後，我們正聊著天，我和我哥哥望向我爸爸，那刻他的呼吸就停了。我們倆都看出從有呼吸到沒了呼吸的那一瞬間，而媽媽什麼都不知道。我和哥哥起身親吻父親，輕撫著他，跟他告別。我知道他會自己挑時間。我們全都穿著睡衣、裹著毯子，在昏暗中坐在一起。」

大約一個月後，茱莉做了個夢。諾曼回來跟她說，「你做得對，你選的路沒錯。我現在要走了。」

她醒過來說，「那你就放心的走吧，爸爸。」

要「回家」過世的意念非常強烈。澳洲的第一份相關資料，是根據南澳洲一份研究在二〇〇〇年至二〇〇二年收集到的數據，當中顯示，有百分之七十的澳洲人想在自家床上過世。其他國家廣泛引用的數據也很類似。不過在澳洲，僅有約百分之十二的人在家中過世。

在澳洲，以往公立醫院派到社區做居家安寧療護的團隊，無法安排足夠的人力，做長時段的居家訪視並待在臨終者身旁照料。直到最近，也就是撰寫本書的同時，聯邦與地方政府為此投入了更多資金，但願情況將得以改善。

任何人都可要求轉給安寧療護團隊。不過，醫院的住院病人除非經由主治醫師評估和轉介，否則安寧療護團隊不能進行訪視。若在社區裡，除了特殊狀況，一般都還是必須經由家醫科醫生評估和轉介。

在老年安養機構「較安然」過世

老年安養機構提供不同程度的照護，範圍從協助你日常起居與活動的個人照護助理員，到二十四小時看護。

有些養生村著重於自主生活。他們有顧及隱私的專屬住房，以及一間住民共用餐廳，還有工作人員幫忙維修設施和清潔打掃。自主生活的養生村很大的好處是隨時會有人照看你。除了不必擔心購物、維修與清潔打掃外，你還知道若你出了什麼事，有人會立刻發現。若你哪天生病了，晚上沒去用餐，就會有人注意到，並採取行動。

雖然員工們會留意住民，但他們不是護理師。選擇入住這種類型的安養院時，通常會有一個條款，就是住民若開始需要護理師照護，或者需要他人協助才能前往共用餐廳用餐，那麼入住合約就會失效。住民接下來就得去找能提供較深度照護的老年安養機構。有些安養院同時具備這兩種等級，但千萬別假定會有，最好先問清楚。

接下來等級的老年安養機構，適合需要專業護理的人。入住這類安養院的人已無法自理。當事關臨終，目前澳洲這類型的安養院有一些問題——我懷疑這些跟在英國和紐西蘭出現的問題，可能不見得完全相同，儘管二〇一一年紐西蘭的一項研究顯示，在長期照護機構過世的住民，比例高達百分之四十八。

同樣的，許多倡議者希望臨終照護的問題，將能藉由遵循澳洲老年照護素質與安全皇家委員會所頒布的議案，而獲得解決。

老年安養機構的臨終照護問題

在撰寫本書的同時，有百分之卅五的澳洲人，正在許多老年安養機構裡走向生命終點，然而當事關安寧療護，這些機構都有一個盲點。

我並不是指責在這些安養院內奉獻心力的大多數人，即便當中有少數例外。不過我要特別指出，我們的缺乏集體想像力，還有各省與聯邦機關之間在權責歸屬方面的爭議，再加上由政府出面跟安養院經營者協商，要求他們做必須的改進，但協商卻缺乏一致性，這些都是我們整個社會的責任。

露西的母親在二〇一八年因失智症在一家安養院過世；她敘述了一個司空見慣的場景。

她的母親安琪拉那時快要過世。達到嚴重失智症末期的她，已喪失溝通能力，並且一星期以來都處於極度煩亂的狀態，儘管已用了好幾種藥物來控制臨終躁動的多種症狀，但她仍大哭大鬧、自殘、驚恐，而且很可能感到疼痛。

「我媽很明顯跨過一條界線，變得煩亂無比——不但大哭，而且還掐捏、捶打和抓傷自己。」

安琪拉在雪梨入住的安養院新穎又時髦，還有非常精美的設施，但卻人手不足。安琪拉已辦了預立醫療指示，而她的丈夫，也就是露西的父親，在處於極度憂傷的狀態下，竟推翻了她的意願。

因尊重還活著的伴侶而有如此作為，相當常見，儘管這違背了病人本身的意願。

「我爸無法真正看出什麼才是該做的事。我們其他人都清楚，安琪拉不會希望自己陷入這樣的狀態，但我爸爸被他的悲傷和優柔寡斷困住了，即便他自己就是醫生。」露西說。

「我們必須為媽媽做些什麼。」他的成年子女一直告訴他。

「我不知道還能為她做什麼。」他們的父親不斷這麼回答。

「你不必當那個知道該怎麼做的人，爸。你不必當那個知道解答的人。」他們回答。

最後，負責這家安養院的家醫科醫生來訪視安琪拉，但完全沒有更動她的照護規劃。

「他的訪視非常短暫又敷衍，甚至沒有檢查她。

「媽媽持續處於那種糟糕的狀態。所以我和我姊姊決定聯絡安養院配合的大型教學醫院所屬的安寧照護團隊。但他們說他們無能為力，因為若沒有家醫科醫生的轉介，就沒辦法轉去醫院。可是到目前為止，我們對那個醫生已經失去信心。所以我們接手自己處理，並在當天晚上打電話給媽媽住進安養院前看過的高齡醫學專科醫生。媽媽已經三個月沒去他那裡看診了。

「我們告訴他的祕書，我媽真的亟需他來看診，結果隔天他就來了。」

那位高齡醫學專科醫生抵達後，隨即做出評估，確定安琪拉很可能中風了。

「他檢查了安琪拉的視覺，而且真的可以清楚看出她的一隻眼睛無法視物，一邊的身體也不能動。如今回想，我們懷疑她當時會自殘，是否正是因為中風導致她喪失感覺，因而引發困惑和驚恐。」

那位高齡醫學專科醫生立即訂出一個他稱為「安適措施」的疼痛管理方案，用嗎啡控制疼痛，以維持病人生理和心理的舒適。他問家屬是否理解這樣做的用意和相關風險，她們回答，「我們理解。」露西和她姊姊問，就算她們的父親沒有回應，但可否馬上執行這個方案。醫生立刻就準備開立適合的處方。

嗎啡處方藥的使用方式，各家安養院的差異很大，而且往往是等到有需要才開。露西的母親和她家人不得不再捱久一點，因為這家安養院只跟特定的一家藥局配合，由它來供應嗎啡處方藥，但那家藥局沒有存貨，即使這家安養院是它的大客戶之一。因此安琪拉直到隔天下午一點才打到第一劑嗎啡。

打過兩劑嗎啡後，安琪拉終於從連續一星期的疼痛煎熬抒解。但其實只要安養院能提供更縝密的安寧療護，這些折磨都是能夠避免的。

安琪拉在施打嗎啡將近四天後過世。她的成年子女、親人和丈夫，也飽受煎熬與創傷。他們至今都還未從這段經歷恢復過來。

在我傾聽人們訴說自己的年邁親人在老年安養機構過世的經歷，總是常聽到各式各樣的類似情況。我們很快就不得不回頭去看，並自問我們為什麼會讓這種事發生。受失智症折磨的人尤其容易遭遇這類狀況。

我們會認為老年人——神智混亂的，還有陷入昏迷的，有些可能數年處於這種狀態——會靜悄悄的溘然長逝，對死亡的降臨毫無所覺，換句話說，就是沒有感受到痛苦。有些人的確是這樣，但另一些人則否。我們可能直到最近才明瞭，像那樣的過世應得到關注。

二〇一六年，澳洲衛生與福利局（Australian Institute of Health and Welfare）揭示，

全澳洲的老年安養機構中，被評估需要安寧療護的長期住民只占百分之五。但這群人的安寧療護需求，照理說比例絕對是全國最高的。畢竟，住在安養院的人有百分之九十六會在院裡去世。我們社會中有太多老年人，都在設於一般郊區街道旁的這些安養院裡，無聲無息的步向生命終點。

然而安寧療護專業者正逐步取得進入老年安養機構的機會。其中一名專業人員表示，我們必須記得，「需要特定專科安寧療護的臨終病人，只有相當小的比例。臨終照護是每個人的責任，其中包括家醫科醫生和其他專科醫生。還加上社區護理師及醫院護理師；他們承擔了大部分工作。在有些情況下，可能會、也可能不會諮詢安寧療護專業人員，端視狀況而定。如果安寧療護專業者要照料到所有臨終病人，恐怕會無法負荷。」

況且對於自然發生的事，我們也不希望更多專家介入。但對於哪些需要較多介入、哪些不需要，應有更清楚的界定。

澳洲年過八十五歲的高齡人數，在二〇一六年為四十萬人，預估到二〇五〇年將增加到一百八十萬人。到時候，預估澳洲每年將會有三百五十萬人需要老年安養照護服務，例如安養院。

澳洲有太多老年安養機構錯過安排安寧療護的時機，拖到太晚才提供。在當前這個世代，就應認知這點：愈早引進安寧療護愈妥當。的確有些高齡長者能安詳平和的過世，沒被病痛折磨，因此不太需要這種特殊的療護。然而我們應該提出質疑：目前投入的資源，是否足以確保我們明瞭這兩種狀況非常不同的安養院住民的需求。

這樣的供需脫節令人憂心，但也有一些改善正在進行。近年來，有些安養機構已開始雇用包含臨床護理諮詢師的安寧療護團隊。不過光是這樣還是太少。很多安養院仰賴的安寧療護服務，是視需要再請教學醫院派過來。但是否需要，是由安養院定義，因此能否得到安寧療護，也是由安養院管控，而非醫院。

由於歷史的偶然性，老年安養機構是歸屬於聯邦政府管轄，而非各省政府。因此在省營的公立醫院進行的安寧療護革新，並未遍及老年安養機構。安寧療護團隊無法自動進入老年安養機構。若他們這樣做了，那是因為他們所屬的醫院決定致力於盡心盡力的付出，因此很可能是無償的。安寧療護團隊能夠從醫院深入社區裡的家庭，立即或在有需要時提供稍有差異的支援，但他們通常無法將他們的照護延伸到老年安養機構內。在撰寫本書的同時，安寧療護單位與老年照護政策的制定者，正嘗試矯正如此狀況，但問題不會在短期內獲得解決。

在澳洲，另一個讓太多人的痛苦經驗加倍的問題是，就如前文所述，聯邦法律沒有硬性要求安養院配有夜間值班的註冊護理師。

墨爾本艾佛雷德醫院的家醫科醫生凱倫・希區考克（Karen Hitchcock）經常熱切的撰寫有關老年人與臨終關懷的文章；她的職責是照顧艾佛雷德醫院裡的高齡病患。她的病人通常是從安養院轉來的。他們當初之所以住進安養院，是因為身體太虛弱，無法待在家裡，後來卻被轉到醫院。

「因為安養院沒有夜間值班的護理師，所以送進醫院的這些病人都有很多問題。如果安養院內有受過適當教育且人力充足的機動醫療團隊，當中的一些病人很可能就不必送來住院。」

全澳洲所有在醫院內過世的人當中，估計有百分之十三是被轉送到醫院的安養院長期住民。

在新南威爾斯省，未受過應急措施與醫療評估訓練的安養院個人照護助理員，若發現病人有狀況，就得立即通知院內極稀少又過勞的註冊護理師，並由護理師負責打電話找院外的家醫科醫生。

當病人透過個人照護助理員通知護理師、再由護理師通知能開立止痛藥的醫生，經過這樣的層層通知才拿得到止痛藥，實在太慢了。

一位醫院醫生解釋，對所有人，尤其是人手不足的安養院來說，最簡單的解決之道就是打電話叫救護車，把臨終者送到醫院。

「現在他們極少還會讓這些狀況不佳的年邁病人在安養院內過世，即使這些病人已經在那裡住了好一段日子。」他說。

有時則會發生相反的狀況，即個人照護助理員怕去打擾忙碌的主管。

如果教學醫院所屬的外派安寧療護團隊接到通知，也只有在病人已跟那家醫院的安寧療護服務單位登記的情形下，才能給予醫療建議。這常會導致緩慢又棘手的狀況，即病人從疼痛初次發作，到獲得有效控制疼痛的處置，當中得先經過太多溝通協調的步驟。這很可能大大影響到病人的疼痛控管。

聯邦政府的臨終照護政策指明，老年安養機構應具備相應的系統，以全年每天廿四小時提供必須的安寧舒緩藥物。而且醫生必須能夠透過電話和視訊，取得所需的安寧療護建議。然而在澳洲，親屬談到的經歷卻顯示，真正付諸實行的還不夠多。

該考量哪些事

如果你正在考慮住進某家安養院，不妨在決定住進去之前，先了解它在安寧療護方面的處理方式。你會考慮住進安養院，應該是已經虛弱到無法在家自理，甚至可能虛弱到沒有精力進行這些討論。所以最好跟你的家人或其他代理人清楚表明，你有哪些疑問希望得到解答。你在住進某家安養院之前，應該講明你需要弄清楚這些疑問。

以下幾點是你也許會想提出的疑問：

- 這家安養院對安寧療護方面的處理方式為何？
- 它的員工接受什麼樣的安寧療護訓練？
- 我能否跟它的員工討論我們的預立醫療計劃？
- 負責那家安養院的醫生，是否懂得安寧療護及高齡病人的臨終照護？

- 若我需要如防褥瘡氣墊床或給氧機等特殊設備，我的家人該聯絡誰？
- 若我快要離世，醫生又剛好沒辦法來，安養院有沒有可聯繫的安寧療護臨床護理諮詢師？
- 安養院使用什麼樣的作業方式，來聯絡最近的特定專科安寧療護團隊？如果我感到疼痛，他們能多快回應並做處置？
- 我的家人會獲得什麼樣的支持？而且若家人想在我快過世時陪在我身邊，院方鼓勵他們這麼做嗎？
- 我能跟誰談論我的宗教信仰和習俗傳統？
- 我能否收到這些問題的書面回覆？
- 關於老年安養機構管理委員會針對這些問題提出的處理方法，你們是否有這方面的資料？

這一切會讓你置身什麼處境？

在安寧療護學者佩塔・麥克維（Peta McVey）的研究中，所提出最引人注意的特徵之一，是安養院的住民被問到為什麼會住進這裡時，他們回答，「因為醫生說我該住到安養院。」這通常是他們前一次住院聽到的話。（他們沒說「因為我的糖尿病控制不好」或「我的心臟病愈來愈嚴重」。）

如此回答的毛病在於，這等於把自己處境的控制權交給別人，讓你置身在一種選擇性忽視的狀態中。這也等於同意讓你的醫療團隊去跟別人商議你的狀況，而不是跟你本人。這種態度在過去或許普遍可以接受，但到了現在這個時代，你為何還要接受？所以再次提醒，對你如何離世保有控制權的關鍵，是要持續去了解自己的身體狀況，以及設法辨識它正向你透露什麼訊息。

另一點則與剛過世那段時期有關。家屬有權聚在一起跟剛過世的人道別。雪梨曾發生過一個狀況；有名老婦人在凌晨一點半過世，安養院聯繫她的家人，並告知必須在三小時內將她的大體移出安養院，理由是職業衛生安全法規的規定。這個理由與事實不符。根據澳洲醫療護理安全品質委員會的說法，應讓家屬有機會聚在剛過世的人身旁。倘若安養院表示，無法在家屬完成人類這項最重要的基本行為之前容留大體，那麼這家安養院就大有問題了。

在臨終照護之家或安寧療護病房過世

二次世界大戰後，醫學知識的突飛猛進，促使今日先進、現代化、以科學為基礎的大型教學醫院發展出來，不僅讓人期待那裡會有神奇的療法，醫院公關也常宣傳治療的非凡成果。臨終照護之家及安寧療護單位是這條科技醫療主線分出來的小支線。他們沒有如電腦斷層掃描儀等一大堆炫目的精密機器，也沒有為疑難疾病搜尋療法的實驗室。（世界各國有時會用「安寧療護單位」或「安寧療護醫院」取代「臨終照護之家」這個名稱，因此用以稱呼這部分的名詞會有所不同。）

在澳洲，臨終照護之家和安寧療護單位的規劃方式及所提供的服務，各個省份會有所差異，而且會根據各地區提供服務的做法及健保系統來運作，但都普遍理解安寧療護的目標，也正加速推進。

隨著安寧療護的擴展，支援團隊內也發展出各種技術，思維也出現不同的轉變。現在已不再是階級分明的結構；有了最懂得箇中學問的人領導照護團隊，照護的職責變得較「徹底」，因為它已不光是一種致力讓臨終者安適的專業技能。安寧療護的一大特點是「共同決策」；其理念是在每個參與者及社區之間建立牢靠的網絡，並在這個網絡運作的同時，改善安寧療護的品質。

安寧療護的規劃，包含了了解病人在生理、社會心理、情緒、文化、及精神方面的需求。凡任一方面出現痛苦的狀況，都會予以評估，以期達到適當抒解及控制的目標。優秀的安寧療護團隊對家屬的關懷不亞於臨終者；他們也會考量到家屬的狀況。這不只是顧及臨終者，同時也為降低家屬往後出現心理或其他健康問題的風險。

安寧療護一度曾被嚴格定義為臨終照護，不過如今範圍已擴大到讓病人活著的時候感覺更安適。體貼且觀察入微的醫生會在診斷後，盡早讓安寧療護專業者加入，而隨著病情發展，安寧療護專業者的工作會愈來愈吃重。比方說，當腫瘤科醫生能為病人做的不多時，安寧療護團隊能夠做的會比較多。

跟醫護人員談論死亡

若你想針對臨終到離世的過程，表明自己的心願，寫下來的效力最大。醫生們發現一個現象，就是難以跟病人開誠布公的談論他們的臨終，以及即將面對的現實；這點在醫學文獻中討論得很多。很多加護病房醫護人員發現，竟是他們在跟病人討論臨終的問題，即便病人當下完全沒想到會談及這件事。最大力倡導全人照護方式的其中一些人，正是急重症加護醫學專業人士。不想坦誠談論的，往往是家屬，而非加護病房醫護人員。醫護人員得考量你的最佳利益來做決定，因此他們會設法得知你的想法。不過他們需要絕對肯定你此刻告訴他們的，是經過深思熟慮，而不是基於你目前正承受的短時間痛苦而做出的一時反應。

各種護理領域的所有專業者都看過病人情緒低落，納悶自己幹嘛要接受某種照護或某個手術，只不過兩三個月後，這同一個人卻開開心心的走進醫院大門，擁抱並感謝他們幫他重回正常生活。

身患絕症的病人當中也會出現類似情形，差別在於他們感激的是得以再活一小段或相當多的額外時間。以往心臟繞道手術之於老年人也屬於這一種。直到近幾年，醫生才比較願意為年過八十的長者進行心臟冠狀動脈繞道手術，而如今為更年邁的病人動這種手術已是日常。一名心臟外科醫生說，他最近為一位高齡九十三的病人做冠狀動脈繞道手術，為她多爭取了四年健康度日的時間，她非常感激。這位醫生相信她很有心再多活幾年，也很有把握她能撐過手術，而且過著生活品質很好的日子。

因此若你不想接受心肺復甦，或是不顧一切代價的治療，就必須有辦法表明這是經過深思熟慮做出的決定，是在你生病之前並具健全判斷力時做出的決定。這時候，你的書面意願及你指定的替代決策人就變得非常重要。

老年臨終照護指南協調員的角色，在二〇一八年首次引進醫院。有些安寧療護護理師強調，他們醫院的老年臨終照護指南協調員附屬於安寧療護部門，同時在病情發展的更早階段，也就是病人仍在醫院的其他專科單位治療時，就確實需要這位協調員所能提供的訊息。

「等到住進安寧療護病房的那個時刻，才來思考自己的臨終規劃，就真的太遲了。在理想的狀況下，協調員會跟來自醫院其他所有部門的人配合。」一名安寧療護護理師表示。

好消息是，六個月後，這樣的一名協調員表示，她正跟其他團隊配合，收集資料以開發出記錄病人疼痛的更佳方法、改進與安寧療護護理師的聯繫、還有及早偵測出病人的躁動跡象。

你是否需要一位獨立的病患代理人？

人們時常發覺，醫院環境、設備、訓練有素的專業者、及技術流程，會讓他們不知所措，更別提他們對本身健康問題的擔憂了。無論這一切讓他們有何感受，對於照料他們、設法治療他們身體病痛的那些人真誠付出的最大努力，他們心裡會想著應要予以尊重，因此不願去干涉或多說什麼。

即使你很早就辦了預立醫療指示，但當你患病，尤其是到了疾病較末期時，你也許會希望有個專精於病人權益維護的獨立代理人來協助你。

這在澳洲是相對較新的概念。獨立於醫治病人的醫院之外的病患代理人，其專業角色到現在才正逐步發展。

雖然大多數醫護人員的用意良善，而且高度專業，不過有些人會覺得，若有一個在他們住進醫院前就認識、也了解他們狀況的人共同配合，會較有安全感。

病患代理人的自主所意味的獨立性，有助於在人們對醫護人員的做法有猶疑時，信賴病患代理人。這類代理人在人們一被診斷出患有重病，但還未做出動手術和長期照護的決定時，能夠在協助病人這方面扮演關鍵角色。

桃樂絲・卡梅克（Dorothy Kamaker）在擔任護理師多年後，轉行擔任病患代理人。這樣的經驗讓她開始察覺到一般人的需求。她談到來找她的兩名病人，兩人希望達成的目標完全不同。

貝蒂希望可以讓她九十三歲的母親伊蓮離世。身患絕症的伊蓮已住院三星期，一直在接受治療，但她不可能痊癒，所以持續治療並無任何助益。貝蒂認為她讓母親失望了，因為她無法使母親免受不必要的折磨。

「我們兩人一起，得以協商出一個重新調整的醫療計劃，從治療轉到安寧療護，看到貝蒂鬆了一口氣，真是太好了。她用心策劃出最好的結果：安詳的過世。儘管她很悲傷，但也感到自豪。」桃樂絲說。

桃樂絲的另一位病人安娜，意外得知自己得了末期癌症。

「安娜其實是在健身房的課程結束後，在醫師的診間得知自己被宣判死刑。她的外表看起來很健康，使得她對預後很差這件事完全沒有心理準備，因而陷入極大的悲傷與失落。對安娜來說，化療與免疫療法是難以接受的更大衝擊。

「她的看法是，試圖把無可避免的狀況延後是無濟於事的。我的職責是去弄清楚安娜的目標與治療選項，並成為獨立的專家支援者，讓她能夠仰賴我確保她接受的醫療都是以這些目標為重。長話短說，她的房子在一個月內就要拍賣，免疫療法的成功讓她有機會告訴我，『如果沒有那些掃描結果，我不會相信自己出問題』，以及『你給我的建議當中最意想不到的一個，是你建議我把安寧療護當成讓自己活得較舒適的方法，而非萬不得已的選擇。』她那極度的悲傷和負面想法都煙消雲散了。」

桃樂絲說，對很多人而言，最需要接受醫療的時刻，正是他們最缺乏能力去面對、估量、及決定該採取什麼處理方式，以符合他們最佳利益和心願的時刻。

「那不是適合獨自承擔的時候。」

最近她的配合對象是一名婦人；她的家人認為她住的安養院不好，但他們沒有評估的專業能力，於是請教桃樂絲。

「上星期，我有兩名客戶『死亡』：其中一位得了失智症，他的妻子和家人看到失智症的進展，我便針對將會遭遇什麼、該如何因應，提出建議，他們也聽從了，並打造出最好的歷程。

「另一位（是健康在生命最後八年間持續惡化的七十八歲病人）則是家人相互爭鬥、衝突、欺凌、走法律途徑迫使醫院持續治療、憤怒、耗費金錢、以及痛苦。更別提他們的選擇在道德上是有疑義的。

「這是兩極化的問題。就像課本裡說的『如何做』與『如何不做』一般。我從中了解到的重點，是在危機或傷痛發生之前，就預先寫下自己的意願，是每個人的重責大任。我們需要有大眾論壇及電視節目探討這個問題。」桃樂絲說。

露易絲・梅斯（Louise Mace）便是在她父親臨終時遭遇到許多難題，因而啟發她提供這類服務，其名稱為「停留的新方式（New Way to Stay）」。（我將在後文敘述他們的經歷。）

「幾乎所有人都覺得不知該如何面對衰老的過程，尤其當健康開始出狀況時。」露易絲說。「我直接承襲我過世父親的經驗，再加上我的個人經歷，如今我成為一些家庭的求助對象，幫助他們處理個人的晚年規劃。

「我們從草擬包含目標在內的計劃著手，接著，若客戶要求，我們也可以在整個過程中陪同在旁提供支持，以協助他們理解這些目標。我們有許多研究詳盡的資源供應者，也能夠迅速又有效率的為客戶聯繫到解決各方面難題的人，例如法律、醫療、財務、安寧療護、家居改造服務，及其他很多方面。我們可藉由這種做法，讓客戶更可能得以居家安養、直到過世，只要他們希望如此。我們發現每個人的狀況各有不同，因此我們所打造的客製化方案，對客戶至關緊要，因為它確保他們有能力去選擇要住在哪裡、住在何種環境。這不僅對客戶的晚年生活，也對他們全家人都有幫助。他們因而得以更著重在『有品質』的生活，而非『存活著』的生活。」露易絲說。

這些代理服務的一個明顯特徵，是他們會結合一群跟其客戶有同樣目標及價值觀的專業人士，例如財務顧問、醫生、與醫護專業者等。這樣能讓你在人生充滿壓力的這一段日子，為你和你的家人節省許多時間。

若你認為自己也許需要一位代理人，不妨讓家人知道，甚至跟你預立計劃的其他重點寫在一起。你可以做點功課，搜尋你希望來代表你的人。不過就算你已耗盡精力，都還未能找到這樣的人，你也已經替家人設定好正確的方向。他們會有很多事要辦，但他們可以從搜尋引擎開始著手，打進「病患代理人」幾個字。在做這類搜尋時，目標是設法跟那位代理人客戶的家屬談談；這方法跟你在替自己的年幼子女找保母時差不多。

展望未來

遺憾的是，沒能及早找安寧療護團隊來照料病人的例子，至今依然很多。這可能是因為家屬或照顧者不願意，或是因為醫療專業者的介入。

二〇一五年，露易絲・梅斯八十一歲的父親在雪梨某家醫院過世。他生前患有幾種可能危及性命的疾病，包括癌症。他住進醫院時已非常虛弱，露易絲直覺認為他可能不久人世，便告訴醫院指定的社工，她想讓父親接受安寧療護。

「她指責我，說這時候還太早。」露易絲說。「這太糟糕了，因為她讓我覺得自己好像想讓爸爸早點死，但我根本沒這個意思。過了一段時間後，儘管社工拒絕幫我們聯繫安寧療護，但爸爸的痛苦一天比一天嚴重，所以我決定自己直接去找醫院的安寧療護團隊。他們很棒，並且立刻就轉介一位專科醫生跟我們見面。

「新來的這位醫生馬上證實我爸爸處於臨終，就快要過世。雖然聽到這話很難受，但知道醫院體系裡有人也許能幫爸爸的折磨做些什麼，還是讓我大大鬆了口氣。

「安寧療護的醫生坦白告訴我們倆，爸爸能有什麼選項。他解釋，爸爸的選項中不包括轉到復健科，因為他的狀況已經不符合了。我跟爸爸幾星期以來原本一直想這麼做。

「這樣只剩下兩個選擇，一個是把爸爸從醫院轉到安養院，度過所剩無多的時日；另一個選擇是仍待在醫院，並停掉所有藥物，讓他不會『有可能』較慢走，而是自然而然的早一點離世。到這時候，我們甚至都沒想過也許有把爸爸帶回家的方法，也沒有任何人提起、建議、或甚至問過我們這點。

「我爸挑了第二個選擇。那許多藥物才停掉其中一種，他的身體在幾天內便終於開始慢慢完全停止運作。感覺就像他的身體在這麼長一段時間以來都在試著死亡，而一群專科醫生使得每一個衰竭器官掙扎求生的情況更糟糕，在專心處理一個問題的同時，又製造出另一個問題。

「有天下午，幾星期來才出現過兩次的社工到我爸的病房，在門口問我為什麼還沒幫我爸辦出院，轉去安養院。我解釋，爸爸已經選擇接受安寧療護。令人難以置信的是，他再次質疑我為什麼要找安寧療護，還有醫院是否真會『准許』爸爸死在醫院病房。

「一直到爸爸生命的最後幾小時，就算他快過世，而且很虛弱，他的頭腦依然很清楚，耳朵也好得很。我相信他肯定聽到那段對話。三小時後，他過世了。這整段經歷讓我極其心痛和大失所望。」

很多醫療專業者都對這類例子不陌生；他們知道，儘管大型教學醫院設置安寧療護團隊的用意良善，然而經常是醫院體系內的某些人，甚至醫生，可能會從中阻擋，即便是出於好意。露易絲的失望促使她成立自己的公司，「停留的新方式」，來支援遭遇這類狀況的人。

不過心態正在改變。安寧療護團隊也認知到，提供最好的醫療照護，跟只是出現在臨終者面前是兩回事。因此他們的療護目標，也包括在「到場陪伴」病人的工作中結合具同理心的傾聽者，例如志工和牧師。

瓊是她丈夫的主要照顧者；他在臨終住進醫院之前，一直都是瓊在照料他。她說，能夠跟安寧療護團隊裡非醫療專業的支援者談談，讓她鬆了一口氣，因為她可以發洩，暢所欲言，而不是成為團隊會議記錄中的工作要點之一。

我們回到原點，再來談談生活品質和「善終」

現今的安寧療護環境，無論是在臨終照護之家、安寧病房、或只是某家小醫院內騰出的一個小房間，都是較不被傳統醫院規定束縛的理想處所。寵物能去探視，探訪時間沒有嚴格限制，而且待在房裡的訪客人數，可以依病人心意而定。這些處所讓臨終者能夠為他們的絕症做短期的舒緩治療，然後等到臨終再住進來。總體目標是控制病人的症候群，以確保他們擁有好的生活品質。

一個全方位的安寧療護團隊會包括：

- 護理師
- 安寧療護專科醫生

- 以及／或對安寧療護有所涉獵的家醫科醫生（尤其在安寧療護專科醫生稀少的偏鄉地區）
- 親友過世、哀傷、喪慟諮商服務
- 志工
- 協力的醫療人員[1]
- 牧師與牧靈人員
- 醫院員工
- 社區成員
- 腫瘤科醫生
- 順勢療法治療師

如果畫圖來表示，這個配置會像一個圓圈，病人、家屬與照顧者位在中心，安寧療護團隊成員則圍繞著他們。安寧療護團隊負責人會相信全人的、沒有層級關係的方式運作起來最好。維多莉亞安寧療護醫院（Palliative Care Victoria）有句標語：「沒有一個人厲害到能滿足他人的所有需求。」

在此提醒，在我們思考如何「善終」時應謹慎的一點是，我們不是把「善」終變成「正常」過世。我們應該留意，善終並不是像醫院為削減成本，而把它重新界定成在醫院以外的處所過世。我們也不應該假定會有較多人想要更多止痛藥和鎮靜劑，一路沉睡到過世，就把這種方式狹隘的定義成「善」終。

「我不喜歡用『善終』這個詞。」一位安寧療護專科醫生告訴我。「怎樣是善終是由誰來判定？它較關乎於一個人以自己選擇的方式過世——死得如其所願。」

臨終照護之家和安寧療護病房顧及的範圍相當廣，包括醫療評估、護理評估，然後是社會心理與「功能性」評估。在診斷剛出來時，你所需的護理可能最少，但到了疾病較晚階段便會增加。社會心理評估會問：你在情緒、心靈、幸福安康、以及家人方面，有什麼需求？

功能性評估是職能治療師參與的部分。誰想像得到，職能治療在不久前，才開始成為安寧療護的一部分？事實上，它變得愈來愈重要。職能治療這個專業，目的是協助人們去做自己很看重的日常事務，以及讓他們保有能力去做自己需要和想做的事。

隨著提供更佳安寧療護的目標擴大，各地醫院都意識到，他們所能做到最好的事，是幫助人們在快要過世時活得更好。安寧療護團隊所屬的職能治療師，會離開醫院去做家庭訪視，評估病人的居家環境，這樣病人就能夠居家安寧，實現他們在家裡去世的目標。

比如說，也許在家中廁所的馬桶旁多加一個扶手，這樣在病人虛弱並需要額外支撐時，就有東西可以抓；或者改變病人做事的方式，例如怎麼下廚，這樣就能盡量延長病人自己下廚的日子。目前為止，職能治療師所做的，跟他們做高齡照護評估時，為虛弱和年邁的人改造居家環境，並沒有太大的差別。

不過安寧療護的職能治療師，會確認必要的設施，例如病床，能從醫院列出的許多社區輔具資源中心租借，並送到家中，也會確認病人及其看護懂得如何使用。這樣不僅在家照顧病患的人會比較輕鬆，正步向生命終點的病患本身也會較舒適。不過安寧療護的職能治療師，也可以協助他們最後一回進行並完成一些活動，或是幫他們蒐集資源、凝聚精力，為他們所愛的人寫下自己的人生回顧。

最重要的是，他們會跟安寧照護病人一起坐下來，了解並評估病人有什麼樣的目標，以及該如何達成。

研究安寧療護職能治療的西雪梨大學博士凱瑟琳・漢彌爾（Kathrine Hammill），說明職能治療師能如何協助人們繼續生活，並參與有意義的活動。

「雖然大多數人重視與家人親友的相處時間，不過什麼是重要的，可能因人而異。」她說。

她接著用一個例子來說明：某個人真正想要的，也許是能去住家附近的咖啡館，跟朋友喝杯咖啡。

「職能治療師會協助這個人安排行程與日常活動，這樣他到時候就有足夠的精力去做這件事，還要事先確定進出咖啡廳不會有障礙，以及若有需要，有沒有輪椅可用。隨著這個人的身體愈來愈虛弱，再也沒辦法前往咖啡館，職能治療師會找其他方式，讓他還可以繼續跟朋友約定一起喝咖啡。

「不過另一個人或許對跟朋友約喝咖啡沒興趣。對他來說，最重要的目標是能夠自己下廚，跟家人聚在一起用餐。職能治療師同樣會協助他們，想出如何運用剩餘的有限精力下廚的辦法。比方說，與其親自買菜、備料、烹煮整頓飯菜，職能治療師可能會協助他設計供全家人享用的餐點菜單、教他在網上買菜，或者可能建議其他不同的備餐方法，而非目前的方式。」

漢彌爾博士說，「雖然我們所做的一些行程安排，以及日常活動的調整，可能看似稀鬆平常，但我們的客戶往往覺得，他們不能停止自己習慣做的事，就算這會使他們感到疲累或更不舒服。所以他們很感激我們教導新的對策和進行日常活動的方法，因為這幫助他們保持活躍和參與感，只不過是以一種不同的新方式。如果我們已經討論過他們的參與程度與目標，等到他們沒辦法再繼續做以前認為很要緊的某些事，他們也不會覺得很有罪惡感。這點真的很重要，因為這不僅能讓他們好好過日子，也同時能夠面對死亡。」

把住進安寧病房就代表死期已近的觀念擺脫，是值得的。你可以短期住進安寧療護病房，把你的症候群控制下來，或是給予你的家人喘息的機會。當然，接受安寧療護，可以是過世前一段時期的一種強大支持，不過你依然能夠回家。

羅患末期腎臟病的詹妮，打定主意要在家離世。病情惡化到後來，詹妮持續兩星期沒排便，定期前來訪視的安寧療護團隊向主要的照顧者、即她的女兒珍妮特解釋，變得很硬的糞便讓詹妮感到非常痛苦不適，而這是可以避免的。但詹妮一直拒絕通便。

珍妮特曾向詹妮承諾，她絕對不會做任何事，讓她的性命沒必要的延長。但珍妮特發現，因血中毒素導致神智不清的詹妮，很怕自己會被施予延長性命的治療。

很多年前，詹妮的祖母罹患絕症，到最後出現腸阻塞，很快就過世了。詹妮曾告訴珍妮特這段往事，於是珍妮特領悟到這正是詹妮拒絕治療的原因。

珍妮特向安寧療護團隊說明這點。當遇到這類情況，團隊成員得在他們相信怎麼做對病人最好，以及病人顯然基於誤解而表明的意願之間權衡。他們的義務是保護病人免於因誤判，而使照護受到影響，同時尊重病人的自主。

團隊決定讓詹妮住進安寧療護病房接受治療。雖然這違反了詹妮的意願，但他們明瞭她之所以拒絕治療，是因為她誤解了他們的用意。他們也知道詹妮所罹患的那個疾病，確實會一定程度的減損認知能力，因而影響了她的判斷力。於是他們幫詹妮做了醫療處置，後來詹妮也說，她很慶幸他們這麼做。

詹妮的經歷說明了另一點，那就是你有必要了解治療的目的是什麼，否則若你已做出拒絕治療的決定，到時候就會受到影響。因此，事先規劃你會為了什麼、以及不想為了什麼而做治療，並理解你需要好的意見才能做到這點，是非常重要的。

在找安寧療護時，不妨考量這三個問題：

- 安寧療護如今很普遍。不過它服務的範圍是否包括你居住的區域？你也許會發現在你居住的地區，例如偏鄉，安寧療護還沒發展得很完善，或是不易獲得。又或者你一向健康硬朗，直到現在才需要醫生，這可能代表醫療健保服務單位都沒有你的紀錄，因而一直沒有為你提供安寧療護。

- 負責治療你的醫療團隊對安寧療護的態度為何？病情進展到什麼階段，他們才會讓自己醫院的安寧療護團隊接手？提到安寧療護時，他們是否會不高興？他們跟就在他們下面兩層樓的那個團隊，是否密切配合並抱持肯定的態度？
- 這個安寧療護團隊看起來如何？他們是否暴躁又過勞？他們是否讓你有歸屬感？他們是否能夠坦然接納你的性取向、衣著品味和宗教信仰？這個團隊是否有足夠的人手為你，或者不只你本人，還有你的親人們，付出足夠的心力？

有時，我們第一次開口跟人談論這類事情，焦慮就可能消除一大半。某位護理師也許乍看之下老派到不可能認同你的性取向，直到你發現她最近才為了她心愛的同性戀兒子新婚，辦了一場派對。某個斯里蘭卡人或許看起來像僧伽羅人（Sinhalese），結果他跟你一樣是坦米爾人（Tamil），或者他渾然不知你們兩族先人間的緊張對立，因為他從斯里蘭卡移民來澳洲的祖父母發過誓，絕不跟家人提起那個國家的種族衝突[2]。

大多數的專業安寧療護工作者，都接受過因應多元族群與文化的訓練。然而身為一個自主的個體，在你進入任何安寧療護系統，或將你的至親至愛委託給他們的同時，你都有權針對照護水準提出問題。要得到聆聽與尊重，你需要在控制得住悲傷與愁苦的情況下，盡可能客觀的討論問題。

1 譯註：跟醫療團隊配合，提供與醫療保健有關的一系列診斷、技術、治療和支持服務的醫療人員。

2 譯註：斯里蘭卡以信奉佛教的僧伽羅人占大多數，而信奉印度教為主的少數族群坦米爾人長期受到不平等待遇，因此兩族迭有衝突，再加上僧伽羅民族主義者的煽動，和恐怖組織「坦米爾之虎」的武裝叛亂，使得斯里蘭卡數十年來動亂不斷。

Chapter 11

旅程結束：我們說出「死亡」這兩個字

The journey ends:we say the word "die"

我們學習開口談論自己希望如何離世，因為透過言說，不僅能向他人表明我們所願，也能消除自己與他人的恐懼。

經過縝密的計劃後，我們便可以放鬆的坐下來深思。我們的確不希望離世，但如今我們不再感到那麼恐懼。生命會開始，也會結束。

新南威爾斯紐卡斯爾市（Newcastle）的新聞記者吉兒・安伯森（Jill Emberson）身患絕症；在兩年前，她正值五十八歲，被確診出罹患卵巢癌。她的腫瘤科醫療團隊預測，她可能只能再活二到五年。她泰然接受已到末期的病情，不過她對於自己用拒絕相信即將離世來面對此事，態度也很坦然。

「我的腫瘤科心理治療師告訴我，這是一種稱為『功能性否認』的應對機制。這很常見。我知道我在否認，但若不這麼做，我每天早上連爬下床都辦不到。

「功能性否認是一個確實有用的應對機制，使我們得以知道這個狀況的現實是，你真的不可能活很多年。功能性否認讓我們能這麼想，『好吧，我知道那終究會發生，不過目前確實還不到那個地步。我可以想想我想幹嘛，甚至還可以對往後十年、二十年懷有希望和夢想。』」

這些是吉兒在她創立的播客「還是吉兒（Still Jill）」中說過的話。吉兒製作播客的用意，不僅是藉由拒絕讓疾病界定她（她涉及社會正義課題的新聞工作正是關於拒絕被界定）來摒斥它的影響力，也是為了喚起大眾對卵巢癌的重視。

「卵巢癌的研究之所以未受到應有的重視，是因為大多數卵巢癌患者沒有像乳癌患者一樣，存活長到足以爭取大眾關注。」她解釋道。

吉兒把自己的財務料理好，積極發起推動卵巢癌研究的運動，與她的伴侶肯舉辦了美好的盛大婚禮，並跟她心愛的女兒瑪莉亞一起遊遍西班牙。她盡其所能，掌控好這個任何人都不想被迫忍受的最艱難處境之一：在知道自己將很快離開人世的同時，好好度過每一天。

「當你知道自己的時日無多，就不會浪費時間，把一天過得很糟。」不久前，她在自己的婚禮上熱情發言時，對前來觀禮的來賓這麼說。

吉兒著眼於希望；希望她會活得夠久，能被排進一項卵巢癌控制藥物的臨床實驗。這並不像聽起來的那樣不切實際，因為最近的一些臨床實驗發現，有很明顯的跡象顯示，細胞有可能成功針對跟她類似的較晚期癌症發動攻擊。

懷抱希望很重要，就算正步向生命終點，也絕對不該失去希望。

目前有一張圖正透過臨終關懷網絡散播，上頭寫著，「與其說『我們正在撤掉照護』，不如說『我們正將關懷重點轉到活得安適』。與其說『我們沒辦法再多做什麼』，不如說『目前沒有治療方法能制止你的病情進展』。」

那張圖還寫著，「我們說的話能改變情況。當一個人接近生命終點時，我們會停止關懷嗎？當治療不再有效，我們真的就無法再為他們做些什麼嗎？

「我們從來不曾停止關懷。總有我們能夠做的。但如果我們這麼說，那麼我們就會為人們這麼做。」

澳洲腦部外科醫生查理・泰奧（Charlie Teo）常為許多同事都不願做的那些手術執刀。他表示，他是被希望所驅使——儘管有些人批評他給病患不切實際的希望。他說，雖然他會遇到失敗，但決定做其他人不願做的手術，抒解了病人的痛苦。他對希望的定義比他的同儕廣，因而招致很多批評，但他的立場是尊重病人的希望。

有次他告訴一名病人，若他替她動腦部腫瘤手術，她不會有多好的生活品質，因為她術後會四肢癱瘓，依然沒辦法去海邊散步，依然沒辦法舉起手替自己的鼻子搔癢。她為此反駁他說，她所認為的生活品質，是能夠活著，把自己的智慧傳授給她正在成長的年少女兒。於是他為她動了手術，而她活下來了，並且保有她定義的生活品質。

希望也具有別種形式。現在英國各地都設立了名為「銘琪癌症關顧中心（Maggie's Centres）」的活動中心。它的重要特色，是運用優美的建築來表現希望。由景觀設計師查爾斯・詹克斯（Charles Jencks）創立的這個慈善機構，主旨是在優美的環境裡提供喘息服務。

為何談論自己的死亡對你很重要

談論自己的死亡會讓它變得較容易面對，就如同人生中遭遇到其他任何事情時一樣。倘若你想改換你家漆的顏色，即使你不想跟家人討論或找室內設計師，但你仍很可能會跟賣你油漆的店家討論你有哪些選擇。不過談論死亡，當然會比你會做的其他任何討論都大不相同。

威廉得了肺癌，在家度過最後時日。他結褵多年的妻子貝琳達贊同他想在家過世的心願，並決定陪在他身邊。兩人已經跟他們的家醫科醫生，還有威廉的腫瘤科醫生等相關專科醫生徹底討論過。他的腫瘤科醫生透過他們當地的大型教學醫院，為他登記了安寧療護服務；每兩星期，社區的安寧療護護理師便會前來訪視。

沒過多久，護理師們便清楚察覺貝琳達的恐懼。她跟他們解釋，她有多怕在威廉過世時跟他一起待在屋裡，也為接下來她得決定如何處理他的大體惴惴不安。

雖然他們倆似乎對情況將如何發展的看法一致，但此時能很明顯看出並非如此。

「你有做任何預立臨終護理計劃嗎？」其中一名護理師問威廉。

他從沒想過自己需要做預立醫療指示，不過他同意此時就做。藉由寫下計劃的過程，這對夫妻得以討論可能發生的各種不同狀況。隨後他構思出一個較妥善、較務實的概念，讓貝琳達能夠應付，而且也一起修改了他們的部分想法。

在考慮提供治療時，首先會徵詢的，絕對是身為病人的你，因為醫療人員有法律義務必須告知病人，並在進行任何醫療處置之前，先取得病人的同意。不過有時這不見得都能做到。

因為需要做錯綜複雜的決定之際，病人往往處於昏迷或身體極度虛弱、難以溝通討論的狀態下，因此指定某個人來幫忙做那些決定是合法的。若遇到無人可以代理的情況下，醫院就會去找確知為近親的那個人。

「那個人」會是某位家人，除非你已寫下你希望由誰代理。萬一你的病情急速惡化，那個人就該在這時候直到你過世這段期間，代你交涉協商。這意味著一個理想的陪伴者，會是有時間待在你身邊，盡可能參與跟護理師和醫生的很多討論的人，所以這個人應要具備足夠的條件，在你臨終時擔任有力的代言人。

希望家屬在場的理由是，假定病人已無法跟醫護人員做必要的溝通對話，最有可能知道你希望怎麼做、你想或不想接受什麼形式的治療和照護的，就是家屬。（而且可能是非常刻意的，只會要求一個人代表家屬來討論這件事。）

這代表你有必要跟家人討論你認為自己到時候會想怎麼做。談到的事項愈詳細愈好。最重要的是，若你經常跟家人聊這類事情，你的家人就能隨時知道你的態度和想法是否有任何改變。

你愈早在家人的日常對話中提到你的想法就愈好。這類話題一開始也許很難啟齒，但之後會愈來愈容易，最後就會變得稀鬆平常。它不該是一次性的：「噢，我們談過一次了……」

及早談談，會有助家人了解各自的觀點，並把他們的想法具體化。有時我們把自己以前的想法拿出來重新思考、跟其他人談談、及蒐集更多資訊之後，或許就會想更改。

醫療專業者明瞭，對家屬來說，要談論這些真的很艱難。他們也知道，特別是因為我們傳統上常迴避涉及死亡的話題，所以很少有人跟家人充分討論過這件事。

但醫療專業者希望看到這點有所改變，不是為了他們本身，而是為病人著想。

結語

正如澳洲原住民安・波林那所言，「生命是一種具有各種形式的能量。我的族人對它有一個通稱，『liyan』或『lian』。『liyan』這個字可翻譯成『感受、情感、心靈』；它是你必須學會使用的道德指南針，用來『看清人和處境』。它是一種能讓人感受所處狀況的生命力。

「臨終屬於我們生命的旅程。當我們來到那個時刻，由此就是離開我們的肉體、轉變成心靈能量的時候。這一切都關乎於情感與連結。不只是跟人，也是跟萬物的連結。身為原住民，我們一直跟自然與環境有很深的關連。在我們出生前，透過我們的心靈，或稱『rai』，會跟特定的地點，我們稱為『jardiny』或圖騰，產生連結。這讓我們跟特殊的動物或植物有了終生的關連，並傳授我們道德與價值觀，而這些都必須跟我們的『liyan』調和，並融為一體。最重要的是，這教會我們以同理心對待人與萬物。

「當我們到了死亡、離開、返回我們的靈魂誕生之地的那個時刻，如果我們已成為一個『良善的人類』，那麼我們就可以回來，繼續在這世間行善，並且跟活在世間的那些人與萬物保持連結。臨終最必須的是勇氣。如果我們有勇氣，就能夠對曾好好活過的這個生命心存感激。

「我們正離跟我們最親近的那些人而去，前往我們不知道的某個地方，所以可能產生一定程度的焦慮、不安全感、和悲傷，但也有一定程度的幸福與希望。這是自我省思的最後時刻。被贈與這個生命的我們，是否竭盡所能好好運用它？我們是否懷著善念，正直誠實的處事做人？我們是否幫助他人發揮他們身為人類的最大潛質？最重要的是，我們是否準備好告訴我們心愛的那些人，我們會先在那裡等著他們，別忘了我們，把我們保留在記憶中？如此他們便會留住我們的生命力，將我們召喚到他們的夢境。」

最近，我很難過的得知，以前跟我共事過的一位同事過世了。同是新聞記者的辛西亞是個善良可愛的人，雖然我們的工作充滿艱難與波折，但她總是有辦法在截稿日之前，輕鬆優雅地完成工作。我們始終記得她溫暖的微笑。

若在較早的年代，大家會為她會為她辦一個傷感肅穆的追思會，說不定只有她所屬教會的人會去參加，而且她過世的消息過一陣子才會慢慢傳開。

如今卻是一大群人聚在雪梨一家平實不拘禮的老酒吧，禮讚辛西亞的一生。她的家人找到一種非常超俗、感人、又能真正代表她的方式，來讚頌她的人生。辛西亞的死訊和大家對她的追念，經由新的社群媒體傳到舊的人際網絡，人們悼念她的留言擠爆版面，以一種屬於這個時代、新舊融合的方式，取代了傳統的告別式。

接著，就在這本書快寫完時，我接到珍妮・C的電話。她住在雪梨某家安養院的母親瑪格麗特，正值臨終。安養院人員無法預測她何時會去世，不過她四天前就不再進食和飲水。此時，她的面容改變了，變得更凹陷，而且昏睡不醒。

「我有種預感，應該就是今晚了。」珍妮・C揣測，一邊苦思是否要暫離安養院，去赴一個很早就訂好的約。

她的兄弟姐妹都來了，其中兩個不久前也搭飛機從別省趕到。現在，瑪格麗特能跟她一直等待的人見最後一面。我們的看法一致，就是珍妮應該相信自己的直覺：她的母親很快就會過世。

瑪格麗特跟另一位老婦人貝芙合住一房；在這個當兒，大家都覺得尷尬。只要有人來跟瑪格麗特道別，貝芙就會把電視的音量調大。她是在試著應對這個狀況對她造成的打攪和愁苦嗎？或者她是在暗示，她想給這家人一點隱私？

我們是否都理所當然有權在過世之際，擁有自己的空間？也許安養院會同意讓瑪格麗特或貝芙搬到別的房間。珍妮與她的父親決定去問問是否可行。

珍妮第二天回電給我。她的母親在快到午夜時過世了。除了珍妮、她的一個姊姊及她們的父親之外，全家人都陪在媽媽身旁。珍妮感到很失落，因為她沒能在前一天很晚的時候趕回安養院，儘管她已經很累了，而且她也沒理會自己對於母親就快過世的預感。不過珍妮覺得，在她陪著母親度過這珍貴的五天當中，她母親的在世和神奇的力量，對她來說就是一種恩賜。

安養院後來同意為瑪格麗特騰出一間房，讓她嘈雜的親人們在她臨終時陪在身邊。恰巧有位住民在那天上午去世，所以空出一個房間。她的三名子女與七個孫子擠在房裡，彼此聊天說笑，一邊輪流坐在瑪格麗特身邊握著她的手，一邊播放她最愛的流行歌手尼爾・戴蒙（Neil Diamond）的歌。房裡每個人都有一種強烈的感受，就是瑪格麗特是心情愉快的過世——她在尼爾・戴蒙的代表作《甜蜜的卡洛琳（Sweet Caroline）》歌聲中，在對她意義非凡的全家人圍繞下，咽下最後一口氣。他們想像著瑪格麗特的母親卡洛琳，會把這視為要她陪自己的獨生女到彼岸的一種提示。

或許有天我們的老年安養機構會設置一個臨終室，就如同現在醫院婦產科的產房一般。或許促使它成為標準設施的方法，就只是要有夠多人去要求。

當我跟珍妮閒聊，她有一種我們在母親過世時都感受到的奇特又矛盾的情緒。除了悲傷，珍妮和家人在談到母親去世的經過，當中還存在著某種欣慰。那是一種超凡、提振人心的強烈體驗。

我們必須不斷提出疑問，不斷為達到善終而敦促改變的出現。我們可以代其他人要求改變。我們可以從本身開始做點改變，慢慢促成必要的改變。

我們一直在學習，而人類也以最出乎意料的方式，互相推動著彼此前進。若我們敞開心胸面對彼此，再加上我們可從很新或很古老的做法學到的，就如同我受到中世紀《垂死的藝術》啟發，我們就會有所轉變。

在此舉一個小例子；佩西・海莉（Patsy Healy）在雪梨的布爾（WN Bull）禮儀公司

擔任主管，直到前不久才退休。你可能會以為她很冰冷嚴肅，其實不然。（她最近把一張照片上傳到臉書；照片裡的她剛下班回家，在大熱天裡衣著整齊的坐在她孫子的小浴盆中。）她是跟生命循環緊密連結的另一個例子。她在喪葬業工作多年，但在參加自己嫂嫂的告別式時仍傷痛欲絕。

「崔西在睡夢中逝世，很不幸的才四十二歲，就撇下十歲的女兒與八歲的兒子。那是在紐西蘭；我們所有人都先到家裡，因為那裡的葬儀做法是從家裡出發。

「殯儀員把崔西帶回家，我們全在那裡，非常悲傷。我記得我的小姪女和小姪子站在棺材旁，棺材的襯裡是柔軟的緞子，所以他們把手塞在棺材襯裡的柔軟布料間。

兩個孩子就站在那裡，來回輕撫著柔軟的布料；他們表現得是如此自然，因為躺在裡面的是他們的媽媽。

「等我回來這裡，我就把我們公司所有棺木的襯裡撕掉，也都換成柔軟的緞子。」

這不是什麼大事件，只是個小故事。但它呈現了我們人類能夠如何跳脫傳統做法，讓自己有所掌控。我們所需要的就只有信心。

而且我們也能夠成為好好親手掌控安然離世之道的人。

致謝

感謝我的丈夫邁克，以及我的女兒馬切拉、瑞秋和瑪德琳，耐心看待這個計劃以及帶著他們一起進行的這段旅程——有時很艱難，有時出現矛盾，而且無法保證他們會不會喜歡那個目的地。此外，還要感謝瑪德琳提供基礎護理以及醫療方面的建議。

謝謝萊斯一家人，包含我那高齡九十五歲仍活得充實的父親肯。感激我尚在人世的兄弟姐妹伊麗莎白，塞西莉亞，達米安和黛博拉，以各自的方式陪在我身邊。特別感謝我的同卵雙胞胎姊姊塞西莉亞。我們分享的不只是身為雙胞胎的這段生命旅程，還有仍會持續下去的長久友誼，儘管這個撰書案為我們倆帶來改變。

還有太年輕就離世的朱利安；感謝他給予我的重大啟發，並給我力量繼續前進，尤其在遭逢困難時。

特別感謝在我決定休假、陪伴我母親臨終的歷程一開始，就陪在我身邊的兩位。溫蒂・布魯姆告訴我接下來將會面臨什麼，並提供我一些心靈方面的資源，以鼓勵和指引我。我的朋友蘇・普樂提供了非常實際的支持；每當我在那段漫長的艱苦日子裡的任何時間去找她，她總是準備好傾聽，並給我很有用的建議。

感謝海倫・卡邁克爾；她讓我知道該如何重拾具創造力的人生。還有凱瑟琳・海曼；

她在我有手寫稿卻找不到出版商之際，鼓勵我別放棄。

尤其感謝麥可・巴爾巴托醫生、理查・蔡醫生、凱斯・愛德華醫生、珍・英格罕教授、伯納黛特・托賓醫生、佩塔・麥克維醫生、亞當・惠特比醫生和凱特・懷特教授，花了許多時間與我分享他們在臨終照護方面的知識。還要感謝安吉拉・博伊德提供法律實務方面的建議。

還要感謝好幾位蘇珊。蘇珊・安東尼在剛開始時給予我支持，以及美國心理學家約翰・華生（John Watson）作為人生箴言的那段話：「善待你遇到的每個人，因為他們都在為人生奮鬥。」感謝蘇珊・溫德姆鼓勵我寫這本書，並在寫作過程中給予我寶貴的指導。蘇・布蘭奇相信我所做的事，而且在她溫暖的廚房為我料理美味的午餐。蘇珊・奧爾在丹麥提供我一個過冬的住處，還有蘇珊・摩根在我待在倫敦做研究時讓我借住。蘇・畢曉普協助我了解《垂死的藝術》的中世紀背景，並把她在雪梨大學歷史系有關節日與信仰的筆記借給我。

幫我打掃的女士不希望我寫出她的名字；她在我最悲慘的那段日子裡，不但每週四都來幫我打掃，後來還成了我夢寐以求的校對員。她也一直給予我許多寶貴的支持，而且是個很棒的傾聽者和逗趣的說故事人。最重要的是，她成了我非常親密的好友。

謝謝麗莎・史托爾斯、瑪麗蓮・哈里斯、凱瑟琳・迪蘭妮、梅麗莎・費根與格瑞姆・威爾森，在我把想法寫成初稿時給予鼓勵。感謝黛安娜・吉斯在剛開始編輯時提供建議。

還要感謝珍妮・塔巴科夫，在難得的假期抽空審查用來撰寫本書的初期材料，也感謝漢娜・基倫和朱莉婭・布斯共同執行珍妮提出的更改。

衷心感謝我的出版商科琳・羅伯茨；她給了我勇氣和支持，使我得以將個人的經歷轉變成這本更具啟發性、也能吸引更多讀者的書。感謝梅鐸圖書集團的其他每一個人，幫助我把這個撰書案完成，尤其感謝盧・強森、賈斯汀・溫爾弗、薇薇安・沃克、卡蘿・沃維克和編輯約翰・麥普斯。

將近一百五十個人跟我分享了他們的經歷和想法，為這本書接受採訪或提供其他協助。我本來想試著列出你們每個人的名字，但我怕會漏掉誰，所以這恐怕不是明智的做法。你們的經歷、感受、和想法，對本書都至關緊要。非常感激你們願意分享這些有時可能很艱難又痛苦的回憶。

感謝我在擔任雪梨利物浦醫院志工時遇到的那些安寧療護病人。由於受到保密協定的約束，無法透露你們的姓名，或討論你們的情況，但你們給予我太多心靈力量和智慧，為此我非常感激。

謝謝艾莉梅在她的小咖啡館提供了一個溫暖如夏的角落，讓我在處理我嚴酷如冬的主題時，能舒服安全的窩著。

附錄——台灣安寧共同照護院所名單

為了幫助臨終者可以得到更完善的照護，並適時提供照顧者支援，列舉各縣市一至二家可辦理安寧共照服務之機構，可透過網路查詢和電話專線獲取更詳細的資訊。

資料來源：衛生福利部中央健康保險署

- 臺北市中正區：國立臺灣大學醫學院附設醫院 電話：02-2312-3456
- 臺北市大同區：臺北市立聯合醫院 電話：02-2555-3000
- 新北市淡水區：台灣基督長老教會馬偕醫療財團法人淡水馬偕紀念醫院
電話：02-2809-4661
- 新北市新店區：佛教慈濟醫療財團法人台北慈濟醫院 電話：02-6628-9779
- 桃園市龜山區：長庚醫療財團法人林口長庚紀念醫院 電話：03-328-1200
- 桃園市平鎮區：聯新國際醫院 電話：03-494-1234
- 新竹市北區：國立臺灣大學醫學院附設醫院新竹分院 電話：03-532-6151
- 新竹縣竹北市：中國醫藥大學新竹附設醫院 電話：03-588-0558
- 苗栗縣苗栗市：衛生福利部苗栗醫院 電話：03-726-1920

- 臺中市西屯區：臺中榮民總醫院 電話：04-2359-2525#9
- 臺中市豐原區：衛生福利部豐原醫院 電話：04-2527-1180
- 彰化縣浦心鄉：衛生福利部彰化醫院 電話：04-829-8686
- 南投縣南投市：衛生福利部南投醫院 電話：04-9223-1150
- 雲林縣北港鎮：中國醫藥大學北港附設醫院 電話：05-783-7901
- 嘉義市西區：衛生福利部嘉義醫院 電話：05-231-9090
- 臺南市北區：成功大學醫學院附設醫院 電話：06-235-3535
- 臺南市中西區：郭綜合醫院 電話：06-222-111
- 高雄市鳥松區：長庚醫療財團法人高雄長庚紀念醫院 電話：07-731-7123
- 高雄市燕巢區：義大醫療財團法人義大醫院 電話：07-615-0011
- 屏東縣屏東市：衛生福利部屏東醫院 電話：08-736-3011
- 花蓮縣花蓮市：佛教慈濟醫療財團法人花蓮慈濟醫院 電話：03-856-1825
- 花蓮縣新城鄉：國軍花蓮總醫院附設民眾診療服務處 電話：03-826-5436
- 臺東縣台東市：台灣基督長老教會馬偕醫療財團法人台東馬偕紀念醫院
  電話：08-935-6727
- 臺東縣台東市：衛生福利部台東醫院 電話：08-932-4112
- 宜蘭縣羅東鎮：醫療財團法人羅許基金會羅東博愛醫院 電話：03-954-3131
- 金門縣金湖鎮：衛生福利部金門醫院 電話：08-233-2546

A Good Death

A compassionate and practical guide to prepare for the end of life

生命的最後一刻，如何能走得安然

作者　瑪格麗特・萊斯（Margaret Rice）
譯者　朱耘、陸蕙貽
編輯　朱耘
校對　朱耘、藍匀廷
封面設計　劉錦堂
美術設計　家思編輯排版工作室

發行人　程顯灝
總編輯　呂增娣
資深編輯　吳雅芳
編輯　藍匀廷、黃子瑜、蔡玟俞
美術主編　劉錦堂
美術編輯　陳玟諭、林榆婷
行銷總監　呂增慧
資深行銷　吳孟蓉
行銷企劃　鄧愉霖

發行部　侯莉莉
財務部　許麗娟、陳美齡
印務　許丁財

出版者　四塊玉文創有限公司

總代理　三友圖書有限公司
地址　一〇六台北市安和路二段二一三號四樓
電話　(02) 2377-4155
傳真　(02) 2377-4355
E-mail　service@sanyau.com.tw
郵政劃撥　05844889 三友圖書有限公司

總經銷　大和書報圖書股份有限公司
地址　新北市新莊區五工五路二號
電話　(02) 8990-2588
傳真　(02) 2299-7900

製版印刷　卡樂彩色製版印刷有限公司

初版　二〇二一年三月
定價　新台幣四五〇元

國家圖書館出版品預行編目 (CIP) 資料

生命的最後一刻，如何能走得安然 / 瑪格麗特・萊斯（Margaret Rice）著；朱耘、陸蕙貽譯．初版．-- 臺北市：四塊玉文創有限公司，2021.03
面；　公分
譯自：A good death：A compassionate and practical guide to prepare for the end of life
ISBN 978-986-5510-57-2（平裝）

1. 生死學

197　　110000781

SANYAU
http://www.ju-zi.com.tw
三友圖書
友直 友諒 友多聞

地址：　　　　縣/市　　　　鄉/鎮/市/區　　　　路/街

段　　巷　　弄　　號　　樓

廣　告　回　函
台北郵局登記證
台北廣字第2780號

SANYAU

三友圖書有限公司 收

SANYAU PUBLISHING CO., LTD.

106　台北市安和路2段213號4樓

SANYAU
三友圖書
讀書俱樂部

「填妥本回函，寄回本社」，
即可免費獲得好好刊。

\ 紛絲招募歡迎加入 /

臉書／痞客邦搜尋
「四塊玉文創／橘子文化／食為天文創
三友圖書——微胖男女編輯社」
加入將優先得到出版社提供的相關
優惠、新書活動等好康訊息。

四塊玉文創×橘子文化×食為天文創×旗林文化
http://www.ju-zi.com.tw
https://www.facebook.com/comehomelife

親愛的讀者：
感謝您購買《生命的最後一刻，如何能走得安然》一書，為感謝您對本書的支持與愛護，只要填妥本回函，並寄回本社，即可成為三友圖書會員，將定期提供新書資訊及各種優惠給您。

姓名 ____________________ 出生年月日 ____________________
電話 ____________________ E-mail ____________________
通訊地址 ____________________
臉書帳號 ____________________
部落格名稱 ____________________

1 年齡
□ 18 歲以下 □ 19 歲～ 25 歲 □ 26 歲～ 35 歲 □ 36 歲～ 45 歲 □ 46 歲～ 55 歲
□ 56 歲～ 65 歲 □ 66 歲～ 75 歲 □ 76 歲～ 85 歲 □ 86 歲以上

2 職業
□軍公教 □工 □商 □自由業 □服務業 □農林漁牧業 □家管 □學生
□其他 ____________________

3 您從何處購得本書？
□博客來 □金石堂網書 □讀冊 □誠品網書 □其他 ____________________
□實體書店 ____________________

4 您從何處得知本書？
□博客來 □金石堂網書 □讀冊 □誠品網書 □其他 ____________________
□實體書店 ____________________ □ FB（四塊玉文創／橘子文化／食為天文創 三友圖書 —— 微胖男女編輯社）
□好好刊（雙月刊） □朋友推薦 □廣播媒體

5 您購買本書的因素有哪些？（可複選）
□作者 □內容 □圖片 □版面編排 □其他 ____________________

6 您覺得本書的封面設計如何？
□非常滿意 □滿意 □普通 □很差 □其他 ____________________

7 非常感謝您購買此書，您還對哪些主題有興趣？（可複選）
□中西食譜 □點心烘焙 □飲品類 □旅遊 □養生保健 □瘦身美妝 □手作 □寵物
□商業理財 □心靈療癒 □小說 □繪本 □其他 ____________________

8 您每個月的購書預算為多少金額？
□ 1,000 元以下 □ 1,001 ～ 2,000 元 □ 2,001 ～ 3,000 元 □ 3,001 ～ 4,000 元
□ 4,001 ～ 5,000 元 □ 5,001 元以上

9 若出版的書籍搭配贈品活動，您比較喜歡哪一類型的贈品？（可選 2 種）
□食品調味類 □鍋具類 □家電用品類 □書籍類 □生活用品類 □ DIY 手作類
□交通票券類 □展演活動票券類 □其他 ____________________

10 您認為本書尚需改進之處？以及對我們的意見？

____

感謝您的填寫，
您寶貴的建議是我們進步的動力！